[日]石川真由美　编

李　明　孙成志　译

世界大学排名

与知识竞争

论大学评价与国际比较

江苏人民出版社

图书在版编目（CIP）数据

世界大学排名与知识竞争：论大学评价与国际比较 /
（日）石川真由美编；李明，孙成志译. —— 南京：江苏
人民出版社，2024.5

ISBN 978 - 7 - 214 - 27466 - 3

Ⅰ．①世… Ⅱ．①石… ②李… ③孙… Ⅲ．①高等学
校－发展－对比研究－世界 Ⅳ．①G649.1

中国版本图书馆 CIP 数据核字（2022）第 144727 号

书　　　　名　世界大学排名与知识竞争：论大学评价与国际比较
编　　　　者　［日］石川真由美
译　　　　者　李　明　孙成志
责 任 编 辑　曾　偲
特 约 编 辑　王暮涵　彭欣然
装 帧 设 计　赵春明
责 任 监 制　王　娟
出 版 发 行　江苏人民出版社
地　　　　址　南京市湖南路 1 号 A 楼，邮编：210009
照　　　　排　江苏凤凰制版有限公司
印　　　　刷　江苏苏中印刷有限公司
开　　　　本　890 毫米×1240 毫米　1/32
印　　　　张　11.125
字　　　　数　272 千字
版　　　　次　2024 年 5 月第 1 版
印　　　　次　2024 年 5 月第 1 次印刷
标 准 书 号　ISBN 978 - 7 - 214 - 27466 - 3
定　　　　价　48.00 元

（江苏人民出版社图书凡印装错误可向承印厂调换）

中文版序

自上海交通大学高等教育研究院于 2003 年首度发布世界大学学术排名(现称软科世界大学学术排名)以来,国际上陆续出现了 QS 世界大学排名、泰晤士高等教育世界大学排名、《美国新闻与世界报道》发布的世界大学排名,以及根据欧盟 Erasmus + 计划编制的多维全球大学排名(U-Multirank)等。这些世界大学排名榜单不仅成为很多国家和地区衡量与提高教学和研究水平的重要指标,也为部分国家和地区的政府与高等教育机构制定相关政策和探索院校发展方向提供了重要参考。此外,部分排行榜还影响了有些国家和地区高等院校与科研机构国际合作活动的展开、学生的海外留学,甚至在某种程度上决定了部分院校招聘教师和科研人员标准的制定。伴随世界大学排行榜有关研究的增加,学术界对于排行榜所发挥的作用和产生的影响,既有正面的肯定,也有严厉的批判。不同于已有的相关研究,本书的特色大致可以归纳为以下几方面。

首先,本书涉及主题广泛,几乎涵盖所有与大学排行榜有关的重要问题。例如,本书不仅介绍了世界上主流大学排行榜的特点,还探讨了某些世界大学排行榜的历史由来,这些排行榜在国际上对相关国家和地区的院校政策和高等教育结构产生的不同影响,相关指标的意义、对高等教育教学和院校治理等的负面作用以及有待解决的问题,等等。

其次,本书主要运用国际比较的方法,考察了主流世界大学排行榜对相关国家和地区及其制度产生的影响。值得一提的是,这些考察并不仅仅着眼于变化本身,而是深入探讨这些变化是在何种特定社会条件和国际大背景下发生的。从这个意义上看,本书的不少章节更多的是从宏大的社会、政治、文化等多元视角,阐述和分析相关排行榜给不同国家和地区及其制度带来的变化。无疑,采取多种手法和分析视角对这些纷繁复杂的现象进行深入分析有助于读者更加深刻全面地理解这些变化产生的根本动因。

再次,本书的不少章节是根据来自日本之外的科研人员和实践工作者的相关成果翻译而成的。本书在把日本与这些国家和地区进行比较分析的同时,还对日本的大学的自身变化以及其与西方发达国家高等教育相互关系的变化做了历史考察。因此,本书既有横向的国际比较,也有纵向的历史考察,尤其是对日本相关问题的分析,既有置于宏观国际环境中的粗线条的勾勒,也有针对具体问题进行的深入细致的工笔式描绘。

然后,在研究方法方面,本书不仅包括访谈和文献资料分析,不少章节还包含了来自日本国内和海外一线实践工作者基于自身相关活动的研究和调查报告,以及作者直接参与相关国家和地区有关大学全球化活动的亲身体验和感想等。从某种意义上说,本书较好地将科研人员的学术研究成果与一线实践工作者的主观感受和体会结合在一起。正是因为本书采取了多种研究方法,才得以生动地展现世界大学排行榜对相关国家和地区的制度、大学,特别是对教师个人层面产生的影响,以及由此带来的具体问题等。

最后,本书执笔者除了有来自日本的高等教育从业者,也包括来自丹麦、澳大利亚、加拿大、美国、英国以及中国台湾、香港地区等地的专职科研人员和从事有关高等教育国际化工作的实践者。本书作者的学术背景涵盖多种学科,如人类学、社会学、教育学、历史学、理论物理学、科学计量学和学术出版等。

总之,本书的出版发行对于帮助中国读者进一步理解主流世界大学排行榜的主要特点,特别是不同国家和地区如何受到这些排行榜的影响,来自不同国家和地区的科研人员与实践工作者如何看待和评价这些大学排行榜,这些排行榜存在哪些问题,不同国家和地区应该如何科学和客观使用这些排行榜等,都具有极大的参考价值。

黄福涛

日本广岛大学高等教育研究开发中心副主任,终身教授

目 录

第二部分　在世界范围内被评价意味着什么
来自现场的报告

第三部分　排名与世界高等教育的重组

第四部分　以新的测定标准为目标

图表目录

序章

大学排名与知识的序列化

国际竞争中的日本大学

石川真由美

本章包含对以下论文的修订:Ishikawa,M.（2014）. Ranking Regime and the Future of Vernacular Scholarship. *Education Policy Analysis Archives*, 22（30）. http://dx. doi. org/ 10. 14507/epaa. v22n30. 2014.

1　"学术军事扩张"与日本大学

（1）世界大学排名与国家威望

世界大学排名也被称为"学术版的军事扩张"（Hazelkorn，2008：209），并出现了世界级规模的竞争。许多国家提出"我国的多少所大学要进入世界前多少位"的目标，并为此施行以"世界级""顶级""杰出"为名的政策。例如，中国在建设一流大学的"211 工程""985 工程"之后，又以建设世界级大学为目标（参照本书第9章），向C9大学（中国顶尖大学联盟）集中资金投入。其结果是，进入上海交通大学世界大学学术排名（现称"软科世界大学学术排名①"）前500名的中国大学（不含港澳台地区大学）从2004年的8所迅速增加到2015年的32所，存在感逐年递增。顺便提一下，2015年排名进入前500名的日本大学是18所。此外，目光转向亚洲其他国家，也存在同样的竞争政策，如韩国的"建设世界级高水平研究中心型大学（WCU）计划"。在世界大学排名中还未显示出存在感的俄罗斯也在2013年制定了"5/100计划"，目标是到2020年把5所大学送进世界前100名的行列。欧洲其他国家也不例外。本书第1章作者苏珊·赖特（Susan Wright）介绍了丹麦的例子，丹麦的目标是要有1所丹麦的大

---

① 软科世界大学学术排名（ShanghaiRanking's Academic Ranking of World Universities，简称 ARWU）于2003年由上海交通大学世界一流大学研究中心（高等教育研究院）首次发布，是世界范围内首个综合性的全球大学排名。2009年开始由软科发布并保留所有权利。本书各章节由不同作者在不同时间写作，在相关排名榜单、引文索引、数据库名称使用上略有差异。——编者注

学进入欧洲前 10 名,要有 2 所大学进入世界前 100 名。大学的世界
分级化计划通常是与一些国际化尝试同步推进的[①],例如增加外国
留学生和研究者,特别是招揽国际知名学者,以及刊发英语论文、
扩大英文授课范围等。

这种世界规模的大学排名战在全球范围内愈演愈烈。2013
年,原日本文部科学大臣下村博文宣布了"日本的 10 所大学要进
入世界大学排名前 100 名"的目标。尽管在新闻发布会上并没有
明确表示目标是进入哪个世界大学排名榜单,然而其在向产业竞
争力会议所提交的资料[②]上显示的是泰晤士高等教育(THE)世界
大学排名,这表明政府在关注 THE 的排名。此外,在与世界顶尖
大学相比处于劣势的领域,更提出了"论文引用"和"国际指标"要
素。换句话说,在日本大学的"弱势"领域,政府希望能够通过增加
国际合著论文数、吸引外籍教师、增加外国学生人数等手段,努力
提高排名。为了实现这些目标,文部科学省(MEXT)在 2014 年开
始了为期 10 年的重点支持大学国际化的"超级国际化大学计划"
(参照第 3 章)。由此,世界大学排名被公认为衡量日本大学的国
际竞争力和存在感的尺度(石川,2015)。

多种多样的、全球范围内的大学以相同的尺度来量化和排列,
被批评为"无合理性、严谨性,更没有实际价值"(Boulton,2010:
5)。尽管如此,大学为了提高自身的排名,也会按照评级机构的评

---

① 具体可参照如下论文:中国大陆 Mohrman,2008;Guo & Ngok,2008;Oleksiyenko
　2014:489-492。中国台湾地区 Lo,2013;Song & Tai,2007。韩国 Shin 2009;Kim &
　Nam,2007。新加坡 Sidhu,2005。俄罗斯 Oleksiyenko,2014:491。

② 文部科学大臣下村博文在第 7 次产业竞争力会议上提出的文件。参照 2013 年 4 月
　23 日日本首相官邸网页:http://www.kantei.go.jp/jp/singi/keizaisaisei/skkkaigi/
　dai7/siryou07.pdf。通过国立大学改革,在今后 10 年以内至少 10 所大学要进入世界
　大学排名前 100 名的政策目标,是 2013 年 6 月 14 日在内阁会议上被采纳的安倍首相
　的《日本再复兴战略:Japan is Back》的一部分。

分方式来提高绩效（Rauhvargers，2011:15）。在这种情况下，政府将会进一步要求本国大学提高排名。随着大学排名影响力的提高，国际声望和评价对大学来说变得越来越重要，国家层面的表现也越来越引起关注。尽管大学排名被讽刺是"选美大赛"（Cantwell & Taylor，2013），但是由于大学排名不仅是按机构排名，而且也会按照"国家或地区"来评价，所以已经呈现出关乎国家或地区声望的奥运会奖牌争夺般的架势。现如今评价的不是个别学生的素质（学力水平），而是整个国家或地区教育体系的质量（Brown，Lauder & Ashton，2008:133）。正如第1章所指出的，排名已然成了"竞争国家的成绩表"。

（2）世界大学排名与评价、认定手段之间的混淆

许多政府和机构，为了提高代表本国或地区的研究型大学的国际地位和评价，纷纷推出各种举措（cf. Altbach & Balán，2007；Hazelkorn，2008）。特别是亚洲国家对排名过于敏感（Lo，2013：462；Shin & Cummings，2010:581-582），日本邻近国家的高等教育机构和研究人员承受着要拿出足以提高该机构排名和评价的研究成果的压力。在这种压力的驱动下，原本海外的评级机构和媒体等为了商业目的而进行的世界大学排名，被混同于对高等教育的评价和认定（Hazelkron，2008:211），甚至被误用为评价大学绩效的政策手段（Hazelkron，2008；Deem，Mok & Lucas，2008）。

出于提高大学排名的压力，如第8章指出的，在中国台湾地区，人文社会科学研究人员强烈反对教育主管部门采用以英文为中心的期刊数据库作为研究评价手段。同样，在韩国，多数大学采

用了与学术领域无关的大学排名评价指标用于研究评价，这种行为也遭到了批评。按照这样的评价方法，国际学术期刊论文的发表将会比国内学术期刊论文的发表和书籍出版得到更高的评价，在晋升和薪水评估时，用非英文发表研究成果的人文社会科学研究人员就会处于劣势（第 8 章；Chu，2009；Shin & Cumming，2010：591-593）。有学者担心，其结果就是研究者对于满足国内需求的研究和用本国语言进行研究的兴趣会变淡①。对这种情况我们不能简单地隔岸观火，置若罔闻。

另一方面，大学排名中被作为评价基础的英文学术期刊发表文章数和论文被引用次数等文献计量学指标（参照本书《基础解说 2》），也与许多国家的研究人员的人事评价明确地联系在一起，因此非英语国家的英语论文数量也在迅速增加。例如，在中国，招聘、薪酬和晋升等人事评价是和国际期刊发表文章的实际业绩很明确地捆绑在一起的（第 7 章、第 8 章、第 9 章），从 2000 年到 2012 年，其国际期刊论文总数增加了 6 倍以上，论文数量的全球份额从 3.8% 迅速增长到 14.3%，增强了国际影响力并提升了大学排名。韩国的论文总数同期几乎增长了 3.5 倍。而日本的论文总数增长 7.6%，但全球份额从 9.4% 降到 6.1%②。这期间，论文数据库中收录的论文总数增长 1.7 倍，所以日本在文章数量方面的学术生产力被认为是在下降而不仅仅是停滞不前。

依据数值来进行评价带来了诸多问题，正如第 1 章的赖特、第 11 章的林隆之和土屋俊所批评的那样，诸如学术出版业的寡头化和期刊价格飙升等情况也是源于此（第 5 章）。尽管如此，研究评

---

① 可参见 Chou，2014；Chou，Lin & Chiu，2013；Deem et al.，2008：91；Kang，2009。
② 根据《科学技术指标 2013 统计集》（文部科学省，2013 年）中汤森路透公司 Web of Science（SCIE，CPCI：Science）的数据算出，第 126—132 页。

价和大学排名对日本邻国的学术产量的显著提升以及存在感扩大的影响是不容忽视的。

（3）世界大学排名所投射出的问题

在日本国内，包括大学、学科的合并等大规模重组的大学改革运动正在加速进行。在这种情况下，大学相关人员对将"世界大学排名"作为重要的政策手段这一行为表现出困惑和反感。然而，目前只是一味地关注大学的排名变化，对排名系统本身的理解却是不充分的。此外，很少有研究是从全球角度讨论大学排名及滥用数字指标对全球知识生产的影响。在全球竞争中，如何改善日本大学的国际评价和扩大其存在感？相比于对排名的日益关注，很难说日本国内正在积极地讨论和回应这些问题。

在本章中，笔者将日本视为一个具体案例，说明世界大学排名如何影响非英语社会的研究和知识体系的建构。笔者已经指出以极端简化的指标将大学排名化，给像日本这样的非英语国家带来了诸多问题［Ishikawa，2014，2012（2009）］，本章下一节将首先考察日本国内的社会状况。在日本，世界大学排名开始获得极大关注是在 2010 年媒体报道"日本大学的排名衰落和国际存在感低下"之后。在大学国际排名开始引起社会关注的背景下，笔者将同一时期引人注目的因素，如社会对于大学的审视变得严厉、企业对于全球化人才的需求、社会对学生"内向化"的批评、毕业生就业情况、机构间的冲突等一并纳入考量，并综合所有这些因素来阐明大学排名成为衡量国家竞争力尺度的过程。

第 3 节将论述接受世界大学排名对于日本的大学来说所面临的紧迫问题。在本章中，关注的焦点是：学术论文出版物中文理科的两极化，审查文化（audit culture）对大学评价的影响，以及为提高排名的"选择和集中"政策（向重点机构的资金集中）。大学排名带来了许多课题，这些将在本书中分章节讨论。

　　这些课题的背景包括，世界大学排名的广泛应用以及将英语的研究成果特别是将欧美的学术期刊论文的发表作为评价对象，而这一情况的起因是对以论文数和被引用次数等为基准的"文献计量学"（参照《基础解说2》）相关研究评价的扩大①。近年来，日本大学的排名在各个排名榜单中都有所下降，很大原因是日本大学的部分指标在欧美的评价指标中没有受到很高评价②，对这些指标的攻防战也是一开始提到的"学术军事扩张"的前线。文献计量学是什么以及如何被运用，将在《基础解说2》中说明，本章首先将提及的是人文社会学科的"独立性"以及自然科学的"国际性"（或者对欧美的"依赖性"）并存的日本学术论文发表的两极分化问题。

　　接着第3节将探讨在欧美也被视为问题的"依赖于可测数值数据的评价主义"（审查文化）的全球扩散背景下，日本大学（特别是国立大学）的行政评价问题。随着新自由主义审查文化的渗透，英美的各顶尖大学，已经在"应对世界大学排名"方面积累了实力。对于遵从审查的游戏规则来行动的大学和研究者来说，排名给予了相对应的评价。其基本理念是对数字可以用来支配和测量一切

---

① 虽然文献计量指标因滥用而受到批评（例如 Anninos，2013；Ciancanelli，2007；Dolan，2007：25-28；Guédon，2001；van Raan，2005），但许多排名仍用此来衡量研究业绩。这些指标主要基于英语学术期刊中心数据库，基本没有考虑每个国家有很多非英语的人文社科类研究成果（参照本书《基础解说2》、第5章，以及Montgomery，2013：Chap.4 等）。

② 根据调查分析（《日本经济新闻》2015年10月26日），2015年 THE 排名中日本大学排序下降的一个原因是，文献计量指标评价较低，特别是论文被引用次数低。尽管国际化指标分数低是一个紧迫的问题，然而，如果国际化的比重过轻，即使大幅提升国际化水平，对排名的影响也是有限的。

的信仰。在日本,大学作为一个组织,人们对问责制的要求加强了,评价被更加严格地细化实行,大学的管理也被强化了。但与此同时,尚未建立对个别研究领域和研究人员的评估体系。换句话说,对个人的评价并不是对整个机构的评价,个人的业绩提升与组织评价的提高未必是相互关联的。

在这一背景下,如果希望成为"世界顶尖大学",就要加速资金向少数大学和限定领域集中。但是,大学改革不能仅是提高其在世界范围内的排名,还必须鼓励大学产出对促进世界和社会的未来有贡献的研究,在提高个人绩效的同时,也需要消除代际和社会性别的差距,保证评价的公平性和透明度。我们在以"超级国际化"为目标的同时,真的是在朝着这样的方向努力吗?

世界大学排名的全球扩张投射出了许多问题。然而,我们一定要像佐藤文隆所说的那样,面对未来,必须要有我们正处于"大学和研究的意义正在变革的时代"的觉悟。那个时候作为"成熟"国家的日本,是否有自主的对应方法呢(第3章)? 这样的问题意识在本书所收录的多篇论文中都有共识。

2　排名跌落和大学批评

(1)排名衰落的冲击

2010年,THE与创建大学排名的合作伙伴夸夸雷利·西蒙兹(Quacquarelli Symonds,QS)公司取消了合作关系,宣布与汤森路透(Thomson-Reuters)公司合作,发布新的世界大学排名。如《基本解说1》所述,伴随这一变更所导致的评价方法的改变对日本大学的排名产生了重大影响。例如,世界排名前200名的高校中,日本大学的数量由前一年的11所减少到了5所。曾经的亚洲最高学府东京大学被香港大学赶超。尽管媒体大肆报道"日本大学的衰落"①,但这是由于THE排名与前一年的THE-QS排名缺乏连续性,媒体无视了评价方法变更的事实。2015年,THE改变了研究评价所使用的数据库公司,导致东京大学被新加坡国立大学和北京大学赶超,日本大学的排位再次下降,这让人记忆犹新。因此,2010年以后THE发布的世界大学排名的动向越来越受日本国内关注。排名结果不好的话,就能听到来自有识之士或政治家的叹息声,严苛的评价不断涌来,无论好坏,世界大学排名和日本大学的国际存在感都被日本国内社会广泛关注。

很多教育相关人士由排名下降的报道可能会联想到2003年的"PISA冲击"。所谓PISA是世界经济合作与发展组织(Organization for Economic Cooperation and Development,OECD)为调查学生的学习达标程度而进行的"国际学生评价项目"。"PISA冲击"是指当年的调查结果显示,日本学生的数学能力从上一次调查时的第1位跌落到第6位,阅读能力从第8位跌至第14位,这在日本国内产生了很大反响。让人记忆犹新的是,由于在国际上的"成绩恶化"对日本的教育制度的批判声增加,其结果就是,初等和中等教育政策被重新审视(OECD,2012;Ishikawa,Fujii,Moehle,2015:83-85)。这个事件说明了,21世纪舆论对于国际竞争力的期待,在对国内的教育政策的结果和质量进行探讨时,国际竞争的意识也在国内社会逐步扩大。世界大学排名或PISA成了关乎国际

---

① 例如,共同通信社以《亚洲第一位是香港大学,超过东大世界大学排名》为题的新闻稿在2010年9月16日发表,报道称THE排名前200名的日本大学正在减少,而中国有6所高校入围,"夺得了亚洲第一的位子"。另外,《日本经济新闻》在同年的9月13日,《朝日新闻》在10月27日(山根,2010)也刊登了关于日本大学排名下降的文章。

威信的"知识战争"舞台，在这个前线，大学、智库、研究机构等正在激烈竞争（Brown et al.，2008：133；本书第1章，第2章）。

　　由于日本大学的排名下滑而导致国际存在感下降的报道，加之《泰晤士报》的品牌效应①，THE世界大学排名在日本广为人知。不过，讽刺的是，由于这一年的排名衰落的报道，在日本国内，THE世界大学排名的知名度也超过了软科世界大学学术排名（ARWU，2003年开始）和QS世界大学排名（QS World University Rankings，2004年开始）。在《基础解说1》中详细说明了，THE排名在各种大学排名中，由于屡次变更评价方法、合作方和使用的数据库，被广泛认为缺乏一贯性。以这种排名作为某种政策工具加以参照，并且期待排名上升是很有问题的。

（2）全球化人才培养

　　正当新的THE世界大学排名的结果被大肆报道，日本大学的国际存在感下降以及被亚洲其他大学赶超引起多方关注时，日本大学生海外留学人数的减少及"内向化倾向"，在海外活跃的"全球化人才"培养的必要性等在日本媒体上也被热烈讨论。笔者想先整理一下这一系列动向与社会的变化，以及它们对日本大学的意义。可以认为，日本媒体的报道反映了社会尤其是商业界对日本大学的不满。世界大学排名中进入前200名的日本大学的数量排名不仅低于其本国GDP（国内生产总值）排名，还有媒体指出，日本大学对经济

---

① THE是英国的大学信息期刊，过去作为《泰晤士高等教育增刊》（*Times Higher Education Supplement*，THES）维持其名字和品牌形象。但是THE世界大学排名也只是世界大学的商业排名之一，与其他的排名相比并没有特别的传统或地位。

发展的贡献值低于其他发达国家（Goodman，2013）。

日本政府对于大学国际化的方针，如 2008 年制定的"留学生30 万人计划"，将增加接收外国学生人数作为一个明确的目标；到了 2010 年后，则是强调将日本学生派往国外，致力于培养在全球范围内活跃的人才。2000 年以后，世界各地的国际学生的数量迅速增加，然而日本高中生、大学生的出国情况却十分低迷（OECD，2012：362），日本年轻人的"内向化倾向"被大众媒体所报道，令人印象深刻①。出国留学的态势低迷并不只是因为年轻人的动机或心理因素发生变化，更是经济原因和就业活动等多种因素作用的结果。然而，不管是什么原因，有一种论调认为，日本下一代领导者缺乏在国外学习的强烈意愿及寻求机会的态度，因此社会也开始质疑大学对下一代的教育。

与此同时，随着对大学国际竞争力需求的不断增加和"全球化人才"培养的呼声高涨，日本企业的招聘开始向海外开放。2010 年以来 THE 世界大学排名备受关注，日本企业也从主要招聘日本国内大学的应届毕业生，开始转换到寻求全球人才的方向上。例如，松下是日本招聘应届生规模最大的企业雇主，在 2010 年宣布次年春季招聘的 80%（总计 1390 人中的约 1100 人）将从海外招聘，国内招聘数减少 40%②。此外，媒体还报道了，以乐天和优衣库为代

---

① 关于学生不积极赴海外留学的问题，接连有报道从年轻人的"心态变化"或"外语的沟通能力"来论述。例如，"Reverse Japan's Insularity"（Glen S. Fukushima，*Japan Times*，2010 - 04 - 08）、「日本人留学生はなぜ増えぬ」（保母武彦『日本経済新聞』2010 年 4 月 8日夕）、「留学しない東大生」（辻篤子『朝日新聞』夕「窓」2010 年 4 月 13 日）等。

② 除了松下以外，很多企业也发布了同样的招聘方针。2010 年 6 月 5 日刊登的《日本经济新闻》社评报道指出，三菱重工公布了以亚洲为中心，按每年 800 人、5 年间合计约4000 人的外籍社员增员计划。另一方面，在日本国内的大学应届毕业生的录用计划减少 4 成即年平均 2000 人。同样的事例也出现在增加海外人才聘用的东洋工业、大金工业等企业。

表的快销（FAST Retailing）公司也把公司内部语言调整为英语，并将公司职员和新录用人员的英语强化作为义务或是期望，引起了很大关注（《读卖新闻》，2010 年 8 月 25 日）。

也就是说，这个时期，日本国内的白领/大学毕业生的工作机会已经开始向海外流失。职场的第一线所引发的变化具有启发性，与其说是日本国内大学的全球化人才培养的问题，不如说是经济的结构性变化。白领求职机会的海外流出和国内劳动市场的空洞化，是伴随着经济全球化在很多发达国家已有的现象。但是，如第 3 章指出，教育国际化的滞后正是与经济停滞相关，只是问题被转嫁到了国内教育上。

学生的"内向化倾向"被讨论的同时，放弃日本国内知名大学而转向海外发展的学生也有增加的征兆。现今，从日本国内知名大学毕业或许可以找到安定的职位，但考虑到全球化企业招聘和经营的趋势，前途并不能得到保障。而且，在世界大学排名中日本大学的排名并不尽如人意。这样考虑的学生和家长开始向着世界排名靠前的海外知名大学行动。特别是富裕阶层，为了在全球化市场中增强竞争力，作为将来的保障或投资，比起日本国内的大学，年轻人或家长更倾向于选择在世界范围内评价更高的大学①。

（3）大学的排名和成本效益

在政府的财政赤字扩大和分配到大学的公共支出减少的情况

① 这可以从最近为旨在进入美国大学的日本高中生设立新预科学校和补习班的趋势中看出（石川，2012）。例如《日经商业》期刊（2013 年 10 月 14 日）以"世界顶尖大学"为题的特辑，刊载了放弃日本大学而选择到美国著名大学读书的年轻人的访谈。

下,排名下降使得大学成本效益进一步提高。经常有报告指出,日本政府给予高等教育的支出是 OECD 国家中最低的[①]。但是,在例如 2011 年日本民主党政权实施的所谓"事业分类"上,财务省引用前一年的 THE 世界大学排名结果,强烈批判日本大学的国际竞争力低下,国立大学的成本效益的恶化,以及缺乏进取[②]。那时,以综合大学和理工大学两种国立大学为例,理工大学与综合大学相比运营费的规模大概只有一半,论文被引用次数却是综合大学的 1.3 倍,这成了"研究能力与预算无相关性"的根据。值得注意的是,"论文数""前 10% 论文数""被引用次数"等作为大学的研究绩效考核的手段被官方采纳。本书稍后会详细论述这个问题。

　　受到政府内外的批评,日本文部科学省以国民可见的方式设定了具体目标以提高国内大学的国际名誉。世界大学排名被用作反映全球知名度的镜子,排名被视为大学国际竞争力的指数和向社会交代的问题。然而,正如赖特在第 1 章中所指出的那样,提高大学排名的压力不一定真的能达到预期的效果。在下文中,我们将继续探讨大学排名目前在日本大学中引发的问题。

3　排名时代的大学和研究

（1）向世界传递研究结果：在独立和依赖的狭缝之间

　　正如我们所看到的,世界大学排名引起社会关注的背后有很

---

① 相较于 OECD 诸国平均的 1.3%,日本是 0.6%（OECD,2013:199）。

② 参见 2011 年 11 月 21 日行政改革会议工作实施小组"建议型政策分类",来自 WG－A2 文件（内阁府行政改革会议秘书处）。

多因素。总之,大学排名,不仅是全球留学生人数激增以及高等教育商业化等全球化因素共同作用的结果,同时也符合日本社会的变化与时代的要求。在本节中,将讨论三个问题:(1)研究发表;(2)审查和大学评价;(3)资金集中。大学排名所折射出的课题众多,商业化与品牌化(第10章)、人才向欧美集中等问题对日本大学而言十分严峻。然而,这三个主题也是本书中多数论文贯彻讨论的主题,将会与日本的事例一同被考察。

首先,我们将重点关注经常被用于排名评价的论文数量和被引用次数的指标,并研究它们对日本大学科研活动的影响。日本的大学在排名中表现不佳可以归因于论文数量和被引用次数的文献计量学上表现出的低评价。详细情况留在《基本解说1》中分析,这里想确认的是,如果世界大学排名严重依赖于国际学术期刊数据库,尽管考虑到了日本人研究者在自然科学领域的研究成果,但是人文社会科学的研究成果几乎未被评价。也就是说,用日文写的人文社会科学内容的论文和书籍在日本以外是"看不到的"(invisible),未被大学排名作为绩效评价。换句话说,日本的大学,像失去了一部分的月亮那样被片面地评价了(Brenneis,2004;Considine,2006)。

在日本,研究成果的传播,特别是论文的发表,呈现出两极分化。一方面,"硬科学"即自然科学领域的研究人员将大部分研究论文发表在国外期刊上。另一方面,人文社会科学的研究,都深深植根于日语。然而,正如本书第11章所讨论的那样,即使是在理科和文科的大框架下,受评价的研究形式也会因领域而有所差异。

关于学术论文按照语言分类的发表情况,笔者所在的大阪大学可以作为日本研究型综合大学的参照对象。从2003年到2005年,纵观大阪大学"研究者总览"数据库里所收录的论文,80%以上的自然科学、工学、医学类论文是用英语写的。另一方面,文学、法学领域日语论文平均占比分别是 91% 和 87%（大阪大学国际企划室，2006：1-3，9）。经济学方面 7 成是英语论文（2005 年度，包含与外国人的共同著作），超过日文论文，除此以外的人文社科的研究成果大部分都是日语。然而，即使在同一个领域，每一个机构、每一年的差异仍然很大①。

放眼更长的时间段，参考 2013 年为止的过去 20 年的文科论文的使用语言、出版媒介、主题等的变化，以教育政策和文化人类学这 2 个领域为对象的预备调查的结果显示②，此期间的变化不明显，95% 以上的论文是用日语刊登在国内期刊上的。另外，比起期刊论文，更重视个人著作、论文集等学术类书籍的情况也并无变化。众所周知，人文社会科学类的研究，"具备适度的水平与规模的听众和同行学者"（日本学术振兴会，2011），是以日本国内市场为对象传播的。这是坚持对国内社会的责任，但也有人指出这会导致优秀的研究成果在海外不被认知，国际协作与传播效果薄弱③。

即便学术领域不同，理科的研究者发表研究成果都在很大程度上"依赖"于海外的学术期刊。2009 年，日本 80% 的学术论文刊

---

① 对日本的 12 所研究型大学的经济学科比较的调查显示，EconLit 等国际数据库所收录的每位教员的论文数，与外籍教员的比例、教员的留学经验以及是否有在国外的研究经验有关，大学间有相当大的差异。

② 世界大学联盟（WUN）研究资助项目"世界一流大学、出版和研究评估：重新思考全球时代高等教育的使命"（RDF/WUN, Ref.：49930217）的 6 国学术期刊论文出版动向的比较研究。

③ 用英文发表论文在人文学科也变得比从前更普遍了。事实上，2003 年至 2009 年，在日本刊行的人文类英文学术期刊数量从 25 本增加到 51 本，几乎翻了一倍（MEXT，2012：40）。另外，日本的研究者在引文数据库 Web of Science 所收录的学术期刊上发表的社会科学类和人文类的论文数，尽管截至 2010 年的 5 年间在世界范围内的占比没有变化，但根据船守的报告（2012：slide 13），年度论文数分别增加了 9.9% 和 10.7%。

登在了国外学术期刊上（MEXT，2012：3-4，40），文部科学省的部门讨论会议把这个视为"不均衡"与"论文的海外流失"（MEXT，2006）。尽管在日本有2000种以上的学术期刊（MEXT，2006：73，74），但是由于文献计量学系统上的问题，可以测量影响因子（Impact Factor，IF；参照《基础解说2》）的期刊数量很少（第5章）。理科研究者看重向可以得到更高评价的"顶级会议"投稿，因为这些期刊在申请研究资金时受到高度重视。其结果是，日本研究者及大学图书馆不得不购买近年来价格飙升的海外学术期刊，即使那是日本学者的研究成果（MEXT，2012：70，73）。有影响力的论文不在国内发表，也不利于对国内期刊的评价。

在这里，笔者想探讨一下日本学术成果出版的两极分化现象及其意义。虽然日本的自然科学界在某种意义上依赖于国际学术期刊，但人文和社会科学的研究领域更加独立，对日本社会做出贡献的同时也由日语的学术市场所支撑。将学术期刊的数量和影响因子视作衡量质量的标准下，自然科学类的研究人员确保了日本科学研究成果的可见性。如本书第7章指出，世界排名前100名、200名的日本大学几乎全都是拥有理科和医学类的综合研究型大学，多数是国立大学。换句话说，日本大学在世界范围内享有的声誉，从某种意义上说，是由理工科"依赖"国际学术期刊而形成的。另一方面，在人文科学和社会科学领域备受推崇的日本国内大学很难在世界排名中获得高排名。

那么如果将日语论文（日语学术期刊）列入用于排名的海外数据库，问题是否会得到解决呢？事情并不那么容易。对用英语以外的语言撰写的文章来说，在全球市场上的读者群体、对主题的兴趣和可访问性都有限，所以不能寄希望于这些文章的引用数和影响力在世界市场与日本国内市场相同。因此，如果在发行数比较少的学术期刊上发表非英语论文，在大学排名的时候，被计数的每一篇论文或每位研究者的分数就会下降。此外,非英语的学术期刊受市场限制,不太可能获得商业回报。而且,由于大学排名正在引起全世界的关注,并成为政府的目标,主流的学术期刊或数据库以及分析工具的销售量正在增加,发布学术期刊的公司和销售商业数据库的公司,正获得巨大的利润(第 5 章以及 Rank Scholarship,2012:7)。

此外,2011 年日本学术振兴会报告书《人文·社会科学的国际化》指出,人文社科研究者研究语言的选择很困难,加之原本对于用外语来发表论文的意义仍有待探讨,一般情况下用英语发表论文对研究者而言没有激励、没有回报、不被评价。问题存在着深层次的原因,在下一节中将会深入探讨。

（2）审查文化和日本的大学评价

自明治时代以来,日本建立了高度独立的高等教育和研究体系(天野,2009),并确立了日本的授课和研究语言,大学教员由国内人才供给。此外,国内研究人员和读者也支持日语的学术出版。然而,在如今流行的大学排名中,被经常引用的英语论文(即在主流的海外学术期刊上发表的论文)会得到更高评价,并且拥有较高外国研究者比例的大学得分更高。相反,重视人才培养的自主性,由日语所主导的学术交流反而被认为"缺乏从海外引进人才的魅力""海外(英语)传播的缺乏"而导致此类大学评价下降。如果把提高世界大学排名作为唯一目的,日本国内大学就会受到外国人才增加、自身成果传播以及为迎合国际指标而重组的压力。这样的事态正如第 8 章、第 9 章所指出的,已经在其他地方出现了。期望在世界大学排名中提高名次的研究型大学采用的具体方法之一,是以人事及评价策略引导教员向国际数据库所收录的学术期刊投稿英文论文。

　　新自由主义政策和意识形态在世界范围内传播,伴随着全球大学重视审查、评估和质量保障,期刊的影响因子和被引用次数等文献计量学的指标成了扩散"扭曲的殖民地化效果"的有力工具(Scott,2012:115-116)。这种力量随着各类世界大学排名榜的普及和被接受,在世界范围内不断扩大(Amster & Bolsmann,2012:292)。换言之,大学排名是遵循发源于英国的审查文化(Shore & Wright,1999;Strathern,2000)的规则给予"报酬",由于有回报也让审查文化得到了更大的扩散。通过排名,英语圈诸国所产生的审查理念和方法得以向世界其他国家输出,信仰科学可以由数字来支配和测量的基础理念正在向世界渗透。

　　另一方面,自20世纪90年代以来,在全国大学改革的背景下,日本不断推进认证制度和教育研究质量保障制度的完善工作,在2004年大学接受自我审查评价和第三者评价已完成义务化(逸村、安井,2006:131-132)。此外,在研究生院的重点化、国立大学法人化等一系列的动向中,使用期刊的文献计量作为一种研究质量的指标逐渐得到了普及(逸村、安井,2006:131-133;Kaneko,2013:177-180)。到2005年左右,虽然文部科学省对于研究评价使用学术期刊的影响因子很谨慎(例如MEXT,2005),但是研究者在申请研究资金时,特别是在自然科学、医学类领域,这一指标被广泛应用。2004年国立大学法人化以后,占据公共支出的竞争性研究资金的比例的增加,对数字指标的扩大也做出了贡献。国立大学法人化正是与世界大学排名在同一时期登场的。

　　那么,日本的研究型大学(特别是国立大学)是如何被评价的?与世界大学排名的评价有什么关系呢?如金子所言,完成国立大学法人化的一系列日本的大学改革,与英国的撒切尔政府在20世纪 80 年代推进的新自由主义政策是非常相似的（Kaneko，2013：
177）。也就是说，由于政府主导评价的实施，日本社会已经接受了
"审查文化"。从政策的国际比较的观点来看，应该加强国立大学
独立性的法人化政策，讽刺的是，这一政策并没有削弱政府对于大
学的掌控（OECD 编，2009）。但是，日本的审查文化不能说是英国
式的，而是有着日本独特性的。

　　各个大学每 6 年制订中期目标和中期计划，对于国立大学的
评价，则以所设定目标的完成度为依据。与英国的高等教育科研
评估 RAE（Research Assessment Exercise）针对个别研究者的评
价不同，日本自我检查和评价的主要对象不是研究者个人，而是大
学。英国的审查制度不是由国家发起，而是研究者自身根据同行
评审，从政府的规制中独立出来推进的，相比之下，日本缺乏英国
式的同行评审的历史（Goodman，2013：43-44，48）。另外，美国以
平等及民主主义为后盾推进的"客观的"评价方法（Scott，2012：
119，127），也和日本的性质有所不同。

　　佐和（2011）批评说，抛开个人评价而与组织评价过度重合在
一起的"集团主义"的日本国立大学评价制度，很难不招致由于国
家统治而对"自由竞争的科研环境"形成的阻碍。而且，根据中期
计划而设立的国立大学评价制度没办法评价个人的设想和独创，
如果不断挤占大学法人可自由发挥的生存空间，就会阻碍到公正
的自由竞争从而使地方大学衰退。而且，佐和还强调了个别专门
领域的少数专家的同行评审的必要性。

　　另外，日本的审查文化会产生代际不公平。正如竹内（2010）
对日本大学教员之间的"代际差异、冲突、摩擦"所展开的辛辣评
论，在终身聘用、推荐人事采用，并且根据年龄和空位来晋升的年
长教授，与暴露在求职的长期化、竞争的激烈化、短期聘用的常态
化等年轻人之间，存在着巨大的鸿沟。面临研究人员市场的竞争

激烈化,年轻研究者迫于提高产出的要求,即所谓的"文章导向"
(paper trail),为了更好更多地创造研究业绩的纪录,被论文步步
紧逼(Barth,2000:9;Shore & Wright,1999:567)。年长的研究
者虽说被日常杂务所困,但至少身份是有保障的,两者对比鲜明。

　　作为可称之为数值评价正中心的美国,其状况更加严重。
J.斯考特批判说,在 20 世纪七八十年代的美国,新自由主义政策所
导致的结果是,包括教育在内的多数部门,在公正和问责制的旗帜
下审查常态化,学校、医院、警察等全部被评分、分等级。与印象中
的"讨厌束缚的个人主义者相反,美国人实际上是世界上最被标准
化、被监视的国民"(Scott,2012:127)。如此,对这种可称为英美新
自由主义产物的审查文化及问责制的压力,世界范围的研究者的
气愤和批判声正在增加。例如戴维·波斯特(第 6 章)从知识工作
者层面的"阶级斗争"角度,论述了大学像车和手机一样被判定评
级一事的荒唐性。

　　另一方面,在新自由主义审查文化的渗透下,英美的顶尖大学
逐步建立了"应对世界大学排名"的实力。如前所述,世界大学排
名,对于按照审查的游戏规则而行动的大学和研究者来说,给予了
相对应的回报。学术期刊的刊登论文数、期刊的影响力、被引用次
数这样的评价标准,作为世界上可以比较研究实力的指标支撑着
世界大学排名,但是这些东西也经常被用作大学和隶属于大学的
个人的评价指标。

　　另外,以日本的国立研究型大学为对象进行的法人评估的关
注点是大学的问责制和先前设定目标的实现。大学的评价系统,
至今没有与个人的业绩强化相连,也没能促进大学之间的平等和
公平。尽管如此,业绩评价的想法获得了普遍认同,刚刚进入学术
求职市场的年轻研究者因此背负了更加沉重的负担。世界大学排
名和日本的国立大学法人评估的共同点在于,衡量和比较大学整

体的表现。但是，如果去除对"组织的评价"这一共同点，两者之间差别甚大。

（3）资金集中及其影响

伴随着日本政府设定了至少要有 10 所日本大学跻身世界大学排名前 100 名这一目标，对追求前 100 名的研究型大学的评价标准也会随之有所变更。这又会给大学带来什么影响呢？如今，政府出台政策要提升日本大学在世界大学排名中的排位，由此，包括国立大学法人评估制度、引文数据库以及外部资金的获得总额等评价指标，将可能比以往更受重视。如果日本的目标是要建立"世界级别"的前 10 名、前 100 名的大学，正如世界各国的多数学术扩军政策一样，资金将进一步向少数大学聚集。不可避免地，公共研究资金很可能会集中在少数被选定的研究型大学和易于量化的领域。

已经有学者指出在国立大学法人化以后的研究基金的"选择和集中"具有"截断"般的负面影响。京都大学前校长尾池和夫呼吁，日本的学术研究应该是底部宽阔的"金字塔型"而不是把底部缩小而追求高度的"天空树型"，应该在重视基础研究的同时打造"珍惜本国文化并承认多样性"的国际化（《日本经济新闻》，2013 年 6 月 13 日）。

尽管有这些批评，但随着世界大学排名的影响的扩大，"测量可以测量的东西"的审查文化更广泛、更深入地渗透到了全国。Web of Science（WoS）或 Scopus 等数据库所收录的学术论文，即国际上"可见、可测量"的成果将被大量生产，对提高大学排名名次有贡献的学术领域也将被进一步强化。但是，正如之前所示或者如林隆之和土屋俊的分析（第 11 章），日本的学术研究中可以用排名衡量的业绩有限,远不能与英语圈的诸国相比。欧美的商业数据库根本不适合作为评价日本大学及其研究多样性和质量的工具。然而,如果要说有什么能够代替这些工具的话,目前还没有。一方面,拿日本的自然科学领域的研究成果来说,为了评价国内的研究而独自开发一套系统已经太过"国际化";另一方面,人文社会科学的研究又太过"独立化",缺乏国际化的贡献。两方面都没有形成能够恰当地评价国内的研究成果,同时又对全球化有意义的重要指标。

在这种情况下,如果还是一味地为了提高大学排名,那么可以预见的是,少数世界知名且年龄相对较大的研究者及其研究团队将会受益,因为他们在可衡量和具有全球竞争力的科学领域已经得到国际认可。另一方面,与人文学科相关的学术领域将进一步被忽视、得不到评估,并且陷入资金不足的困境。2015 年 6 月,日本政府已经要求国立大学在人文、教育及社会科学领域实施改革和重组计划。

关于人文科学和社会科学的整合,已经被多次讨论过(例如《现代思想》2015 年 11 月号刊的"大学的终结:人文学科的消亡"特辑等),这里将不再详述。由此,笔者想思考的是,在不久的将来,在以英语发表研究成果更为重要的人文科学和社会科学领域中,什么是必要的。促进全球合作,推进研究向世界展开是 21 世纪人文科学的新使命。换句话说,保持对日本国内社会的传统责任的同时,应当将现在绝大多数情况下从西方到日本国内的单向知识流动转化为双向的,即让日本和海外的人文和社会科学领域的相互交流活跃起来。在本书的第 4 章中,在世界舞台上活跃的杉本良夫指出了日本在这种平衡的全球学术交流中的问题。不言而喻,研究者在履行国内社会责任的同时,也承担着向世界传播学术研究成果的责任,这种双重责任绝不容易。日本大学评价系统需要解决的问题是不仅要对研究者的重要职责进行支援,而且要对研究者的以上两个角色给予正确评价。

正如在本章中以国立大学评价制度为例所看到的那样,目前的制度是对大学本身的评价,即使是对学院或研究生院的评价,也缺乏提升单个研究者绩效的动力。当然,为了向世界介绍自己的研究,自发地用日语以外的语言刊发成果的研究者也是有的,特别是一些年轻的研究人员,在国际认可的学术期刊上发表文章,旨在竞争已经白热化的研究职位。年轻学者的外文著作,除了在人事选拔的时候需要用到,并不总是受到高度评价,并且还有在日本研究领域不会被阅读或了解的危险。这样对于刺激日本的人文研究者用英文发表成果基本不起作用。而为了申请研究基金需要填写大量的文件和报告,很难确保研究时间,这才是当前大学的现状。

本章开头介绍的增加外国研究人员聘用的政策是作为提高大学排名的措施而实施的,由此知识的流动就会从欧美转向非欧美的方向,甚至可能会有进一步的偏离。虽然录用外国研究人员可以使大学的工作人员多样化,这对于促进教育和研究环境的国际化是很重要的,但是以此来提高排名的可能性却很小。此外,为了让具有不同背景的研究人员在日本的大学中更加活跃,从国际视角确保评价的透明度和公平性非常重要。不被年龄、性别、国籍和文化背景所左右的人事制度的公平性,以及给予当事人绩效评估的机会,应该理解为并非为了大学排名,而是促进大学国际化的重要前提。

最后,笔者想补充一点,用日语进行研究发表的重要性并不仅适用于人文科学。对于理科的研究者,国内学术刊物和会议往往是该领域的重要发表场所,起着"培养场"的作用。笔者在大阪大学对理科研究者进行了调研,多数人强调研究成果的国内发表和用日语来交流对于独创性概念的形成是非常重要的。例如,某位化学系资深教授提到创新研究"太过新颖",即使投稿到国外著名的学术期刊,也会遭到同行评审的拒绝,因此,开始的三到五年间,在国内学术会议和期刊上发表,可以有机会对其加以润色、推敲。如果是真正重要的研究成果,经过在国内的成熟期,五六年后在国际期刊上的被引用次数会激增。换句话说,国内的学会起到了创新研究孵化器(incubator)的作用。即使是诺贝尔奖级别的创新研究,最初在国内发表的也不在少数。如果仅对能够获得排名积分的国际期刊文章进行评估,甚至可能会破坏日本的科学技术基础。忽视日语的科学似乎不太可能有助于提高"国际竞争力"。

4 超越知识的霸权

随着世界大学排名榜单的影响力增加,这 10 年间在世界范围内,许多关于大学排名的研究已超越学科范围,有了一定的积累,其中多数被称为"方法论的崇拜"(Amsler & Bolsmann,2012:292),即以方法论、评价、统计手法或分配等相关的定量分析为中心的计量手段。然而,对全球的学术研究型大学进行排名所折射出的基本且重要的课题是有关身份认同、权力和霸权主义、正义的问题。世界各地的大学反映了不同国家和地区的语言和文化,并产生了多样化的学术成果和人才。这些价值观现在受到了质疑。如何定义优秀的大学与学术,以及由谁来传播这样的理念并享受其中的好处?它背后有着怎样的力量?在全球化的旗帜下,世界的知识生产中心和外围发生了什么,被部署在那里的各种关系的背后又有什么?为了揭示这些,只能通过诸多的实证探究,不断加以积累。从这个角度出发,本章结合日本学术传播和大学评价的特点,分析了日本国内对大学排名的关注和政策目标的设定,并讨论了为提高排名而采取的措施所带来的资金集中的影响。

　　排名对学生和研究人员国际流动的影响、海外大学的赶超、研究成果的数据化和商业化、学术出版的寡头垄断、利润的追求和高等教育学术的矛盾等，日本的研究型大学面临着上述多项不可忽视的挑战。在担当学术与科学的进步以及世界与地域社会未来的人才培养方面，有各种各样的路线与方法，无法一概而论。这个价值观即使是在全球化的背景下也是不变的。与此同时，大学和大学人员被置于只追求表面光鲜的全球竞争场中。寄希望于世界大学排名从 21 世纪的高等教育的舞台消失，无论如何是不可能的。各类排名在未来可能会被分散和区分，但最好还是让它们在世界范围内引起关注。无视排名终究是不现实的，我们需要意识到它的本质问题，主动面对全球化所带来的机遇、竞争与合作，并积极地接受它。正是因为有着这样的想法才诞生了本书。

　　接下来各章节将继续探讨以上的诸多问题，不仅讨论高等教育政策、学术交流、科研绩效评价，还将讨论语言、区域、文化的多样性和价值，以及这些分化所带来的霸权主义，在高等教育的全球化背后的世界市场主义、国家间的竞争等诸多社会问题。除了搞清楚问题的所在和重要性之外，本书还将考察先进案例中个人研究者、大学组织甚至是国家层面的战略应对措施。日本的大学和研究者要用不迎合在世界范围内扩大的审查文化以及欧美顶尖大学模式的方法，向世界展示自己的研究成果。对于非英语国家的日本人文社会科学来说，这是一项并不轻松的挑战。然而，本书中不仅包含为应对挑战的多项课题，也有对于未来的启发。

参考文献

天野郁夫(2009)『大学の誕生(上)帝国大学の時代』,中公新書。

Altbach, PG & Balán, J (eds.) (2007) *World class worldwide: Transforming research universities in Asia and Latin America*. Baltimore, MD: Johns Hopkins University Press.

Amsler, SS & Bolsmann, C (2012). University ranking as social exclusion. *British Journal of Sociology of Education*, 33(2): 283 - 301. http://dx.doi.org/10.1080/01425692.2011.649835

Anninos, LN (2013). Research performance evaluation: Some critical thoughts on standard bibliometric indicators, *Studies in Higher Education*: 1 - 20. http://dx.doi.org/10.1080/03075079.2013.801429

Barth, F (2002) An anthropology of knowledge. *Current Anthropology*, 43(1): 1 - 18. http://dx.doi.org/10.1086/324131

Boulton, G (2010) University rankings: Diversity, excellence and the European initiative. League of European Research Universities Advice Paper 3. Leuven: LERU Office. Retrieved from http://www.ireg-observatory.org/pdf/LERU_AP3_2010_Ranking.pdf

Brenneis, D (2004) A partial view of contemporary anthropology. *American Anthropologist*, 106(3), 580 - 588. http://dx.doi.org/10.1525/aa.2004.106.3.580

Brown, P, Lauder, H & Ashton, D (2008) Education, globalisation and the future of knowledge economy, *European Educational Research Journal*, 7(2): 131 - 166. http://dx.doi.org/10.2304/eerj.2008.7.2.131

Cantwell, B & Taylor, B (2013) Global status, intra-institutional stratification and organizational segmentation: A time-dynamic tobit analysis of ARWU position among U.S. universities. *Minerva*, 51(2), 195 - 223. http://dx.doi.org/10.1007/s11024 - 013 - 9228 - 8

Chou, CP (ed.) (2014) *The SSCI syndrome in higher education: A local or global phenomenon*. Rotterdam, The Netherlands: Sense Publishers.

Chou, CP, Lin, HF & Chiu, Y - J (2013) The impact of SSCI and SCI on Taiwan's academy: An outcry for fair play. *Asia Pacific Education Review*: 1 - 9.

Chu, WW (2009) Knowledge production in a latecomer: reproducing economics in Taiwan. *Inter Asia Cultural Studies*, 10(2): 275 - 281. http://dx.doi.org/10.1080/14649370902823405

Ciancanelli, P (2007) (Re) producing universities: Knowledge dissemination, market power and the global knowledge commons. In D. Epstein, R. Boden, R. Deem, F. Rizvi & S. Wright (eds.) *World Yearbook of Education 2008:*

pp. 67 - 84. New York: Routledge.

Considine, M (2006) Theorizing the university as a cultural system: Distinction, identities, emergencies. *Educational Theory*, 56 (3): 255 - 270. http://dx. doi. org/10. 1111/j. 1741—5446. 2006. 00231. x

Deem, R, Mok, KH & Lucas, L (2008) Transforming higher education in whose image? Exploring the concept of the 'world-class' university in Europe and Asia. *Higher Education Policy*, 21 (1): 83 - 97. http://dx. doi. org/10. 1057/ palgrave. hep. 8300179.

Dolan, C (2007) Feasibility study: The evaluation and benchmarking of humanities research in Europe. Humanities in the European Research Area (HERA). Retrieved from http://www. aqu. cat/doc/doc_34869796_1. pdf

Editorial (2012) Rank Scholarship. *Comparative Education Review*, 56 (1): 1 - 17. http://dx. doi. org/10. 1086/663834

Fukushima, G (2010, April 8) Reverse Japan's insularity. The Japan Times. Retrieved from http://www. japantimes. co. jp/opinion/2010/04/08/ commentary/reverse—japans-insularity/

船森美穂(2012,5 月 6 日)「日本および世界の論文投稿状況の分析‐これからの方向性を探る」,平成 23 年度研究開発評価シンポジウム報告プレゼンテーショ ン http://www. mext. go. jp/component/a_menu/science/detail/__icsFi l e s/ a f i e l d f ile/2012/05/24/1321315_01. pdf

Goodman, R (2013) The changing role of the state and the market in Japanese, Korean and British higher education: Lessons for continental Europe? In R. Goodman, T. Kariya & J. Taylor (eds.) *Higher education and the state: Changing relationships in Europe and East Asia*: pp. 37 - 54. Oxford: Symposium Books.

Guédon, J - C (2001, May) In Oldenburg's long shadow: Librarians, research scientists, publishers, and the control of scientific publishing. Paper presented at the 138th Membership Meeting of the Association of Research Libraries (ARL), a meeting held in conjunction with the Canadian Association of Research Libraries in Toronto.

Guo, W & Ngok, K (2008) The quest for world class universities in China: Critical reflections. *Policy Futures in Education*, 6 (5): 545 - 557. http://dx. doi. org/ 10. 2304/pfie. 2008. 6. 5. 545

Hazelkorn, E (2008) Learning to live with league tables and ranking: The experience of institutional leaders. *Higher Education Policy*, 21 (2): 193 - 215. http://dx. doi. org/10. 1057/hep. 2008. 1

保母武彦(2010, April 8)「日本人留学生はなぜ増えぬ」『日本経済新聞』(2010 年 4

月 8 日付）。

Ishikawa，M（2012［2009］）University rankings，global knowledge constructions and hegemony：Critical reflections from Japan. In B. Pusser，K. Kempner，S. Marginson，& I. Ordorika（Eds.），*Universities and the public sphere：Knowledge creation and state building in the era of globalization*：pp. 81 - 99. New York：Routledge，Taylor & Francis. Originally published in 2009 in *Journal of Studies in International Education*，13（2）：159 - 173.

——（2014）Ranking regime and the future of vernacular scholarship. *Education Policy Analysis Archives*，22（30）. http：//dx. doi. org/10. 14507/epaa. v22n30. 2014

石川真由美（2015）「世界の大学ランキング‐イノベーション，知的体力を育む教育が必要」『大学ランキング2016 年版』朝日新聞出版，108 - 111 頁。

Ishikawa，M，Fujii，S & Moehle，A（2015）Japan：Restoring faith in science though competitive STEM strategy. In B. Freeman，S. Marginson，& R. Tytler（eds.）*The age of STEM：Educational policy and practice across the world in science，technology，engineering and mathematics*：pp. 81 - 101. London：Routledge.

逸村裕，安井裕美子（2006），「インパクトファクター‐‐研究評価と学術雑誌」『名古屋高等教育研究』6，131 - 144 頁。

Kaneko，M（2013）The Japanese higher education and the state in transition. In R. Goodman，T. Kariya，& J. Taylor（eds.）*Higher education and the state：Changing relationships in Europe and Asia*：171 - 197. Oxford：Symposium Books.

Kang，M（2009）"State guided" university reform and colonial conditions of knowledgeproduction. *Inter Asia Cultural Studies*，10（2）：191 - 205. http：// dx. doi. org/10. 1080/14649370902823355

Kim，KS & Nam，S（2007）The making of a world-class university in the periphery：Seoul National University. In P. G. Altbach & J. Balan（eds.）*World class worldwide：Transforming research universities in Asia and Latin America*：122 - 142. Baltimore，MD：Johns Hopkins University Press.

Lo，WYW（2013）University rankings as a zoning technology：A Taiwan perspective on an imaginary Greater China higher education region. *Globalisation，Societies and Education*，11（4）：459 - 478. http：//dx. doi. org/ 10. 1080/14767724. 2013. 819275

Mohrman，K（2008）The emerging global model with Chinese characteristics. *Higher Education Policy*，21：29 - 48. http：//dx. doi. org/10. 1057/ palgrave. hep. 8300174

文部科学省(MEXT)(2005)「文部科学省における研究及び開発に関する評価指針」 http：//www. mext. go. jp/b_menu/shingi/gijyutu/gijyutu0/toushin/05111501/ shishin. htm

—(2006)「学術情報基盤の今後の在り方について(報告)」科学技術・学術審議会, 学術分科会研究環境基盤部会,学術情報基盤作業部会 http：//www. mext. go. jp/b_menu/shingi/gijyutu/gijyutu4/toushin/_ _icsFiles/afieldfile/2013/07/ 16/1213896_001. pdf

—(2012)「学術情報の国際発信・流通力強化に向けた基盤整備の充実について」科 学技術・学術審議会,学術分科会研究環境基盤部会,学術情報基盤作業部 会. http：//www. mext. go. jp/b _ menu/shingi/gijyutu/gijyutu4/toushin/ 1323857. htm

—(2013)『科学技術指標 2013 統計集』科学技術・学術政策研究所　科学技術・学 術基盤調査研究室。

Montgomery，SL (2013) *Does science need a global language? English and the future of research*. Chicago：University of Chicago Press. http：//dx. doi. org/10. 7208/chicago/9780226010045.001.0001

National Science Board (2012) *Science and engineering indicators 2012*. Arlington VA：National Science Foundation.

日本学術振興会(2011)「人文学・社会科学の国際化について」人文・社会科学の国 際化に関する研究会。

『日本経済新聞』(2010 年 6 月 15 日)「海外で幹部候補大量採用　三菱重工やパナソニッ ク」,http：//www. nikkei. com/article/DGXNASDD1406A_U0A610C1MM8000/

—(2010 年 9 月 13 日)「世界大学ランキング,香港大がアジア首位　東大抜く」 http：//www. nikkei. com/article/DGXNASGM10027_T10C10A9NNC000/

—(2013 年 6 月 13 日)「「選択と集中」の弊害　研究資金,裾野広げよ　京都大学前 総長尾池和夫氏」。

OECD (2012) Education at a glance 2012：OECD indicators. Paris：OECD.

— (2013) Education at a glance 2013：OECD indicators. Paris：OECD.

OECD 編(2009)『日本の大学改革— OECD 高等教育政策レビュー：日本』(森利枝 訳,米澤彰純解説),明石書店。

—(2012)『PISA から見る,できる国・頑張る国 2 — 未来志向の教育を目指す：日 本』(渡辺良監訳),明石書店。

Oleksiyenko，A (2014) On the shoulders of giants? Global science，resource asymmetries，and repositioning of research universities in China and Russia. *Comparative Education Review*，58(3)：482 – 508.

大阪大学国際企画室(2006)「大阪大学国際共同研究交流現状分析— 学術論文調査 から」『世界の中の大阪大学— 国際交流に関する現状分析報告書』(国際企画

室ワーキングペーパー 1）,添付資料 I,1‐27

Rauhvargers, A (2011) *Global university rankings and their impact*. Brussels, Belgium: The European University Association.

佐和隆光(2011)「国立大学法人化の功罪を問う」会計検査院「会計監査研究」44,5‐12 頁。

Scott, JC (2012) *Two cheers for anarchism: Six easy pieces on autonomy, dignity, and meaningful work and play*. Princeton, NJ: Princeton University Press.

Shin, JC (2009) Building world-class research university: The Brain Korea 21 project. *Higher Education*, 58(5): 669‐688. http://dx.doi.org/10.1007/s10734‐009‐9219‐8.

Shin, JC & Cummings, WK (2010) Multilevel analysis of academic publishing across disciplines: Research preference, collaboration, and time on research. *Scientometrics*, 85(2): 581‐594. http://dx.doi.org/10.1007/s11192‐010‐0236‐2.

調麻佐志(2015)「激震大学ランキング(中)少ない論文引用が響く」「日本経済新聞」2015 年 10 月 26 日付。

Shore, C & Wright, S (1999) Audit culture and anthropology: Neo‐liberalism in British higher education. *Journal of the Royal Anthropological Institute*, 5(4): 557‐575. http://dx.doi.org/10.2307/2661148.

Sidhu, R (2005) Building a global schoolhouse: International education in Singapore. *Australian Journal of Education*, 49(1): 46‐65. http://dx.doi.org/10.1177/000494410504900103.

Song, M‐M & Tai, H‐H (2007) Taiwan's responses to globalisation: Internationalisation and questing for world class universities. *Asia Pacific Journal of Education*, 27(3): 323‐340. http://dx.doi.org/10.1080/02188790701594067.

Strathern, M (2000) *Audit cultures: Anthropological studies in accountability, ethics and the academy*. London: Routledge. http://dx.doi.org/10.4324/9780203449721.

竹内洋(2010)「大学教員の世代間格差と衝突・軋轢」IDE 大学協会「IDE ― 現代の高等教育」519(4),12‐18。

THE World University Rankings (n.d.) World reputation rankings 2013 methodology. Retrieved from http://www.timeshighereducation.co.uk/world‐university‐rankings/2013/reputationranking/methodology/.

辻篤子(2010)「留学しない東大生」「朝日新聞」4 月 13 日付。

van Raan, AFJ (2005) Fatal attraction: Conceptual and methodological problems in the ranking of universities by bibliometric methods. *Scientometrics*, 62(1):

133 - 143. http://dx.doi.org/10.1007/s11192－005－0008－6

山上浩二郎(2010 年 10 月 27 日)「世界大学ランキングの波紋広がる」Asahi.com。

Yamauchi，N （2006） The evaluation of the internationalization of Japanese universities：With reference to publicly available data. Developing evaluation criteria to assess the internationalization of universities，Grant-in － Aid for Scientific Research（A）（2），final report of research activities for fiscal year 2004 - 2005. E112 - 136.

『読売新聞』(2010 年 8 月 25 日)「英語が社内公用語となる時代」。

第一部分

大学排名的社会经济构造

第 1 章

为谁，为何？

大学排名和国家间的竞争

苏珊·赖特（Susan Wright）

本章由下述论文翻译而成：

Wright,Susan.(2012). Ranking universities within a globalised world of competition states: to what purpose, and with what implications for students?, in Hanne Leth Andersen & Jens Christian Jacobsen (eds.), *Uddannelseskvaliteti det* 21. Århundrede, Frederiksberg: Samfundslitteratur,pp. 79 - 100.

1　从教育手段到审查手段
——支持排名化方法的大学

有学者认为当今的情形纯属自作自受。将教育这般复杂的东西进行数值化，然后将数值按照由高到低的顺序制成成绩一览表进行公示，如此做法最开始只是大学发明出来的一种形式而已，即用打分的方法对学生们的学业进行评价并排序。这种做法用米歇尔·福柯的话来说，属于一种"政治的技术"（Dreyfus & Rabinow，1982：196）。这就如同历经了时空的沧桑变化，进行了一场跨越千山万水的旅行之后回到了大学，但心中所思所想已与初心大相径庭。

为明确现在大学中打分及排名所追求的目标，我们首先需要对其历史进行简单回顾。所谓排名，实际上是"竞争国家"掌握的一门技术，各竞争国家为了让本国研究教育机构能在全球规模竞争中占有一席之地，纷纷对教育机构进行投资，这也是竞争国家的功能所在。从这一观点来看，大学在全球排名中所取得的名次，在一定程度上能反映出该大学是否有效利用了国家的公共投资，这也是对国家负责的一种表现。

然而，若想在全球规模竞争中取得好成绩，最为关键的一点是，在市场竞争尤其是在吸引留学生的竞争中取得傲人的成就。在留学生市场中，大学只不过是众多企业中的一个组织而已，所从事的也只是大学的品牌化与大学营销、学生的招募与国际流动等市场活动罢了（Robertson et al.，2012）。考虑到该情况，恐怕在这一过程中，品牌和外在形象要比教育以及经验更受关注。排名在大学的声誉管理（reputation management）中至关重要。如果大学实现了这种技术的转换，即对学生成绩进行评定，进而对整个机构的成绩进行评定并排名，积极参与到将大学转变为经营工具的过程中，那么大学又该如何面对学生及教育呢？

2 成绩排名的社会史

1817 年，位于纽约州的西点军校新任校长西尔维纳斯·萨耶尔（Sylvanus Thayer），引入了法国高等教育机构巴黎综合理工学院（École Polytechnique）所采用的按照数值对成绩进行评价的教育体系。萨耶尔在士官学校中开创了层次结构，搭建了一套完整体系，要求按照自下而上的顺序定期完成针对学生的成绩评定等体系化报告。西点军校的成绩评价体系的研究者霍斯金和麦克维伊，对此构造做了如下说明：

> 这种做法为"全面问责制系统"（total accountability system），即用数字文字一体化语言——西点军校通用语言——对学业及与日常表现成绩相关的各个侧面进行不间断统计、评价及记录（Hoskin & Macve，1988：49）。

按照霍斯金和麦克维伊的说法，对所有学生的学科知识以每天、每周、每半年 1 次的频率进行检测，并按照规范化、标准化的 7 级计分制进行打分。每周、每月、每半年的报告均记录了学生们的适应性、学习习惯、品行是否符合"军人"的行为规范，用"优秀"至"平庸"的 7 级描述标准进行评价。这两种报告书要逐级上报，再按照报告书中对每个学生的评价，将学生按各学年成绩分为 4 个等级。每个学生都需要明确自己的排名以及如何努力提升自己的排名。

　　这是一个反射型指挥、传达系统,以彻头彻尾的等级制度
为依托……(从理念上)将军校内所有人置于监视之下,并责
令其对自己的行为负责(Hoskin & Macve,1988:59)。

　　西点军校的学生被培养为富有计划性且行事谨慎,具备履行
职责能力的个体。他们对于自己的成绩、评价标准,以及该如何提
高自己的成绩都了如指掌。他们毕业后最先获得怎样的任务,取
决于他们所获得的最终评价。此外,在校期间的成绩不仅会影响
他们整个军人生涯,还将一直伴随其至退休。

　　这一体系培养了美国国内最优秀的一批工程师,也为兵工厂、
铁路、新兴制造企业培养了最优秀的管理人才。他们将等级结构
引入各自所隶属的组织,为了在等级结构内部精准传达这些极其
细致的规则,他们还规定需自下而上提交以数字为依托的标准化
评价报告。这些报告书不仅将每个员工的生产能力进行了排名,
而且成为用以与各个单位进行横向比较的普遍标准。因此,每个
员工都可以"通过记录,深刻感觉到公司的目光始终注视着自己,
并经常对此进行讨论"(Chandler,1977:267-268;Hoskin &
Macve,1988:67)。综上所述,为了将经营者及劳动者转变为有计
划、慎重行事且具备履职能力的人,美国实业界究竟该如何构建与
之相对应的组织及规则体系? 要解决这一问题,很大程度上还要
参照西点军校毕业生的经验之谈。

　　这一经营体系对美国实业界影响深远。福特汽车公司在第一
任总经理罗伯特·麦克纳马拉(Robert Strange McNamara)的领
导下,经营业绩一度达到了顶峰(Martin,2010)。20世纪50年代,
麦克纳马拉为了将各式各样的数字填入电子表格中,大胆起用了
新面世的 IBM 计算机。各部门主管设定一个目标值,由上级主管
对他们各自的业绩进行评定。就这样,在完成任务的重压之下,形

成了竞争极其激烈的企业文化，为了捍卫自己在组织内部的地位，各部门纷纷采取该体系作为竞争手段。这一体系比起其生产的产品，即乘用车的品质是否达标以及顾客满意度等宏伟目标，更加注重组织内部竞争与权谋手段，由此开始产生了反效果。

著名经济学著作《追求卓越》(*In Search of Excellence*)的著者之一汤姆·彼得斯(Tom Peters)打趣说道：

> 从泰勒主义出发，加上一层德鲁克主义和一剂麦克纳马拉主义……到了 70 年代后期，我们可以看到通用汽车这家伟大的美国公司正在使用账房先生式的管理，或者说至少是用账房先生的心态管理(Peters,2001:88)。

麦克纳马拉作为肯尼迪政府的国防部部长，将这一体系践行于越南战争中，犯下了以"尸体统计"的形式弥补"我们对于历史、文化、政治的严重无知"(Martin,2010:16)的毁灭性错误[①]。尽管产业和军事以失败告终，但衡量复杂的组织及活动成果的数值指标却在 20 世纪 80 年代作为"新公共管理"的重要因素被引入公共部门中，产生了"关键绩效指标"(Key Performance Indicators，KPI)这一概念，以此作为评价公共服务质量、资金使用情况、效率高低的指标。大部分学校、老年人服务场所、医院以及其他公共服务都进行了数字化，并各自在"排名表"中进行了排名(Shore & Wright,2000)。每个领域会将排名最低的他者"进行公布，使其感到羞耻"，同时对那些"最佳实践"进行表彰，以之为业界榜样。

大学也不例外。英国在 1986 年实施了最初的科研评估机制

[①] 在尚未分清敌我时，单纯以尸体数量为基准对战局进行判断，对数字的强调遮蔽了决定战争走向的其他因素，最终美国战败。——译者注

即"英国高等教育科研评估"(RAE,详见本书第 10 章),对 173 所大学的 2598 个学科进行了评估。各学科研究成果由该领域的专家团进行审阅,并按照 7 段法进行评价和排名。最初,英国政府给予大学的研究预算中,只有 14% 按照当时的评价结果进行分配,但这一比例在 1989 年增至 30%,1992 年以后则调整为 100%。2001年研究预算的 75% 被集中分配给顶层学科(Wright,2009)。在RAE 实施之后,名为"教育质量评估"(Teaching Quality Assessment,TQA)的第二个体系也很快被引入,其目的之一就是希望此前因引入 RAE 致使研究者的时间及活动过于倾向于科研这一现象能够得到修正。另一目的在于,希望政府能够重新认识到,增加研究人员负担、削减科研经费的做法将不可避免地影响到教育质量(Shore & Wright,1999)。此外,引入英国高等教育质量保证机构(The Quality Assurance Agency for Higher Education,QAA)实施的第三体系,即"大学审查"体系,用于评估各个大学的管理运营效率及有效性。

　　从历史上来看,将成绩评价及排名体系从大学引入社会机构的管理运营中,再由社会机构引入公共部门,最终再次应用到大学当中,随之产生了一系列重要的变化。斯特拉森(Strathern,1997)针对英国的大学审查进行了论述,并指出了其中的变化。即这一体系最初只是大学对个人进行考察的手段,后来被引入商业会计体系中用于考察绩效,而后为了对作为独立组织的大学进行绩效考核并使其履行社会责任,这一体系作为一种评定方法,又被重新引入大学。另一个变化则可以理解为,这些评价、排名手段不仅是针对个人、组织乃至部门(领域)整体进行管理的体系,或者用霍斯金和麦克维伊的话说,这是一个"全面问责制系统"。OECD 记录了各国政府已引入的"数值运用操作方法"(Frolich,2008)及其为鼓动大学之间相互竞争所采用的其他算法。其中,不乏一些运用英国 RAE 方式对本区域内大学业绩及质量进行测算、排名的国家。比如新西兰于 2003 年开始使用基于绩效的研究基金分配制度(Performance-Based Research Fund，PBRF)。

另一方面,还有一些国家运用以营利为目的的引文索引、影响因子,抑或是对发表于知名学术期刊的论文进行打分,将关注点置于文献计量学(Bibliometrics)(参照卷末《基础解说2》)之上。澳大利亚的一个案例经常被当作运用学术期刊排名体系的典型。在澳大利亚,这一体系曾一度被引入"澳大利亚卓越研究报告"(Excellence in Research for Australia，ERA)的评价体系中,但是由于机构的研究管理人员认为有证据表明该体系规定了研究者须在顶级学术期刊上发表指定数目的论文这一义务,所以澳大利亚政府最终决定延缓引入该体系。澳大利亚教育部部长判定由管理者引入该评价机制属于"目光短浅且不被看好的研究管理方式"(Carr,2011)。而这一体系在斯堪的纳维亚地区以"挪威型模式"被大家所熟知,丹麦也采纳了该体系,作为实现资金竞争性分配的指标之一。虽然澳大利亚教育部门对此持否定态度,但丹麦却将这一"运用文献计量学指标的分数制度"作为督促研究者在"顶级"学术期刊上发表论文的手段(Wright,2011)。

当然,通过关于考试教育以及考试溢出效应的研究,研究者们也深刻认识到无论采用何种记分或排名方法,都会带来负面影响(Cheng et al.,2004)。对大学研究成果进行评估,然后对各种各样的评价体系所带来的负面效果进行论证的研究报告不胜枚举,甚至很多案例还衍生出了专业术语。比如,那些将研究成果如同切萨拉米香肠一般分割开来,然后粗制滥造出来的短小的期刊论文被称为"萨拉米薄片"。也有一部分人刚取得部分研究成果,就"急忙生产(出版)",而不是在研究成果均已齐备,经过深思熟虑、

谨慎分析之后再发表；或是剽窃；再或者采用"搅乱战术"①，例如像
商学院协会列表中所引发的疑问那样，通过创建被认可的学术期
刊列表来提升狭隘专业领域的优势（Willmott，2011：436）；抑或是
组织顶级期刊同盟（Macdonald & Kam，2011）等，目的都如出一
辙。英国下议院科学技术委员会（House of Commons' Science
and Technology Committee，2004：21）将 RAE 认定为"虚假、欺
骗，如马匹买卖一般天衣无缝的手腕"，"大众已经开始对其丧失信
任"（Wright，2009）。同样，英国学术政策中心（British Academy
Policy Center）报告书曾警告，如果这一制度的目的并非为了从内
部发现并解决问题从而推动发展，而是为了公布姓名使人蒙羞，将
统计指标或者排名用于惩罚，那么一定会产生负面效果（Foley &
Goldstein，2012）。

　　正如澳大利亚教育部门负责人所指出的那样，从学术价值观点
来看，这种歪曲的和目光短浅的目标设置是不可取的。但是，利用成
绩、排名的管理方式必然如此。包括西点军校在内，通过学科成绩以
及军人式态度的评分使学生之间相互竞争，这一操纵方法已渗透到
了组织内部的各个方面。频繁对成绩进行排序，并且将其作为左右
将来职务的记录留存下来，引发了学生之间的恶性竞争。不难想
象，根据发表于顶级学术期刊的论文数量对大学进行排名，并基于
此进行研究资金分配，这种操纵手法同样会颇具成效。整个大学
会通过这场围绕优势地位进行的竞争推动整改进程，组织经营成
员致力于设置目标与激励手段，促使各研究者进行自我管理并集
中精力为"可计算的东西"付出努力。依据数值进行管理的目的在
于在个人及全领域内发挥横向作用，构筑全面问责制系统。

_____

① 规则范围内的擦边球战术。——译者注

3　全球化范围转变及竞争国家

　　20 世纪 90 年代初,教育研究机构所期待的活动及评价、排名体系已从国家层面扩展到全球范围。卡梅伦和帕兰(Cameron & Palan,2004)重新设想了同一时代世界的空间构成,提出了三个概念。第一,全球化的"海外"经济一方面带来了国家规则的空洞化,同时也为工业生产、贸易市场、金融市场针对时间和空间进行战略性利用以及资本储备提供了新的机遇。第二,还有另一个极端,就是那些经常被我们称为"邻居""地区社会"的局部贫苦地区,在那里生活的穷人被彻底边缘化,被排除在新的机遇之外。第三,处于上述二者之间的,即那些所谓的"竞争国家"(Cameron & Palan 2004:109;Cerny,1990)。在这一世界中,可以想象到国家、地区、城市、个人等均由各层次的竞争单位所构成,国家的作用不再是公平地为国民提供面向大众的福利性服务了(Jessop,2002)。相反,竞争国家的作用是动员一切可利用的生产资源,以在竞争中占据优势地位为原则进行分配(Pedersen,2011)。也就是说,这一思想的主旨是国家搭建好法律、规则、金融相关框架,为资本提供全新的"海外"开拓领域,引导教育等各项服务进行重组,以提升经济竞争力。此外,促使所有人提升技术以适应时代,同时在全球化劳动市场内找到自己的立足之地,最终实现整个国家的繁荣。

　　那么所谓"竞争",究竟是围绕什么主题开展的呢？围绕产业组织及社会组织新形态展开的大范围讨论,其焦点在于以新资源形式出现的"知识"。20 世纪 90 年代末,OECD 在汇总各类讨论结果的基础上提出了"全球知识经济"这一概念。未来,在竞争中获取优势地位的关键在于创造新知识,以及将这些知识转化为创造性产品或新经营手段的速度。这一形势不可避免,而且已经近在眼前。正如 2006 年丹麦政府在本国全球化战略中所指出的，OECD 各国为了保持自身富足国家的地位，一个能创造出高端人才及知识，并能将其运用于产业界的高效体系是不可或缺的。一个国家要在全球知识经济中取得成功，必须依靠国家动员大学这一主体，并扶持其屹立于世界舞台中央。

可以预见，由竞争国家重新定义的大学可以在全球化世界中，在大家可预期的三个空间内发挥作用。第一，如同企业一般进军海外全球化空间，以吸引学生及研究合约为目标，参与国际市场竞争。第二，为国家产业界提供新资源，即知识，为国家经济发展做贡献。同时，为产业界输送学生，这些劳动者不仅拥有最新的知识和知识体系，而且可以在新型的弹性劳动市场中自发处理事务，在团队合作中做出贡献，掌握作为一名具有较高流动性的劳动者应该具备的技能。第三，通过制定相关政策保障平等参与，给予那些缺少机会的人群进入国际劳动市场的希望，减少高度技能经济带来的社会分裂这一副作用（Reich，1991）。可以预见，众多大学能在各自所属竞争国家内，在以上提及的方面为提升该地区乃至城市的形象做出贡献。大学曾经是一个与经济、政治上的利害关系毫无关联的存在，不过在不足 20 年的短短时间内，通过向国家输送知识及高端人才用于技术创新，其演变成了一个牵引全球知识经济发展的机构。此外，大学本身也已经成了全球化经济的一部分。

丹麦政府从很久以前就开始着手国家管理大改革，自 2003 年起大学也加入了改革的行列。丹麦财政部采取了如下措施：国家停止经由庞大的官僚机构管理公共服务，政府需依据政治目标及提供服务的需求搭建预算及法律方面的框架。在政策实施方面，用"独立法人组织"代替一部分官僚机构及公共部门，大学则转变为"独立机构"，向这些法人提出外购需求（Wright & Ørberg，2008）。财政部之所以提出这种以"目标及框架"为操纵手段的体系,正是由于其格外重视中央集权对业务领域的支配作用,通过承包机构(contractor)对政策转变作出及时应对。实践表明,大学通过改革得以更加迅速、灵活地应对国家需要及国际市场的变动。丹麦政府实施的外购化策略并没有像英国国内的民营化以及服务实施契约的竞标制一般被过度推行,无论从法律层面还是预算、决算层面,包含大学在内的公共服务成本及绩效仍然可以在各机构间进行对比,或者也可以与民间供应商进行比较(Wright,2012)。

在这样的世界观及治理形态之下,排名被赋予了两个全新的目的。第一,作为对自己行为负责的主体,(借用丹麦高等教育部部长的话)大学被竞争型国家被赋予了"自由",但这同时也是一种对国家负责任的自由,即对自身的表现负责(Wright & Ørberg,2009)。教育部部长为大学制定目标,增加了大学的预算,但在进行预算分配时却逐渐缩小目标,按竞争分配,而这些政策框架是大学在全球化舞台上成功的必要条件。通过世界大学排名,我们可以判断出大学是否将自己获得的信用与资金以一种负责任的形式进行了有效利用。比如,当时的丹麦首相在其倡导的"丹麦梦"中提出,"到 2020 年,英国泰晤士高等教育世界大学排名中,至少要有 1 所丹麦的大学进入欧洲前 10 名"(Danish Government,2010)。2009 年丹麦的 2 所大学进入 THE 排名前 100 名,哥本哈根大学则在欧洲大学中排名第 15 位,梦想貌似已经触手可及,但 2011 年这些大学又全部被排除在 THE 排名前 100 名之外(*Information*,2011)。至此,世界各国的教务部门负责人一致提出希望参与艾伦·哈泽尔科恩倡导的"学术扩军"(Hazelkorn,2008:209),以保证本国至少有 1 所大学进入 THE 排名前 100 名。

大学排名的第二个目的与竞争国家对本国国民所持看法相关联。正如佩德森(Pedersen,2011)指出,一国历史的形成与国民对

于人性的看法,即国民如何看待自己,以及他们对于自己应该如何
行动的认知密切相关。一般认为,竞争国家的国民是对自己的人
生规划负责且具备学习相关技能以实现人生机遇最大化的个人。
这一针对个人的看法与从福利国家转变为竞争国家过程中发展而
来的"新人力资本理论"(Brown et al.,2007)的主张相符合。这一
理论认为,教育并非国家提供给民众的公共财产,而是个人为谋职
而必须接受的技能训练,此外为了在瞬息万变的劳动市场中站稳
脚跟,进行终身投资是个人的责任。每个人都应该把自身视为一
项事业并进行投资,然后将自己的投资成果作为卖点记载于简历
之上。在这一过程中可以进行多次选择。其中最重要的选择之一
就是决定自己在哪所大学取得何种学位。大学排名的目标就是帮
助人们判断自己应该把时间和精力投入到哪里,或者正如"learn to
earn"所言,帮助人们决定为实现"学以致富"应该选择哪一所学校。
　　接下来的两节我们将论证排名是否已经达成如下目的,即作
为问责制的一种形态,或者作为个人进行选择的依据之一。

4　排名究竟是一种问责制,还是一种权宜之计?

　　现存的各类世界大学排名达 15 种以上,除此之外还存在众多
按国家、地区和领域划分的排行榜。这些榜单采用的方法形形色
色,引发了激烈的争论。但是无论采用何种指标,在所有全球排行
榜中占据前 10 位的大学都大同小异。因此,THE 把 6 所"世界超
级品牌"大学称为"非普通竞争对手可触及的特别领域"。但是排
在中间位置的大学成绩差别不大,所以只要其中一项指标的定义
或者权重稍有变化,其排名就可能出现大幅度上升或下降。厄瑟
和萨维诺(Usher & Savino,2006)指出上海交通大学(软科)所进行

的世界大学学术排名(ARWU)将压倒性权重(90%)置于研究之上,其客观依据是汤森路透公司(在自家公司网页上夸口自己为"世界罕有的商业及专业领域知识信息源"的信息企业)制作、发售的引文索引(citation index)。ARWU编写者认为汤森路透公司的引用指标只能准确衡量自然科学,所以在其排名中几乎没有考虑人文科学和社会科学(ibid.)。经过对照可以发现,如表1-1所示,THE世界大学排名仅将引文数据作为众多指标之一。

表1-1 THE世界大学排名中的指标及权重分配①

指　标		权　重
教学		30.0%
研究	(论文)总数、研究者收入及声誉	30.0%
引文	作为研究影响力指标	30.0%
行业收入	作为技术革新指标	2.5%
国际展望	外籍教师、学生占比,研究的国际化	7.5%

　　无论是软科发布的世界大学学术排名,还是THE世界大学排名,都将最大权重置于"研究"之上。软科并没有对教育相关指标进行考察,但是THE却将30%的权重置于"教学"之上,另外"研究"和"引文"共占60%的权重。由此看来,此前提到的为什么各国政府将在"可以计算的"学术期刊上发表论文作为奖励因素,又为什么以文献计量学指标进行资金分配等问题就一目了然了。但是我们尚不清楚这些将压倒性权重置于研究成果之上的大学排名,对于想要依此判断自己去哪所大学学习的学生来说,到底能发挥多大作用。

　　《美国新闻与世界报道》②(*US News & World Report*)发布的

---

① 这是2012年的数值,后更新。
② 在美国发行的时事解说期刊。1983年起发布美国国内的大学排名,2014年以后也一并发表世界大学排名。

"美国最佳大学排名"虽然聚焦于教育,但格拉德威尔(Gladwell,2011)在其批判论文中指出,评估中所用变量均"用编者精心秘制的酱汁进行了调味加权"(见表 1-2)。

表 1-2 《美国新闻与世界报道》"美国最佳大学排名"中的指标及权重分配

指　标	权　重
教育的学术声望	22.5%
毕业率与新生第二年在籍率	20.0%
教师资源	20.0%
合格难易度	15.0%
财政资源	10.0%
毕业生表现	7.5%
校友的捐赠情况	5.0%

　　根据格拉德威尔的论述,这些变量又各自由几个指标构成,而部分指标根本没有充分的依据。比如,"教育的学术声望"这一指标,依据的是针对 261 所大学校长、副校长、院长所做问卷调查的结果。格拉德威尔指出:"一个人如何能掌握如此多大学的实际情况呢? 这一点十分存疑。"此外,他还推测道:"身为大学校长要对自己不太熟悉的几十所大学进行评价,如果收到这样的调查委托,反之又会以大学排名作为依据吧。"这样一来,大学的学术声望与大学排名就成了互相增强自我满足感的存在。在其他的指标之中,有些变量还需要加上权重。比如"教师资源"指标就是将班级规模、教师待遇、教师中博士占比、师生比以及专职教员比等进行权重计算得到的结果。这些指标并不是大学是否传授学生知识、是否给予学生启发、是否赋予学生挑战性课题的有效替代指标。

　　整体而言,格拉德威尔的上述评论也适用于其他排行榜。排名系统可分为以下两种。一种是异构排名系统(heterogeneous ranking system),即多种多样的事务(比如所有种类的汽车或者是所有种类的大学）都用同一个标准去比较。另外一种是综合排名系统（comprehensive ranking system），即将特定的一项（比如属于同一范畴的大学或者是在同一个领域等）作为对象，以多个变量为基准的综合比较型排序。被格拉德威尔称为"非常草率做法"的《美国新闻与世界报道》大学排名，同时运用了异构和综合两种排名系统。这同样也适用于 THE 世界大学排名等其他排名。在原本以个体成绩作为评价标准的情况下，全体学生学习相同的课程、接受相同的考试、回答相同的问题。而在以组织表现作为评价标准的情况下，除了大学间的不同差异，还有多到让人不知所措的各种测验，而且对于测验结果的解释也不透明。

　　大多数大学的管理层，都注意到了排行榜中存在着方法论上的弱点。比如，在《美国新闻与世界报道》大学排名刚开始进行法学院排名时，耶鲁大学法学院院长就称这是"没头脑的人气投票"，哈佛大学法学院院长也形容其"毫无价值可言""简直是疯了""真是愚蠢至极"（Sauder & Espeland，2009：68）。另一方面，面向供资方，特别是中央政府及州政府、理事会，大学管理层通常实行问责制，并不得不接受排行评价。此外，大学管理层也会充分利用该排行，将大学目标设为"我们要在《美国新闻与世界报道》大学排名中冲击更高位次"，并以此刺激、提高校内外管理人员的办事效率，落实评优制度。这不仅提高了该榜的可信度，还加快了其流通性。据称，2007 年亚利桑那州立大学校长因提升了该大学的排名受到了 1 万美元的嘉奖（Simpson，2012：22）。正因被大学管理层及学者认可，所以即使该排名存在不稳定及指标不明确等缺陷，仍能得到广泛普及，甚至还具备了让大学组织机构趋于完善的功能。根据尚德和埃斯佩兰的研究（Sauder & Espeland，2009：68），各大学法学院院长认为对大学排名的评价应包括：针对法学院的整体评价，学生的选拔方针，制定预算及资金分配的方法，对部下、同事及个人的评价方法，各类活动的奖励及调整方法，目标的确立及其结果的评价方法，等等，涉及法学院的方方面面。

正如鲍尔（Power，1997）所主张的，审查制度并非对审查对象组织本身的客观测定，组织本身就是审查制度的产物。这与大学管理层对自身日常工作的描绘也相吻合。据称，埃克塞特大学在2004年英国国内排名为第30名，而在2012年猛升至前10名。名次涨幅之大可谓罕见，而该校市场营销专业负责人为我们揭秘了风光背后的故事："我们费了许多精力来研究大学排名的评定标准，并以此为基准实施相对应的政策，从而提高学校成绩"（Catcheside，2012）。根据尚德和埃斯佩兰（Sauder & Espeland，2009）对美国大学法学院院长的调查可以得知，院长在日常工作中也十分重视本校排名，并将防止排名下滑视为重中之重。对于排名中各个变量的构成，院长必须非常熟悉。在此基础上，他们必须确保在决定排名的企业调查问卷中，本校学生、工作人员、薪资水平、出版物、考试成绩、毕业生就业情况等变量都能获得较高的分数。院长们在进行关于课程安排、成绩发布或是与教师的论文发表战略有关的学术性决策时，会在综合考虑本校相关数据及其对排名影响之后，再作出决策。无论是制定重大决策或分配预算，还是进行事无巨细的记录，法学院的管理层其实并不愿意过多关注商业排名榜单的要求。但是，如果不认真对待，那么受到的惩罚也是相当重的。假如失败了，那么法学院的排名就会降低，招生数量也会下降，能够征收到的学费也会相应地减少，甚至可能会因此不得不缩减雇员。

丹麦的大学也是如此，为了提升大学排名，他们也同样密切关注数据管理。在2011年的《政治报》（*Politiken*）中，哥本哈根大学校长与奥胡斯大学校长在共同编撰的特别投稿中指出，在 THE 世界大学排名、软科世界大学学术排名，以及 OECD、荷兰莱顿大学发布的世界大学排名等一系列排名中，相同大学的排名各有不同，这些排名的顺序值得认真对待（Holm-nielsen & Hemmingsen，2011）。2010 年，丹麦的奥胡斯大学打出了招募两名特别顾问的广告。特别顾问的职责是，作为大学管理层的一员，围绕大学排名以及大学学术成果、文献计量学分析的可视化，向理事会、校长、大学管理层提出建议（Aarhus University，2010）。两位顾问中一人的职责还包括，制订排名战略、参与研发新排名策略的国际合作、向国际性的排名系统提供数据等。正如同美国大学的法学院院长所说的那样，丹麦已经开始意识到，左右大学排名的关键在于是否理解了大学排名的运作机制以及能否在其中尽可能地赢得有利的地位等因素，也就是"管理经营上的策略"是否占据优势。

"学术上的策略"的弊端以及"管理经营上的策略"中运用的计策，是与成绩和排名控制系统所下达的指令相对应的。成绩和排名究竟在记录些什么呢？实现个人、大学、国家优势最大化的工作方式和行动准则有待明确。当然，并不是所有的学者和大学的管理人员都会采纳这种应对方式，但就笔者实地调查发现，丹麦文献计量研究指标体系（Danish Bibliometric Research Indicator，BFI）发展迅速，众多大学的管理层将其视为掌舵的工具，其显示了学者如何认知和理解统计的对象。

了解了美国、英国、丹麦的例子，就能知道大学排名计算的是什么（即采用了怎样的定量评价指标），这对政府的政策、预算分配、大学经营、学术性行为的影响越来越大。这是否会成为另外一种征兆，这种依靠数值的操控方式是否已经渐渐成为以管理为目的的总体问责制。或者说，政治家、大学管理层和学者在明知用成绩进行排行的系统存在缺陷的情况下，不顾排名系统可能给大学经营及学术性价值观所带来的负面影响，仍然坚持运用这一排名系统。我们是否要为此种行为感到担忧呢？正如人们熟知的古德哈特定律(Goodhart's law)①所说,一旦方法成为目标,就可能因为行动的偏离,使方法不再成为方法。考虑到排名所带来的偏差有时会产生背离目标的结果,所以其实排名并不能够满足向政府和资金资助者进行说明的目的。

5　大学排名与全球留学市场

对有意向留学的学生来说,在决定前往某所大学学习前,大学排名就能派上大用场了。此为全球知识经济排名的次要目的。国际留学市场的规模和价值十分庞大,借用前文所引校长们的话来说,那就是意义极其重大。很多欧美国家,以及近年来在亚洲、海湾地区、非洲的教育中心也把吸纳海外留学生作为为本国吸引优秀劳动人才的手段(虽然同一个国家的出入境管理政策中也许有不同意见)。对于很多国家来说,留学生也是提高 GNP(国民生产总值)收入来源的手段之一,其重要性正在不断攀升。世界银行的报告书(Bashir,2007)指出,据推算,在 1999 年到 2004 年期间,世界留学生总数由 164 万人增加到 245 万人,增长了近50%。英国文化教育协会(British Council)预测,全球接受留学生的需求到2020 年将增加到 580 万人(Bohm et al.,2004;5)。占据留学市场优势地位的是英语圈的 5 个国家(美国、英国、澳大利亚、新西兰、加拿大)。但是,2000 年至 2009 年期间,美国的市场份额逐步降低,相对地,澳大利亚和新西兰以及俄罗斯的份额不断上升(OECD,2011;Chart,3.3)。2005 年,美国的教育出口总额为 141

① 由英国央行前首席经济学家查尔斯·古德哈特(Charles Goodhart)提出,后用来批判撒切尔政府引入的数值治理方式。

亿美元，其他四个国家的总额为 142 亿美元(Bashir,2007:19)。在加拿大外交及国际贸易部(Foreign Affairs and International Trade Canada)的报告书中，教育出口在加拿大经济中的重要性如下：留学生的支出(学费、住宿费、生活费、差旅费、自行购买产品和服务的费用)为加拿大经济带来了 65 亿美元的收益，超过了针叶树材出口额(51 亿美元)和煤炭出口额(61 亿美元)，关系着 83000 人的工作岗位(RKA Inc.,2009)。这种"贸易"，对于派遣留学生的各国而言是一种资金流出。针对每年向派遣留学生的各国提供的两国间及多国间的政府开发援助金额，仅占高等教育五大出口国一年挣得的高等教育出口额的 1/10(Bashir,2007:11 Table 5)。尽管丹麦在政治上对教育出口给予了强有力的关注，但尚未在这个市场上占据优势地位。由于高等教育的单位费用高昂，丹麦于 2006—2007 年度实施了向欧盟境外留学生征收学费的制度，并开始向这些留学生提供数百项政府奖学金。留学生在丹麦高等教育整体中所占比例的指数变化，若 2004 年为 100，则 2009 年为 118。但同一时期，没有向留学生征收学费的挪威和瑞典的指数分别为 141 和 159(OECD,2011:Table C 3.1)。由于丹麦的数值过低，所以并未出现在表示各国接收留学生比例及占国际教育市场份额的 OECD 图表中(OECD,2011:Charts C 3.2 & C 3.3)。

学生们应该如何选择远在他乡的理想大学呢？OECD 所描绘的未来景象是，大学不受供给方(学者)的利害支配，而是更好地满足需求方(学生们)，此外，不是由国家领导，而是由市场进行组织(Wright & Ørberg,2012)。另一方面，OECD 根据世贸组织(WTO)的《服务贸易总协定》(GATS)，开始关注高等教育被市场化的可能。如果这成为现实，我们将无法从低质量教育服务的欺诈性提供者手中保护好学生(即顾客们)。联合国教科文组织(UNESCO)在很早之前就意识到了这种风险。随着教育贸易市场的扩大和营利性服务提供业者的介入,UNESCO 为了促进关于"跨境高等教育"的学术价值和市场价值之间的对话,建立了"优质高等教育政策和实践国际化区域领导论坛"。在参加者中,有一部分人将其视为"形成高等教育的全球市场,引入代替 GATS 的手段和框架"的国际性法律手段,从而希望加入联合国教科文组织国际公约(UNESCO convention)(Mathisen,2007:271)。UNESCO 强调各国政府确立质量保证和资质认定方法的重要性,并计划构建一个数据库,其中包括在各国国内获得认可的所有高等教育机构(这个定义中包括了大部分的国外大学校园和通过经销制等展开的新型教育事业形态),不论其是公立还是私立,营利还是非营利,总部在本国国内还是国外(Mathisen,2007:275)。学生们可以利用这个数据库,查验外国教育机构的真实性,在提交申请之前,确认该机构是否得到了正规认证且质量有所保证。OECD 没有制定国际性法律的权限,其目标是与 UNESCO 合作,最终双方协商制定了效力相对较弱的 UNESCO 指导方针(ibid.)①。

　　获得认可的教育提供方和 UNESCO 为保护留学生而创办的各类网站,至今尚未被人们所熟知。但是,UNESCO 的网站上会发布相关排行榜,以代替留学生市场中正迅速扩张的营利性的排行榜。大学也在不断革新,在处于重组过程中的高等教育的相关大型商业和组织中,大学仅仅是一个相对较小的参与者而已(Robertson et al.,2012)。在与高等教育相关商业有关的企业之中,包括拥有"一流"学术期刊的五大出版机构,提供学术期刊引文数据和影响因子的汤森路透等企业,对引用排名论文以外的各方面展开相关调查的咨询企业,以及拥有各自排行榜且鼓励扩大其

---

① 在国际机构中,OECD 和 UNESCO 在国际统计领域存在竞争关系。因此,UNESCO 统计服务的使命、人才部署、地点都发生了变化(Cussó,2006)。

销路的报社（英国的《泰晤士报》和《卫报》，加拿大的《麦克林期刊》），等等。为了提高本校的排名，大学可从建立排名的企业那里购买个性化的数据，或者向众多咨询企业（World 100 Reputational Network 等）寻求帮助。此外，很多企业一边利用或重组排名，一边在学生市场中开展活动。如举办国际教育展览会、学生和大学间的推介活动、围绕入学者选拔和签证办理手续的援助活动，以及举办语言学校和留学预备校招生活动等。

　　大部分企业都会认为学生的选择对大学排名的影响是微乎其微的。据《泰晤士报优秀大学指南》（*Times Good University Guide*）总编兼 QS 世界大学排名顾问约翰·奥利所言，进入大学排名前十的大学与申请人数前十的大学之间，几乎不存在相关性（Catheside，2012）。英国毕业生国际评价机构（International Graduate Insight Group，i-Graduate）负责人威尔·阿切尔基于 209422 人的问卷调查结果，发表了"国际学生晴雨表"（Global International Student Barometer）。统计结果表明学生在择校时最重视的"教育质量"，反而被近半数大学排名指标所忽视，这也是导致评价指标难产的主要原因之一。另外，"未来发展""大学""系统评价"也是三个很重要的因素。"研究质量"因素紧随其后，排在第五位，然后依次是"学科评价""具体课程名称""学费""安全"，最后是"生活费"因素（Baty，2012）。如果数据库可以帮助学生们对照这些因素并确认自身的选择是否妥当，那么基于学生自身的判断标准划分重要程度，利用数据库建立个人标准的大学排名，或许才是学生们所需要的。印第安纳大学法学院的杰弗雷·斯塔克，基于上述原则设计了排名赛（The Ranking Game）[①]，恐怕这才与

[①] http://monoborg.law.indiana.edu/LawRank/play.shtml.

多维全球大学排名(U-Multirank)的目标一致吧①。只有拼命打造
"名牌简历"(Jetset CVs)的少数留学生,会为了能在全球劳动市场
闯出一片天地,认为大学的名号要比专业和成绩重要,他们似乎将
世界大学排名当成了一种社会评价(Baty,2012:15)。

如果真是如此,那我们就可以认为大学排名是大学自身实现
"声誉管理"而使用的众多指标中的一个罢了(或许监控社交媒体
更为重要)。因此,THE 非常重视社会评价,重新公布了关于"声
誉"的世界大学排名也是可以理解的。拥有声誉管理经验的咨询
公司当前的目标也是打入大学领域。他们认为,如果对于尖端企
业而言声誉与估定金融风险同样重要,那么对于正在制造成本高
昂、耗费时间、无法提前试用的"产品"的大学而言,声誉管理就更
加重要了(Simpson,2012)。辛普森称,声誉管理是指使产品的品
牌(产品的显著特征)符合评价(人们对产品的认知和好感度),当
二者相符时,就"可以赚到钱"(ibid.)。此外,辛普森还表示,比起
学生的满意度,外界声誉(排名、正面的媒体报道、推荐语)在成功
发掘优秀学生、捐献者、理想伙伴等方面的效率要高出 4 倍,即外
界名声拥有绝对权重。

> 毕业生简历上的大学声誉,要比其他同学们自身的经验
> 更有价值。虽然这样有点像乔治・奥威尔的说话方式,但是
> "你如何看待某所大学"要比"关于某所大学我知道什么"更重
> 要(Simpson,2012)。

但是,如果大学努力提高排名是声誉管理的一环(即如果比起
自身实力更加注重外界看法的话),那么就完美呼应了前述全球性

---

① http://www.u-multirank.eu/.

知识社会中的国民姿态。也就是说，他们作为拥有显著特征的产品（简历中毕业大学的排名是品牌的重要组成部分），若能符合消费者即雇主的需求，就可以"学以致富"。

6　大学能培养出三省吾身的实践者吗？

关于西点军校成绩和排名的研究表明，学生不仅要学习大学中的课程，还应自主地学习组织系统。那么，学生们在大学中学习到的并将带入工作中的绩效考核、自我审视、能力系统到底是什么呢？

第一，将注意力和资源集中到排行榜和名次表上，会为精英带来利益，却增加了普通大众的成本。艾伦·哈泽尔科恩（Ellen Hazelkorn）曾针对排名和排名系统的影响开展过大规模调查，调查显示，世界上明明有 17000 多所大学，但不论是政府、大学管理层还是媒体，似乎都有一种"几近斗争式的强迫观念"，希望本国大学能挤进世界大学排名的前 100 名。若想打造丹麦教育部部长所期望的"世界级"大学，每年需要花费 10 亿到 15 亿美元的资金，而丹麦国内能勉强做到这一点的只有哥本哈根大学和奥胡斯大学。对世界上的多数大学而言，获得足够分数晋升排名榜前列基本上是无望的。若按照评价制度的指数来分配资金，为了符合精英学生的利益，高等教育体系将会被重建。正如哈泽尔科恩所指出的，资源将集中到实力最强的大学中，精英教育与大众教育间的鸿沟将更加无法逾越。换而言之，马太效应①将愈发显著（Hazelkorn，

①　马太效应是由社会学家罗伯特·K.莫顿提出的术语，灵感源于《圣经·马太福音》中的语句："凡有的，还要加倍给他，叫他有余；凡没有的，连他所有的，也要夺去"，用于说明积累优势。

2008：212）。哈泽尔科恩结合文献研究及自身的调查结果，得出了
评价制度将引发学术竞争这一结论。

　　　　排名限制了高等教育机构不断追求优越资源的脚步
（Ehrenberg，2004：26），增强了市场中历来存在的竞争势力关
系（Clarke，2007：36），加剧了竞争压力，推动了大学的等级化
与研究的集中化，给全世界提供了标准的优质大学模板，创造
出了全球性市场（Marginson，2007：132，136）。够不上标准或是
知名度低的大学，最终的评价都很低，甚至直接被无视了
（Machung，1998：13；Lovett，2005；Hazelkorn，2008：209-210）。

给学生的第二个教训是，排名是支撑"全面问责制"的一门技
术。换言之，国际组织和竞争国家群体采用评价制度这一竞争机
制，旨在提高国家、教育研究单位、个人的成绩及排名，从而实现治
理。正如福柯（Foucault，1977）所指出的，这种管理体制的作用分
为"全体化和个别化"两种。在该体制下，部门及其下属机关、人员
等所有组成单位同时受到管理。然而，评价制度下的管理的精妙
之处在于，即使"前100名"这一范畴是固定不变的，也没有任何单
位或个人能保证自己的排名能永不改变。各国政府及评价制度企
业一方面不断对评价指标进行微调，另一方面又时时与竞争对手
不可预期的表现进行比较，这更加剧了排名的不稳定性。正如福
柯所指出的，这种监控系统是可传播的、连续的和司空见惯的。检
查和记录排名中反映的各种指标的工作正在不断进行，如果不计
入排名，这些指标通常微不足道。此外，尚德和埃斯佩兰指出，全面
问责制的作用还包括标准化功能，即"将所有对象归至相同起点，再
按照标准确定个体差异"（Sauder & Espeland，2009：72），也存在以此
为依据的标准化作用。把精英的特点定为标准是不合理的。更恶劣

的情况是，不对大学的多样性行为进行奖励，反而命令他们为达成一件不可能的挑战而奋斗，结果往往是以浪费资源而告终。

第三个教训是，实际上成为评价（计数）对象的是"声誉管理"。竞争国家对机构与个人一视同仁。大学基于自身的考量，在全球化大学领域的定位中被赋予了最大化的"自由"，所以应尽可能与高水平的国际大学联盟①进行合作，在排行榜上彰显自己的成绩。关于竞争国家的国民个体也是如此，一般认为个人有打造简历的责任。所谓打造简历，具体而言就是要想获得最高的资格和最好的成绩，其中最重要的是在简历中写上名牌大学的名字，也就是利用营销和网络服务进入全球化的精英劳动市场。无论是大学还是学生、国家还是部门、个人还是机构，都存在着竞争。那么，作为一个自由的主体，一个期待着成为能够调动资源、履行问责制的主体，需要明确什么是重要的，怎样才能走向成功。

在从大学到步入社会的过渡中，学生将如何利用绩效指标、排名表和世界排名等信息，获取有关组织运作的知识，并在脑海中勾画出符合系统要求的理想人物形象呢？ 在全面问责制下，学生不会被鼓励对世界持批判性和反思性态度，而这种态度的培养恰恰是大学教育的目标。大学是否能够通过教育以及包含在其中的隐性学习，培养出批判性和反思性的实践者（Wright，2004）？ 换句话说，能否培养出那些能跨越世界、国家、机构和个人各层面，借用哈泽尔科恩的话来说就是可以判断"什么是值得追求的，什么是被扭曲的"，并能够对系统产生影响、推动其改变的实践者呢？

---

① 如 Universitas 21、科英布拉集团（Coimbra Group）、欧洲研究型大学联盟（League of European Research Universities）、世界大学联盟（Worldwide Universities Network）、国际研究型大学联盟（International Alliance of Research Universities）等世界性的大学联盟。

参考文献

Aarhus University (2010) Ledelsessekretariatet søger 2 specialkonsulenter, *Masisterbladet* ,12:47.

Bashir,S(2007) *Trends in international trade in Higher Education* : *Implication and options for developingcountries*. Washington DC: World Bank. http://siteresources. worldbank. org/EDUCATION/Resources/278200 - 10990798772 69/547664 - 1099079956815/WPS6_Intl_trade_higherEdu. pdf

Baty, P (2012) De rigueur for the jet - set CV. *Times Higher Education World ReputationRankings* 2012: 15 - 17.

Bohm, A, M Folari, A Hewett, S Jones, N Kemp, D Meares, D Pearce & K VanCauter(2004) *Vision 2020*. *Forecasting international student mobility*: *A UK perspective*. London: British Council. http://www. britishcouncil. org/eumd_ - _vision_2020. pdf

Brown, P, HLauder & D Ashton (2007) Towards a high skills economy: Highereducation and thenew realities of global capitalism. In D Epstein, R Boden, R Deem, R Fazal, Rizvi and S Wright (eds.) *Geographies of knowledge* , *geometries of power* : *Higher education in the* 21st *Century*. *World Yearbook of Education*. London: Routledge: 190 - 210.

Cameron, A & R Palan (2004) *The imagined economies ofglobalization*. London: Sage.

Carr, K (2011) Improvements to excellence in research for Australia. Australian government mediarelease, 30 May. http://archive. innovation. gov. au/ministersarchive2011/Carr/MediaReleases/Pages/IMPROVEMENTSTOEXCELLE NCEINRESEARCHFORAUSTRALIA. html

Catcheside, K (2012)What do universities actually gain by improving league table performance? *The Guardian* , 16 March.

Cheng, L,Y Watanabe & A Curtis (2004) *Washback in language testing*. Mahwah NJ: Lawrence Erlbaum Associates.

Cussó, R (2006) Restructuring UNESCO's statistical services: The " sadstory" UNESCO's education statistics: 4 years later. *International Journal of Educational Development* ,26:532 - 544.

Danish Government (2006) *Progress* , *innovation and cohesion* : *Strategy for Denmark in the global economy-summary*.Copenhagen: Regeringen.

Danish Government (2010) *Denmark* 2020. *Viden* 〉 *vækst* 〉 *velstand* 〉 *velfærd* . Copenhagen: Regeringen, February. http:www. stm. dk/publikationer/arbprog_10/Denmark%202020_viden_vaekst_velstand_velfaerd_web. pdf

Dreyfus,H and P Rabinow (1982) *Michael Foucault* : *Beyondstructuralism and her-*

meneutics, Brighton: Harvester Press.

Foley, B and H Goldstein (2012) *Measuring success: League tables and the public sector*. London: British Academy Policy Centre.

Foucault, M (1977) *Discipline and punish*. London: Allen Lane.

Frφlich, N (2008) *The politics of steering by , numbers: Debating performance-based fundingin Europe*. Oslo: NIFU – STEP.

Gladwell, M (2011) The order of things: What college rankings really tell us. *The New Yorker*, 14 February.

Hazelkorn, E (2008) Learning to live with league tables and ranking: the experience of institutional leaders. *Higher Education Policy*, 21:193 – 215.

Holm-nielsen, L and R Hemmingsen (2011) Ranglister for universitetereralvor. *Politiken*. 18 December.

Hoskin, KW, and RH Macve (1988) The genesis of accountability: the West Point connection. *Accounting Organizations, and Society*. 13(1), 37 – 73.

House of Commons, Science and Technology Committee (2004) *Researchassessmentexercise: are – assessment: EleventhReport of Session* 2003 – 4. London: House of Commons.

Information (2011) Danske universiteter lander udenfor top 100. *Information*, 6 October. http://www.information.dk/telegram/2813999

Jessop, B (2002) *Thefuture of the capitalist stale*. Cambridge: Polity Press.

Macdonald, S andJ Kam (2011) The skewed few: people and papers of quality in management studies. *Organization*, 18 (4): 467 – 474.

Martin, K (2010) Robert McNamara and the limits of "bean counting", *Anthropology Today*, 26(3): 16 – 19.

Mathisen, G (2007) Shaping the global market of higher education through quality promotion. In D Epstein, R Boden, R Deem, R Fazal, Rizvi and S Wright (eds.) *Geographies of knowledge, geometries of power: Higher education in the 21st Century. World Yearbook of Education*. London: Routledge: 266 – 279.

OECD (2011) *Education at a Glance*2011; *OECD Indicators*. Paris: Organisation for economic co-operation and development. http://www.oecd.org/dataoecd/6If2/48631582.pdf

Pedersen OK (2011) *Konkurrencestaten*. Copenhagen: Hans ReitzelsForlag.

Peters, T (2001) Tom Peters' true confessions. *Fast Company*. 53: 80 – 92.

Power M (1997) *The audit society: Ritual of verification*. Oxford: Oxford University Press. Reich, R (1991) *The Work of Nations*. New York: Vintage Books.

RKA, Inc (2009) Economic impact of international education in Canada: Final report presented to foreign affairs and international trade Canada. Vancouver:

Roslyn Kunin & Associates, Inc. http://www. international. gc. ca/education/assets/pdfs/RKA_IntEd_Report_eng. pdf

Robertson, SL, R Dale, S Moutsios, GB Nielsen, C Shore and S Wright (2012) *Globalisation and regionalisation in high education : Toward a new conceptual framework.* Working papers on University Reform no. 20 (URGE Project) Copenhagen: DPU, University of Arhus. http://edu. au. dk/fileadmin/www. dpu. dk/forskning/forskningsprogrammer/epoke/workingpapersfWP _ 20 _ ‾ _ final. pdf

Sauder, M and WN Espeland (2009) The discipline of rankings: tight coupling and organisational change. *American Sociological Review.* 74 (1): 63 ‐ 82.

Shore, C and S Wright (1999) Audit culture and anthropology: neo ‐ liberalism in British higher education. *Journal of Royal Anthropological Institule* (formerly Man), 5(4): 557 ‐ 575.

——(2000) Coercive Accountability: the rise of audit culture in higher education. In M Strathern (ed.), *Audit cultures: Anthropological studies in accountability, ethics and the academy* (EASA Series) London: Routledge: 57 ‐ 89.

Simpson, L (2012) Reputation to consider?: Check the league tables. *Times Higher Education World Reputation Rankings* 2012: 22 ‐ 23

Strathern, M (1997) "Improving ratings": audit in the British university system. *EuropeanReview: Interdisciplinary Journal of the Academia Europaea,* 5(3), 305 ‐ 321.

Usher, A and M Savino (2006) A World of difference: A global survey of university league tables. *Canadian education report series.* Toronto: Education Policy Institute.

Willmott, H (2011) Journal list fetishism and the perversion of scholarship: reactivity and the ABS list. *Orgatlizalion.*18 (4) : 429 ‐ 442.

Wright, S (2004) Politically reflexive practitioners. In D Drackle and I Edgar (eds.), *Current policies and practices in European social authropology education* (EASA Series) Oxford: Berghahn: 34 ‐ 52.

——(2009) What counts?: The skewing effects of research assessment systems. *Nordisk Pcdagoigk /Journal of Nordic Educational Research,* 29: 18 ‐ 33.

——(2011) Universitetetsperformancekrav. Viden der tæller. In Kirsten Marie Bovbjerg (ed.), *Motivationogmismod,* Aarhus Universitetsforlag: 211 ‐ 236.

——(2012) Danske universiteter ‐ virksomhederistatenskoncern?. In J Faye and D Budtz Pedersen (eds.), *Havdervidensppolitik?* Copenhagen: Samfundslitteratur: 263 ‐ 281.

Wright，S and J Williams Ørberg（2008）Autonomy and control：Danish university reform in the context of modern governance. *Learning and Teaching：InternationalJournal of Higher Education in the Social Science*（LATISS）1（1）：27 - 57.

——（2009）Prometheus（on the）Rebound？：freedom and the Danish steering system. In J Huisman（ed.）*International perspectives on the governance of higher education*. London：Routledge：69 - 87.

——（2011）The double shuffle of university reform：The OECD/Denmark policy interface. In A Nyhagen and T Halvorsen（eds.）*Academic identities - academic Challenges？：American and European experience of the transformation of higher education and research*. Newcastle upon Tyne：Cambridge Scholar Press：269 - 293.

第 2 章

作为科学与民主主义问题的
"大学排名"

佐藤文隆

本章节选自拙著《科学与人》（青土社，2013年）中的《科学与民主主义10话》、《科学家是这样看世界的》中的《科学与民主主义》，以及《科学家，质疑"理所当然"》（青土社，2015年）的部分内容，经过改编后使用。

■导言

　　大学的国际排名给日本的高等教育和科学研究界带来了困扰。原因是其出现得毫无预兆，且与对"大学与研究"的一贯认识产生了很大的偏离。虽然这对日本来说是紧迫的课题，但在本章中会将目光转向这冰山一角背后的问题。虽略显迂回，但笔者还是想尝试在民主主义的社会理念中考察这一课题。这个立场和笔者的经历有关。从个人的经历来说，笔者在所谓的战后民主主义"作为思想的科学"的鼓舞下度过青年时代；在20世纪60年代开始的理工学科倍增时期中切身感受到研究生制度带来的研究者文化的变化。在大学动荡不安的20世纪70年代，"大学与研究"所附带的权威主义的外壳被揭开，大学成为普通人的工作场所；20世纪80年代，在舆论所说的"Japan as No.1"（日本第一）这一世界闻名的经济繁荣背景下，"大学与研究"在讴歌时代之春的同时，也转变立场、接受挑战；20世纪90年代，在冷战结束后世界秩序转换和日本的财政危机之下，"大学与研究"被要求透明并被问责制的旋涡所吞没。如今，在新世纪的信息技术革命下诞生的种类繁多的排名文化之中，"大学与研究"也难以置身事外。顺便说一下，笔者20世纪60年代进入研究生院学习，后成为理论物理学的研究者，2001年3月从京都大学退休。其间，笔者作为京都大学基础物理学研究所所长，窥见了"55年体制"下的教育管理变化；作为理学院院长推进了研究生院重点化改组，也参与了很多学会的业务。另外，笔者作为汤川秀树在战后创刊的期刊《理论物理学进展》（*Progress of Theoretical Physics*）的编辑，从20世纪70年代开始从事此工作长达30年，深刻感受到了论文投稿者的意识变化。本章虽不是写个人体验，但笔者想说明的是，这是出于一个经历过20世纪90年代转换期之前和之后的两个时代的人的视角。

1　历史的、经验的素描

（1）社会中的"大学与研究"

虽然知道民主主义这一词汇有统治原理、政治形态、决策手段、抵抗手法、价值理念等多种含义，但笔者刻意在不对其进行定义的基础上开展论述，本章的前半部分更像是从"大学与研究"的角度来思考民主主义。笔者将在模糊地把作为政治概念的民主主义和"大学与研究"并列的状态下，试着记录自己的想法。

教育活动

身为民主社会主人公的国民们，为了他们的子弟，把在家庭和地区的生活中无法完全习得的生活体验，以及与社会进展相适应的技能和知识的学习，托付给了作为公共机构的学校。尽管对超越性存在的皈依和从人类本性出发的教育论在历史上占主导地位，但是现在很多人追求的仍然是学校所保有的公共基础水准。在经济生活发展、知识和技能提高、机会平等等趋势中扩大的高等教育，也加强了对这种公共功能的应答。现在，一般说到教育，就会联想到公共网络中的学校。

研究活动

民主主义强调改良的理念，提出了要把在近代社会广泛被民众共享的学术、艺术、体育等人类活动推向高潮，并将其作为解决问题和创造文化的方案。对于以平等为前提的多样性的民主社会来说，开放的未来社会形象是不可或缺的。其中，随着竞争卓越性的活动（学术、艺术、体育等）变得国际化，对于使用相同语言的国民来说，文化上的生产和创新也是不可或缺的。"研究"作为这些活动之一，即使表面看来是由内在动机驱动的，但也与这样的公共网络紧密相连。

现如今，很少有人会对上述这种"大学与研究"的内容感到不适应吧。但是，追溯到半个世纪前，不管是相关或非相关人员，反对的是大多数。"大学与研究"是觉醒者的内在活动，社会应该信赖这种觉醒之后的善意，并将其发展托付给自治。用超越人类的神圣、真理、稀缺、飞跃、崇高和权威等，将研究伪装成另一个世界。与其说"大学与研究"在全社会的民主化过程中得到了承认，不如说是被等闲视之了。当然，也存在对这种脱离世俗行为的批评之声，但在日益世俗化的社会中，渴望替代神圣事物的超越存在的心理也支撑着这些另一个世界的故事顽强地存活下来。当"大学与研究"的规模扩展，"大学与研究"的叙事转变为"公共事业的叙事"时，这些另一个世界的故事才逐渐进淡出人们的视野。

近代对"大学与研究"的重视与加强是基于启蒙主义的人类观，同时也反映了一种社会政策，那就是旨在构建能让大多数平等的人类团体之间互相理解的精神世界，避免两极分化引起社会动荡。在神圣世界和绝对主义崩溃的同时，知识的获得使人们的精神世界流动化，知识的大众化也是反智主义的温床，它敌视基于经验培养出来的合理的、批判的思维。这也是不以超越性的存在为背景的"大学与研究"的新课题。冷静的文化和煽动的文化是互为表里的。

（2）"大学与研究"的现在

随着社会的成熟，职业的专业性提高，从机会平等的观点来看，对开放的高等教育机构的需求也提高了。特别是过去 20 年间，信息化社会的大变革引发了职能需求的不匹配。无人化作业在信息通信、自动化、计算机控制、机器人智能化等制造类产业及销售、会计、文书等事务工作方面越来越普遍，发达国家大学毕业生的失业问题由此浮出水面。这也和日本特有的情况相呼应。国家和地方自治体财政赤字愈演愈烈，面临越来越激烈的国际竞争，日本企业改变了"大学是教养，工作是实战"的传统惯例。另外，面对国际化市场的语言壁垒和由于学龄人口减少带来的招生规模缩小的压力，以及大学如何适应从工厂国家向知识产业国家的转换等情境，大学的根基被时代的大潮接二连三地侵袭。暂且不论国民是否认同，日本已经从"发起挑战的国家"转变为"被挑战的国家"。

作为专业性较高的职业之一，高等教育从业者这一职业的比例正在增加，研究生教育的比重也随之增加。教师的身份从作为全局性地传达研究现状的教育者，变成了被要求让受教育者参加现行研究的执行者。过去，人们期待大学具备传授知识、教养等教育功能，研究并不一定是主题。后来研究作为大学教师的一种素质的体现，被视作提高教师水平的活动而被分离出来。在 20 世纪 90 年代后半期的研究生院重点化政策的推进中，即使在意见不一的情况下，"研究和教育"的合并也被提上了日程。

关于如何将重视学术研究和研究开发的新制度与历史悠久的高等教育机构联系起来，在过去 100 多年间，发达国家有过各种各样的经验。在工学、医疗、农业等基础学科中，法国、德国、俄罗斯等国的学术和研究机构等非大学的组织占有很大的比重。但是，无论哪一种情况，根据经验，对于有本科教育的大学来说，同时设置研究功能也存在着好处。笔者在国际上广泛接触各种物理学领域的研究组织，虽然一些组织在规模上比大学更庞大，但大学的研究功能依然保持着强大的魅力。人们普遍认识到，大学独有的优势是每年都有新鲜血液输入基础研究领域。所以，将大学从研究的主体分离出来这一构想不会得到支持。

（3）"大学与研究"的透明性

虽然"大学与研究"的运营资金并不完全由税金资助，但在制度框架下这仍然是国家需要关切的活动。所以，原则上应该在获得国民的理解和同意的基础上进行。因此，运营组织和平均个体之间的关系就成了问题。在民主国家的大多数行政领域，由议会制民主确保国民意志的实现。从横向的观点来说，与"大学与研究"的制度性和财政性相关的行政机构也应该存在于此机制中，但也存在这些行政机构从一开始就委托给当事人自治运营的例外情况。从表面上看，各机构和研究人员并不能直接向社会传达消息，而是得通过向企业输送人才、学会发表研究成果以及关联业界的技术应用才能实现对社会的回报。

但是，在国家和自治体的财政危机面前，来自普通民众的要求公开的压力增强，为了统一步调，"大学与研究"也被认为应当透明化，所以其受到的社会压力也增强了。现在，围绕"大学与研究"如何直接向社会展示其实际情况这一议题，各种各样的行动正在不停地开展。

　　一般来说，公开机制的实际形态应该在与利益相关者的对话中形成。近年来，联合国、OECD、各种 NGO（非政府组织）、论文信息公司等组织也被纳入利益相关方。公开机制正与寻求对话的利益相关方的存在息息相关。评价和公开的方式也是视"对话"组织体所关心的事物而决定的，不可能有不被限定的绝对评价。如果没有正在活动的利益相关方，公开机制就会形式化。

　　但现实是，看不到回应国民要求的"对话"主体，或者作为渠道致力于与国民"对话"的主体存在。在现状下，可以想到的是，以资本原理运作的企业及其经济团体，农渔业团体，医生、律师、教师等专家团体，国立大学协会、私立大学协会、专业学会、日本学术会议等，这些都是依照其他动机而组织化的团体。

　　不管怎么说，政界也存在着为了照顾"大学与研究"的特殊性，不应该有政党介入以及应该回避的"气氛"。日本民主党执政时期实施的"事业分类"举措，由于对科学研究进行品评，遭到了强烈反对，这给政界带来了很大的心理阴影，恐怕如今仍不能公然改变现状。由于有被民粹主义利用的危险，这个"气氛"应该被小心对待。但是，为了防止以此为理由的陷阱，我们需要努力以各种形式打开连接选民的渠道。

　　现今有专家审议会、委员会的旁听和公开评论等形式保证公开机制的实施。公开机制的实质化取决于委员个人的调查、统计、分析的实力，虽然财政基础强大的经济团体正在发挥作用，与国民紧密相连的其他领域却出现了巨大空白。公开机制的压力本身是基于民主主义原理的，但最终还是为来自垄断行业的利益相关者打开了方便之门。

（4）民主主义的素描

对于某个时代的一辈人来说，听到"大学与研究"课题中的民主主义，也许会联想到战后在日本扎根的成员自治。近年来，这种效率低下的方式受到了批评，人们呼吁加强组织的统筹以及领导者的指导责任。笔者提出的是基于对"大学与研究"的所属问题众说纷纭这一局面下的民主主义。关于二者的关系前人虽有所论述，但都是在社会结构中定位"大学与研究"的民主主义。民主主义是一种提出启蒙主义人类观的理想主义精神运动，但与马克思主义不同，它并没有具体提出最终的理想社会形态。因此，制度群体可以理解为议会制、立宪制、选举制度、多党制、机会均等、异议申诉制度等一系列制度，发达国家一旦整顿了这些制度，这个词的影子就慢慢变得淡薄，笔者认为在充分运用制度的阶段中认识到"这是社会的一种进步"是很重要的。

虽然经历了古希腊时期的民主理论、19世纪的社会民主主义、20世纪的自由民主主义等变迁，但民主主义不变的意义是"由多数，为多数"。在这里虽提出"多数"这个数量概念，但是如果数量不以独立性（自由）和等质性（平等）为前提就没有意义。"有五个苹果"这一表达方式，是将作为个体的差异加以取舍，只着眼于苹果的同一性进行概括，（苹果）才能转化为数字。而在民主主义中，是将"多数"所舍弃的个体概念重新拾起来，追加了互相保证自由和平等的、对他人的关怀（博爱）。

政治统治的形式自古以来就有很多。比如说，独裁政治（autocracy）、官僚政治（bureaucracy）、精英主义（meritocracy）、庸人政治（mediocracy）、贵族政治（aristocracy）、富豪统治（plutocracy）、神权政治（theocracy）、盗贼统治（kleptocracy）、暴民政治（ochlocracy）、技术家统治（technocracy）等。我们很容易认为这些制度和民主主义是不能相提并论的。然而，democracy 这个词在漫长的西方文明中，大半时光为人所轻蔑、批判，特别是在有教养的人们眼里，democracy 被认为是"将苏格拉底逼到自杀"的可耻之物。

经过启蒙主义和法国革命，下层人民登上政治舞台，在 19 世纪中后期，民主主义首先与社会主义派系结合，然后在民族国家政治制度中的形象固定下来，并在第一次世界大战时由美国总统威尔逊作为普遍理念提出。法国大革命中血淋淋的暴动和抵抗运动的形式，转变为了普遍的价值观。第二次世界大战同盟国一方的旗号正是民主主义，并降临在了战败后的日本。那是一种参加型、自下而上型、同盟国理念型的混合。此后，东西方冷战中这种普遍理念的形象转化成了批评独裁体制的旗帜。

这里要指出的是，虽然民主主义历史尚浅，但近 200 年来，世界正以这种驱动力运转着。于是，现实中发生的事情就是除去社会上的凹凸不平和封闭通路的"工具"。教育和科学技术为这个"整地"工作提供了推土机般的威力。衣食住行、卫生医疗条件提升，严酷劳动减少，如此一来，构成民主主义基础要素的实现和科学技术的发展齐头并进。"整地"有时会扼杀精神上的风景。凹凸既是一种障碍，同时也是一种防止破局扩大的屏障。因此，如今对扁平化之前共存的语言、文学、信仰、饮食文化等多样性的继承和发展变得不可或缺。

（5）辉煌的战后民主主义

从个人的经历来看，对于二战结束后的 20 世纪 50 年代才开始记事的笔者来说,看不出科学、文化、民主等辉煌的象征之间细微的差别,可以说它们是一体的。在这种氛围下,"真正的科学家应该是民主的""那个不民主的演员不是真正的文化人"之类的话开始流行。这些辉煌的象征只不过是在统一于"善"之下的各种表现方式(研究、艺术、政治等),重要的是"统一的善"这一形而上学的表述。

当时的这种感觉并不是个人的错觉。"民主主义这一词汇统治着现代政治世界。如今这个语言的权威,几乎可以与过去各个时代统治欧洲社会的语言——正义、自然法、自由、理性等相匹敌,而且其流通范围如文字所示,具有世界的、全人类的普遍性。"[①]正是在第二次世界大战后,民主主义获得了最高的光辉。

政治思想家福田欢一在这篇文章中虽然担心冷战下民主主义的分裂,但同时也冷静地着眼于民主主义的本来性格,揭露出泡沫般膨胀的民主主义的本质。"民主主义可以说是历史中民众挑战政治诱惑的一种尝试,因此其伴随着巨大的危机,并且这种危机将持续下去。不用说,这东西无法先验地保障统治的效率、经济的繁荣、文化的绚烂,更不用说保障人类的幸福了,而且毫无疑问,这对人类来说是最麻烦的政治方式。不过,这的确是一种与人的自由和尊严相符合的政治方式。因此,能够利用这种危险的政治方式的人,并不是崇拜其象征意义的人,而是能将其得心应手地加以运用的人。因为一切挣脱束缚的解放,其前提都是自我解放。"[②]

---

① 福田歓一:「現代の民主主義—象徵・歷史・課題(1964 年)」再揭『デモクラシーと国民国家』加藤節編,岩波現代文庫,2009 年,2 頁。
② 福田:前揭書 83 頁。

（6）科学和民主主义

当时，社会上充满了将民主主义和科学并列的诸多词组：民主主义科学家协会、民主科学工作者、科学家民主战线、科学民主化、科学民主主义、民主科学家、科学家民主主义、民主科学研究、科学政策民主化、民主科学家组织、科学家民主组织、科学的民主发展、民主主义的科学发展、对科学的民主主义的贡献、民主科学教育，有的甚至没有科学这两个字，比如研究室民主化、教室民主主义、学会民主化、为了国民的科学等。这里所说的科学没有理科和文科的区别，而是以学问整体的科学化为旗号。这是一种"思想科学"。

在这些民主主义中，混杂着精神被动论和积极论，被动论主张用数字的力量"不让其为所欲为"，而积极论则认为科学是引领民主主义发展的主角。但这种状态并未持续很久，由于国家理工科倍增计划的实施和海外经验者的增加等原因，构成人员的意识也发生了变化。20世纪60年代末，将民主主义与科学相提并论的情况越来越少了。其中，"大学与研究"的规模扩大，作为社会性存在变得越来越重要。

作为政治原理的民主主义，是多数人亲身参与的政治手段，涉及有着各不相同的历史传统和文化风貌的多数人的幸福。与此相反，科学用普遍的方法探索与形态各异的传统和文化无关的普遍现象，并追求普遍的规律。基于不同原理的科学和民主主义，虽说处于战后的同一时期，但非要将两样东西相提并论，还是让人觉得不可思议。

实际上,战后"科学和民主主义"的登场与盛行并不是日本特有的。倒不如说其是"进口货"。因为在对轴心国(德意日)战争中,科学和科学家为同盟国的胜利和复兴做出了重要贡献。不仅有原子弹爆炸、雷达、作战指导等关乎战争胜利方面的贡献,欧洲科学家还实行了自下而上的统一战线、国际主义运动,以及在非常时期进行的职场民主化等。当时在科学技术方面担任美国总统顾问的范内瓦·布什(Vannevar Bush)在战后即提出应将基础科学振兴定位为国家职能。正如斯普特尼克危机所揭示的那样,科学的进步被认为是衡量政治体制优劣的标志,科学已经接近政治。

(7) 备受争议的科学

抗生素战胜了传染病,化肥和石油的增产改善了生活,人口由此得到增长。但是,即便对每个人来说只不过是很小的奢侈浪费,"积少成多"也会导致环境破坏。农药灾害、工厂公害、医药灾难、交通事故、核能灾害等事件在世界范围内频发。此外,对温室效应、气候变化、地震、海啸、火山灾害、疫病等的应对也暴露出科学知识的无力,人们表达着自己遭受的伤害和内心的不安。在这种情况下,科学和民主主义的先锋思想不是一码事,和作为战后理念的民主主义也不是一码事。科学不但没有起到推动作用,反而站在民主主义的对立面,接受民众提出的异议。

科学开始和民主主义并行要追溯到19世纪后半期。科学的进步带来了医疗、公共卫生、居住环境等方面的改善,促进了粮食增产、物资和能源的大规模生产、交通和通信范围的扩大等,特别是得益于抗生素的大量使用,传染病大大减少,人类寿命延长,人口大幅增加。再加上二战后，对人造卫星、晶体管、激光、DNA（脱氧核糖核酸）等的研究大大进步，20 世纪 60 年代后科学成了引领政治经济的领头羊。科学从军事领域扩张到产业、生活、医疗、信息领域，迎来了革新技术改变社会基础的动荡期。确实，科学技术是从自然中提取财富，而不是从某方面掠夺财富，但提取量的差距却在不断扩大，再加上从 20 世纪 70 年代开始发出的"增长极限"预警，发达国家的民众逐渐正视这种"难以忽视的现实"。

（8）科学的浪漫化和大众化

拙著《作为职业的科学》（岩波新书，2011 年）提出要通过"启蒙、浪漫主义、专业、产业、国家、全球化"这几个关键词的演进来观察作为社会存在的科学。从内部来看，近代科学和研究是作为启蒙主义和理性的外在表现而出现的精神运动，但是在社会中以什么样的存在被接受又是另一回事。虽说提出规律与实证、以理性为中心的启蒙主义与浪漫主义是敌对的，但在现实的历史中，随着浪漫主义的潮流，科学的受众从精英或赞助商扩展到了大众。

《好奇年代》（*The Age of Wonder*）（Richard Holmes，Harper Press，2008）将浪漫主义的转换期界定为从植物学家班克斯与库克船长开始环游世界的 1768 年起，直到 1831 年底结束，当时查尔斯·达尔文所乘坐的"小猎犬号"正开启环球之旅。继"浪漫主义"之后，科学分为专门集团的运作和"市井科学"，"专业"作为制度稳步扩张，"市井科学"成为散兵游勇。"专业"将化学、新医疗、电气投入社会，"市井科学"的环境也从"生产"扩大到了"人工"。民众期待的长寿、衣食住行的舒适、安全、超越身体的力量和与真理的交流等,可以说,都是为了延年益寿而精心设计的事物。

"市井科学"的印象之一是对全人类而言的首次挑战。这是一种诸如去月球、火星等类似发现希格斯玻色子的奇业。这些科学成果虽然能让作为人类的一员感到自豪,但个人的生活并不会因此而改变。另一个印象正是和人们息息相关的东西。以前只有国王才能吃到的珍馐现在谁都能吃。虽然珍馐本身是传统社会发明出来的,但是大多数人能品尝到则多亏了科学技术。我们也得以见证当初稀少的高科技珍品在大众之间得到普及。

在这两种印象中,前者为了反抗平等化、统一化而创造英雄,而后者则可以让几万人获得稀少的物品,推进平等化和统一化。英雄诞生和稀有物发明可以说是一种打破倦怠感的浪漫文化。但是,如果几万人都拥有环游世界的珍贵体验的话,对环境的负荷就会变得严重。而且,只有国王才尝到某种珍馐是没什么,但如果几万人都吃了这种珍馐,生态系统将受到严重打击。

民主需要大量的物质和能源。但是,在实现将现在的"一部分"扩大到将来的"多数人"这一梦想上,科学技术和民主主义共存。将如今的不平等赌在将来,安定人心,这也是科学技术所承担的责任。可按照如下公式来考虑:

[科学技术的珍馐、珍品、珍奇体验、珍奇艺术的环境负荷]×[大量的民主]=[环境负荷限度]

右边是不能改变的,左边是人类可以操作的。人口减少会使"大量"变小,各种"智能化"会一点一点地降低负荷。更长久来看,我们将转向那些毫无负荷的珍馐、珍品、珍奇体验、珍奇艺术本身,即文化创造。虽然现在不把乐器等看作科学技术,但在之前的时代,乐器的确是科学技术,没有乐器科技就没有交响曲。

在江户文化中，比起壮大的帝国文明，"市井科学"更为普遍。明治以后政府偏重于追求王政复古和西洋文明，谋求断绝江户文化。工匠们所积累的庞大技术知识以一种与西洋科学技术不同的社会形态存在着。进入 21 世纪后，日本产业中贴近大众生活的智能手机类的产品技术落后的间接原因之一，就是明治时期政府偏重引进科学技术。此外，日本传统的"大学与研究"文化不适合大众浪漫主义，也许也起到了负面影响吧。

2 作为多头政体的"大学与研究"

（1）民主主义与制度构筑

虽然本书的主题是大学的国际排名，但本章从笔者亲身体验的物理学研究的观点出发，记述了"大学与研究"和民主主义并立的考察。对于青年期埋没在占有压倒性优势的战后民主主义现实中的笔者来说，福田欢一的论点给了笔者在漫长的历史中俯瞰民主主义的视角。前文引用福田所述："不用说，这东西无法先验地保障统治的效率、经济的繁荣、文化的绚烂，更不用说保障人类的幸福了，而且毫无疑问，这对人类来说是最麻烦的政治方式。"这让笔者想起了马克斯·韦伯在《以学术为志业》中对学问的态度："以理想代替现实，以世界观代替事实，以体验代替认识，以全人类代替专家，以领袖代替教师"。

先不谈这种"放任自流"是否合理，福田仍表示，"民主主义可以说是历史中民众挑战政治诱惑的一种尝试"，"能够利用这种危

险的政治方式的人,并不是崇拜其象征意义的人,而是能将其得心
应手地加以运用的人。因为一切挣脱束缚的解放,其前提都是自
我解放"。民主主义是在社会中构筑各种机构的创造性工作。而
且其方向是"一切挣脱束缚的解放,其前提都是自我解放",是以珍
惜每一个个体的乐观主义、理想主义为基础的。"大学与研究"也
牵涉很多人,在民主化的方向上应当如何发展制度这一问题也引
起了广泛讨论。

　　对这种一边搞民主主义一边关注制度的观点,罗伯特·A.达
尔提出了多头政体(polyarchy)的新概念,将理念与制度相结合的
民主主义从制度层面分离开来:"我认为民主主义的一个重要特
点是,政府对于公民的要求,在政治上公平并负责任地给予回答。
我不打算在这里考察一个政治体制为实现严格意义上的民主主
义,还需要什么样的特性。在这本书中,使用民主主义这个词,完
全或者几乎完全是基于对所有公民负责的政治体系来使
用的。"①

　　达尔从这个角度出发,以"形成要求的机会""通过个人或集
体行动向同胞和政府表达要求的机会""政府在应对中平等对待
这些要求的机会"为指标分析各国。让笔者感兴趣的是,横轴指
向包容性,纵轴指向自由化,左下(包容性和自由化都很少)是
A——封闭的压制体制;左上(包容性小,自由化大)是 B——竞争
的寡头体制;右下(包容性大,自由化小)是 C——包容性的压制
体制;右上(包容性大,自由化大)为 D——多头政体,并以此为基
础讨论了 A→B→D、A→C→D 等的发展路径。这些虽然都是关
于国家政治民主主义的,但在思考"大学与研究"和民主主义的时

───────

① ロバート・A・ダール:『ポリアーキー』高畠通敏・前田脩訳,岩波文庫 2014 年,8 頁。

候也是一种启发。

"大学与研究"并不是以封闭自治为目标，而是以与社会对话，用文人统治(civilian control)培育开放性系统为目标。"大学与研究"在历史上并非从这样的位置开始发展的，我们应该注意到这一点。依靠大多数的民主主义也必须在其中提高个人的素养。

（2）"作为职业的科学"

20 世纪后半期，在"大学与研究"中兴起了"作为职业的科学"。在拙著《作为职业的科学》（岩波新书）中，论述了随着职业规模的变化，知识自由和科学家精神的变迁。笔者认为"作为职业"的意思并不是单纯的"工薪阶层化"，而是一种融入社会的不可或缺的功能，并有必要关注作为社会基础的就业、天职、社会认证、人类社会的一员、自我实现等"职业"所具有的重大意义。需要注意的是，这个乍看之下很明显的观点其实在"大学与研究"历史中有很长一段时间都无法自我明确定位。

不论东方还是西方，在"大学与研究"中，以超越社会的神、真理、理性、自然等寻求根据的心理在很长一段时间里支配着制度。至少在 20 世纪 60 年代之前，对于以学术世界为目标的人来说，这种想法是很强烈的。在制度的现实中，学术即使与社会联系在一起，但依然由不受社会影响的、以脱离世俗风气为美德的精神占主导地位。笔者认为其中也有认为"大学与研究"应该作为公共财产继承发展的观点。虽然这是一个偏于物理学的讨论，但笔者在拙著《科学与幸福》（岩波现代文库）、《科学家的将来》（岩波书店）以及《作为职业的科学》中也对这样的论点展开了讨论。而且，和民主主义一样,驱动"近代"发展的科学家精神这一公共财产也在文人统治的基础发展起来的。但是,笔者认为我们应该改变"有一个隔离于一般社会的叫作科学的神圣世界,保护它才是使命"这一大框架的既有形象。

(3)"科学技术创造立国"

排名问题上升的直接背景是 1996 年以来一直在推进的"科学技术创造立国"政策。1995 年日本政府颁布了《科学技术基本法》,规定自 1996 年起,每 5 年制订一次科学技术基本计划,以明确财政支出目标金额,谋求增加科学技术振兴资金。这个《科学技术基本法》最初由国会议员提出,最终众参两院一致通过。反过来说,正因为不是执政党和在野党的对决法案,所以国民对其几乎没有认知。在国民心中,科学研究是不计成本的"圣域",这种认识是支撑各党一致的原因。确实,过去的研究费如果占国家财政的比例很小,就完全由政治家和官僚裁量处理。

这项法律作为"完善自由创造性经济社会发展基础"的方针,提倡"振兴科学技术是实现人类共同梦想的前瞻性未来型投资","以科学技术创造立国为目标,努力早日实现政府研究开发投资翻倍,同时通过产学官合作推进独创性、基础性的研究开发,以及为解决年轻人远离科学技术的问题,支援和活用年轻研究者,持续培养和确保科学技术人力资源等",并由此新设了科学技术担当大臣和综合科学技术会议。

这一时期也是为了防止社会福利预算的增加和财政恶化,开始财政改革和行政改革的时期。正如预期的那样,在国债和社会保障金等必然经费增加的情况下，政策经费一律被减少。然而，这项法律提出了科学技术振兴费的目标金额，即使没有获得全额，相关经费也在持续地增加。在过去的 25 年里，科学技术振兴费增长了 3 倍①。振兴政策还包括企业开发研究费税制上的优惠措施。因此，与社会不景气的暴风雨不同，研究界迎来了春风。增加的科学技术预算不是对一般研究人员平均分配的，而是从公开征集的重点课题和实力两方面进行审查，作为竞争性资金进行分配。另一方面，根据国立大学的学生规模等统一分配的运营费补助金，由于被排除在这个"振兴政策"之外，所以和其他一般行政经费一样每年都会被削减。就这样，研究经费瞬间被竞争性资金取代了，而且研究经费的差距在渐渐拉大。另外，因为研究项目一般有一定期限，在此期间研究领域便变成了拥有大量不稳定的短期雇员的职场。

---

① 下图为日本国家预算中有关科技振兴的主要经费的变化图（财务省资料），包括 1989—2013 年的科学技术振兴费用、社会保障相关费用、科学技术相关费用（含国立大学、科研所等的运营费用）、一般费用、公共事业相关费用的变化。以上各项费用以 1989 年（平成元年）为 100 进行计算（见左侧数据），纵坐标为国债（见右侧数据）。

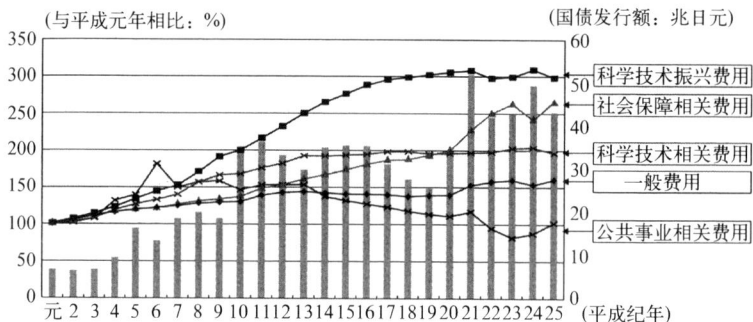

（4）研究经费泡沫和一般行政经费

财政政策是与研究领域的评估、竞争、就业等制度改革同时执行的。这一时期不仅有生命科学、信息通信、环境、医疗与制药、纳米技术与材料、机器人等重点研究课题，"革新"这一新概念也一并登场。此外，有关会计和人力资源的事务性规定大幅弹性化，研究经费包含协助与辅助人员的工资、海外旅行费、运营费、事务费等一切费用。近期多发的研究经费丑闻，正是基于资金增加和会计弹性化的背景。此外，围绕研究论文的首发权、数据捏造、剽窃、告密、中伤、过劳死等令人反感的事件频发，这又给研究界带来过度的紧张感。为避免社会变动带来影响的类似安全阀的机构也作为行政改革的一般对象被废止，如果在这种放宽限制的失重感中大肆撒钱，研究事业就会脱轨，这是常事，某种程度上也是制度改革的"初期事故"。

大量出现的"钱"并不都能放进个人口袋里。这是随研究而动的钱，是设备费和人事费，但这是一笔大钱，社会上很多人都不太了解。对雄心勃勃的人来说，在社会经济领域主持"大工作"是值得自豪的自我实现，同时也是社会期待的表现，是科学研究在社会中增加存在感的指标。在即使没有资源也能够输出制造工厂的日本，如果对知识的井喷式投资是高利润率的经济行为，那么大量金钱向那里流动也是理所当然的。科学研究界将继续成为投资的热点，同时也需要做好时常会曝光于经济界的觉悟。

事实上，研究成本的实际情况是多种多样的。实验器械的预定和支付，实验样品的采购和实验废弃物的回收，危险品管理，职员的人事、工资、出差、兼职，建筑管理，信息基础设施管理等，总之这些与各业务相关的行政管理费占了相当大的经费比重。为此，一般行政经费将被计入研究费用。所以，就算是为了包括教育部门在内的整个机构的一般行政经费，研究经费的获得也很重要，更重要的是要拥有能够获得巨额研究资金、有实力的教授阵容，执行部门应当加强对这方面的管理。

（5）在外部压力下大转变的间接原因

围绕着"大学与研究"的行动不仅在日本不断壮大，同时也在欧美国家发展。受冷战结束影响，身为发达国家经济政策智囊团的 OECD 甚至在科学技术和教育方面也积极干涉各国政策。对日本来说，这种政策在两层意义（非"大学与研究"范围、非国内）上可以称之为外部压力。OECD 希望通过降低国境壁垒来实施跨国资本主义经济体的安全运转策略，换言之即延长经济体寿命策略，为此正在科研和教育两方面进行国际比较调查。

这种背景也被当作资本主义的转折点。未曾踏足的新世界的消失，资源和环境的有限性，这些因素使得资本的扩张触及了天花板。以上是 20 世纪 70 年代中期的情况。其后，伴随着信息与通信技术的出现以及全球化、金融虚拟世界的扩张，资本延长了寿命，但也引起了资本的虚实掺杂，使其极其不安定。冷战结束后，国际上出现了国际恐怖主义袭击和国家破产等诸多未曾预想到的现象，发达国家的就业环境受到了巨大的打击，多数民众被排除在财富循环之外。冷战结束只不过是一个契机。也有一部分人说，这场危机意味着已经持续了 500 多年的现代价值观的转变。冷战只是暂时延缓了这场危机。

科学的发展同 19 世纪末民族国家的兴盛并行，在 20 世纪里科

技发展的规模扩大了约 100 倍。日本是研究者大国之一①。近代
价值观使资本发展失去了魅力,科学精神本身正被置于一个转折
点。讨论"科学为何物"这一理念并非一个哲学问题,而是一个与
社会息息相关的具有创造性的课题。与产业和民族国家的建设并
行的科学所展现出的上述"科学的浪漫化和大众化"的历史,此时
应该成为激发人们想象力的东西。

(6)革新的两个维度

笔者认为,OECD 提出的这个政策有两个维度的不同点:一个
是为应对发达国家当前的经济政策,另一个是包括反进步主义抬
头在内的长期价值观的变动。第一个重点是工业生产的角色被工
资差距所驱动,依次向发达国家、发展中国家和落后国家不断流

---

① 下图竖轴为各国每 1 万人中理工科研究者的数量(《科学技术白皮书》)。以人口比例
来看,日本的研究者数量为世界第一。分析详见佐藤文隆《作为职业的科学》。

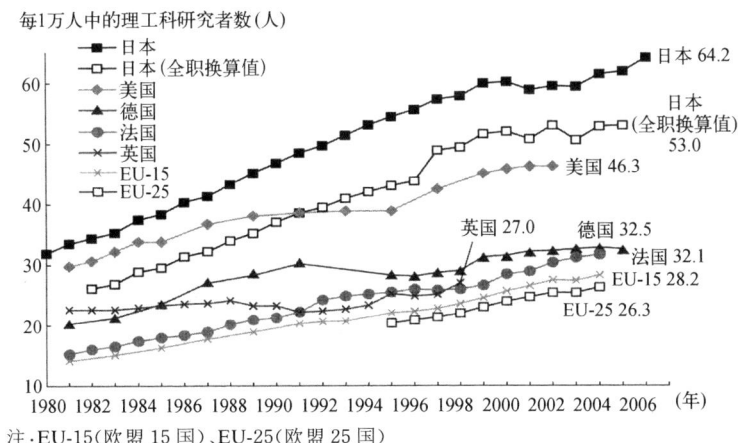

注:EU-15(欧盟 15 国)、EU-25(欧盟 25 国)

动，这使得用什么填补发达国家产生的空洞成了一个课题。能够采取的措施就是"构筑知识的喷泉"，这对于没有资源的日本来说尤其重要。在这一趋势下，"大学与研究"这一政策上的转变接踵而至。虽然它没有明确提及第二个重点，但如果这一举措没有连接"成长的资本主义"的新系统，就无法谈及长期的未来。经济增长确实引起了价值观的转变。这虽然不是一项政策制度所能控制的，但如何通过学校教育对下一代产生影响成了课题。传统的价值观亮起红灯，人们却不能因为惰性而对其置之不理，也不能像过去日本的皇国化教育那样——学校教育是不接受海外评价的国家主权的根据地。在这种学校教育之下，通过 OECD 推进的国际比较等方法将视角转向国际，是必要且非常重要的一个进程。数据因各国政治经济的差异而无法被自由运用，但其本身能使我们客观看待问题。我们应该熟悉与国际的比较，灵活运用其有效性，也应该进行国际传播。另外，也要依此进行人才培养。

（7）日本的情况

日本与发达国家有共通部分也有其自身的特殊情况。首先，这个问题在政治上是一个国会内已达成共识、国民关心的课题，而且因为其始于外压，内部行政机关又相互处于竞争关系，所以一直以来都被应对得七零八落。而且当局在财政赤字、经常性开支削减及特别预算增加这一背景下，寻求了短期内能看到成果的应对方式。在这样的背景下，尽管原本是关乎"大学与研究"社会意义变更的重大课题，现状也只不过变成了杯中的暴风雨。随后仅仅呈现出"诺贝尔奖获奖者人数达到了目标，21 世纪后进入了发达国家行列"而"大学与研究所的排名低得难以置信"等浅显易懂的结论。

在日本的整个职场环境中，由于数值目标和竞争原理的引入、协同意识衰退等原因，正在被推行的是与"日本第一"一起被宣传的、同"日本式雇佣"完全相反的价值观。在这种情况下，科学界在国际竞争和国际比较方面是先遣队。试想一下，研究单位从很早以前就甘愿接受与人生价值存在天壤之别的成果主义。民主主义理念预设了个人的自我提升努力，因此，追求研究卓越性的竞争可以说体现了民主主义多样性，它在"精神上是一片荒凉的风景"中反抗，为民主主义增添光彩。

遵循既有规则，研究界毫无抵抗地选择了集中投资。但是，研究的实际情况与在公平的初期条件下进行竞争的游戏不同，"正大光明的评价标准"的存在只是人们的一种错觉。笔者认为，这个陷阱也源于广泛渗透于研究者之间的远离社会、宣称"梦想科学"的理论。20世纪50年代，以物理学为首，日本开始建立"大学共同利用机构"这一制度，其发展为日本的基础研究做出了巨大贡献。对于部分研究人员来说，这是一套填补研究条件差异的制度，同时全日本向世界发出挑战的意识也支撑着这一制度的成功。希望即使在这一变革时期，也能有人务实地提出建议，建立一个对国际社会开放的制度，并激励那些有主观意愿的人。

学龄层人口的锐减，对于包括大学在内的日本所有学校来说都是前所未有的。这种现象和"科学技术创造立国"一同出现可以说是偶然的，但这可能会出现因该政策而使得科学技术振兴费用增加的情况，这是因为学龄层人口的减少将导致学校教育经费浮动。日本教育预算的GDP占比在发达国家中居于尾位，在这一点上，教育相关人员的批评未必是正确的。与GDP显示的数据相比，日本是一个儿童占比极低的国家。也许当时的教育界应该自我反省一下，造成日本经济实力很强却无法和结婚、生育联系在一起的特殊世态的原因。

　　笔者认为，迄今为止日本大学的国内产业特征太强了。尽管日本的科学研究和海外有着密切的联系，但是研究生院的情况因国家而异，很难进行单纯的国际比较。从美国物理学博士数的推移来看，美国的科学界与日本不同①。今后，日常生活中将不断出现基于将海外情况数值化的客观数据进行解读的观点，因此应该在行政调查机关和学院的学会上对其进行广泛的讨论。倘若把视野仅仅局限于日本国内的话，教育商谈则会单方面倾向于讨论人的"实用论"。有必要培养批判性活用海外数据的文化。只有依托大量的数据，才能改变标准化考试分数单独存在的情况。

---

① 下图为美国大学取得博士学位人数的变化图（http://www.aip.org/statistics）。横坐标为各年度，纵坐标为获得博士学位的人数。由于博士学位一般是大学毕业5年后取得，所以博士研究生的增加人数和当年数据之间有5年的差距。从二战前的最多200多人，到1970年的高峰1600人，大概增加了8倍。斯普特尼克危机（1957年）之后，人数有明显的增加；由于越战危机，人数在1970年到达顶点后开始有回落倾向，但1980年起又有增长的趋势。然而这并不是由于"美国公民"报考人数增加，来自中国等国家的海外留学生的激增才是趋势反转的原因。之后美国物理学博士的毕业生中美国国内与国外人数基本各占一半，并稳定增加。

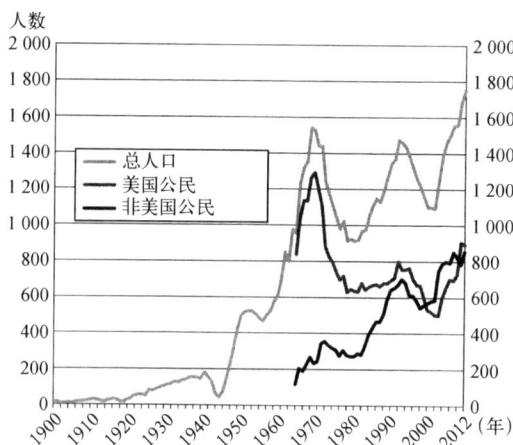

（8）研究业绩评价与论文

一边探讨"大学与研究"相关机构的特性，一边又根据研究论文的动向来做判断，这种做法是不充分的。但是，将自身暴露于国际性的外部目光下进行运营的趋势不会消失，反而会变得更加重要。向有国际基准轴的世界展现始终与日本国内当局对应的封闭世界，也有可能促使政策更加客观化。笔者认为，这一政策的重点不是作为一种"外压"被国内当局利用，而在于以"外压"开启的世界主体相关的双向性。

在本书的很多论述中也有指出，笔者不认为机构的研究评价可以用短期的论文引用指标来衡量，但是这样的评价标准可能会吸引有志向的人才，进而使其活性化，这一点是不可忽视的。改进的方向是提供各种指标。例如，如果研究生教育的评价是创造人才，参考高引用指标论文作者具有的经验数据也很重要。现在的指标仅仅是可以轻易取得的数据的堆积而已。虽然出现了诸如不断流动的研究者的论文与机构关系的强弱、共同著作之间的分配比等疑点，但是笔者认为用不同的数据创造指标比讨论它们更重要。没有多种视角提示，无意义的存在就不会消失[1][2]。

---

[1] 对科学计量学的业绩评价，在本书的各篇文章中都有所讨论，但将其拿出来特别讨论的当属《质问〈评价科学〉》特集中的文章（科学技术社会論研究第10号，2013年7月30日发行，科学技术社会論学会编，玉川大学出版会）。

[2] 下图为1935年发表的爱因斯坦的论文《能认为量子力学对物理实在的描述是完备的吗?》年度引用次数的时间推移变化表(见下页)。量子力学领域这篇标新立异的论文当时被学界忽视了。然而从1970年开始，对其(批判性的)引用数急剧增加。爱因斯坦的业绩有相对论和获诺贝尔物理学奖的光量子理论，但是从引用次数来讲该论文占据绝对多数。20世纪70年代以前学界并没有经常引用著名学说论文原（转下页）

在研究者个人的业绩评价中，论文被引用次数也被广泛参考。这是评价者自身根据其目的放弃判断的责任，不应该一概地将之与数据的恰当性建立关联。笔者认为，应该一边尝试使用，一边验证其产生的结果，并同时进行经验论的考察。也有批评认为，研究是"短期化"的，但这些都是研究人员的实际层面，将其一概归咎于这个指标是不合理的。"以长期为目标"这一标语与其说是面向个人，不如说是为学会层面等大集团持续发展提出的。

笔者长期从事西方学术期刊的编辑和运营，直到20世纪70年代末，审阅者和作者即使匿名，也存在着互相抬高对方、双方犹如伙伴的一体感，但这逐渐演变成了游戏。由于互联网技术的普及，在英语商业化出版圈以外的地方独自发刊变得越来越难了。发刊行为被期刊的影响因子和发行企业的寡头弄得团团转。另外，日本国内的研究人员也采取了非常"合理"的行动，"一体感"变成了一种梦想，他们明白了内向的精神主义绝对无法对抗海外的猛烈势头。

（接上页）文的习惯，因此如果将引用次数作为学术业绩，竟然能够得出"爱因斯坦主要的业绩就是这篇论文吧"这种匪夷所思的结论（佐藤文隆：「アインシュタインの反乱と量子コンピュータ」京都大学学術出版会）。

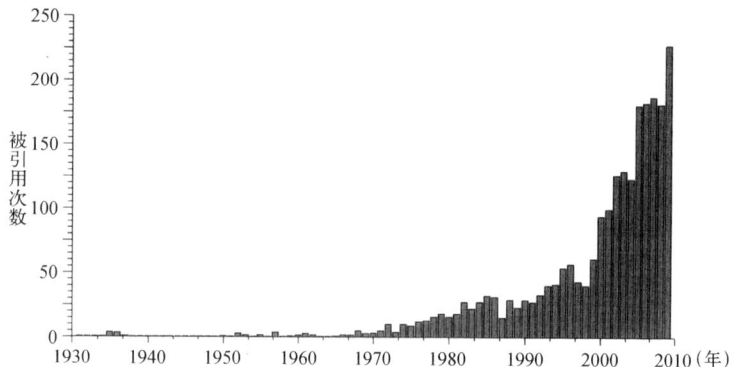

■结束语

转眼到了日本战败后第 70 个年头。1945 年的 70 年前是 1875 年,也是迫使西乡隆盛自杀的西南战争(1877 年)爆发的两年前。从甲午战争到太平洋战争,日本处于战火的时间达 50 年之久。"战后 70 年"对过渡期的某些方面影响很大,占据了日本近代的大半。我们必须清楚,这是一个从谷底繁荣起来的时代,日本在这期间也接受了来自全球的各种挑战。"大学与研究"也应该以这样的姿态在全球范围内行动。在同情目前负责"大学与研究"的各位后辈忙于与我们这一代人毫无关系的工作的同时,笔者也希望能够向他们传达这样一种信念:这种艰劳"或许是民主主义的大义",为他们加油。

第二部分

在世界范围内被评价意味着什么

来自现场的报告

第 3 章

高等教育的全球竞争和后赶超意识

苅谷刚彦

1 奇怪的序列意识和焦躁感从何而来？
——问题的设定

　　追求国际化的日本高等教育将何去何从？日本政府及影响政府政策制定的商界是出于怎样的逻辑推动大学国际化进程的？这样的逻辑存在什么问题？为何会产生问题？本章试图勾勒出一个真实的轮廓，从日本推进大学国际化的"问题意识"及"危机意识"中了解其背后隐藏着什么。作为一个在海外大学工作，从"局外"观察日本高等教育的社会学者，在笔者眼中，近些年日本出台的推动大学国际化的政策实在是有些奇怪，换言之，正是这些政策激发了笔者进行日本研究的兴趣。

　　本章将通过探寻历史的方式考察当今日本是通过怎样的透镜或滤镜来理解这股汹涌澎湃的全球化浪潮，进而出台改革政策的。

　　笔者先简要解释一下为实现这一目的所需要的工具。本章的焦点将对准日本人的"赶超欧美"意识及其变迁。研究的出发点是假设日本人尤其是政策制定者和商界人士的"赶超欧美"意识，是理解国际化和全球化等问题时的重要认知框架（打一个比方，就像透镜或滤镜）。通过揭示提出国际化和全球化等问题的逻辑，阐述日本当前政策的问题设定如何由社会建构（socially constructed）而成。笔者在分析当前政策的时代认知和问题意识等论述后，还会正式解释此方法的有效性。本章的目的是通过严格来说不算是历史分析的"知识社会学"分析，探讨日本推动大学国际化的政策与实际推进国际化过程中的教育课题之间的偏离和分歧。

2 "落后的我们"
——问题构建的出发点

首先我们来看一下日本文部科学省大臣下村博文先生在内阁府产业竞争力会议上的发言(2013 年 3 月 15 日)，此次会议也成为 2014 年开始的"超级国际化大学计划"的开端。这是在安倍晋三首相出席的第四次会议上，针对大学改革而陈述的"增强人才力量的教育战略"部分。大臣如此陈述：

> 随着劳动年龄人口的持续减少，日本想要与世界为伍，实现经济增长，其唯一途径就是增强每个人才的"人"的力量。世界上其他国家政府非常重视高等教育并努力扩大其规模，日本的高等教育也需要在质量和数量上进行改善和加强。其原因在于大学有望培养出支撑日本发展的国际化人才、创新型人才、为地区注入活力的人才，大学还有望利用自身的研究能力创造出新兴产业。

> 我们提出了以大学为核心增强产业竞争力的计划。其中第一个支柱是"培养国际化人才"。政府有意对执行国际化教育路线的大学予以大力支持，与世界竞争的大学需设定明确的目标，例如在 5 年内英语授课率达 30%，并积极招募外国人才等。我们还应该采取必要的措施，将日本留学海外的学生人数增加至 12 万，实现翻倍；并将外国到日本留学的学生人数增加至 30 万。此外，为提高学生的英语应用水平，我们推荐在大学入学考试中采用并大力推广托福考试等(内阁府产业竞争力会议，2013。着重号为本文作者所加，下同)。

正如该大臣的发言所述，"日本想要与世界为伍，实现经济增长"是一个直接目的。该发言表述的问题构建的特征是将日本与其他国家进行比较,指出日本应该改善和加强高等教育——"世界上其他国家政府非常重视高等教育并努力扩大其规模,日本的高等教育也需要在质量和数量上进行改善和加强"。

这种问题意识成为"培养国际化人才"措施的前提。计划中还设定了"5 年内英语授课率达 30%"这样具体的数值目标,使其成为现行"超级国际化大学计划"的一部分。此外,还设定了去海外留学的日本学生和到日本来留学的学生的人数目标值。笔者在此也想要指出的是,日本政府的政策是将日本跟其他国家进行比较,通过提出具体的数值目标来解决问题。在这里暂时不讨论这些数字的含义,但数值确实会给人留下目标非常具体这一深刻印象。

上述发言之后,在可视为安倍首相的私人智囊机构的内阁府教育复兴执行委员会议中,与会人员提出了以下建议。在这里笔者引用与出台"超级国际化大学计划"政策直接相关的部分:

> 日本的大学国际化正遭遇落后的危机。大学有望通过积累知识并挑战未开发领域来创造新知识,从而成为改变社会的核心力量。实现"日本复兴"、提升日本在世界上的竞争力并使其重新焕发光芒的一个主要支柱就是日本的大学复兴,大学重新成为不断挑战和创新的场所(内阁府教育复兴执行委员会,2013)。

正如该政策中所明确的定位一样,大学复兴、国际化是"实现'日本复兴'、提升日本在世界上的竞争力并使其重新焕发光芒的一个主要支柱",日本的目标是实现"在世界上的竞争力"的复兴。作为促进大学改革的前提和基础,"日本的大学国际化正遭遇落后的危机"唤起了改革的必要性。

让我们看看另一个体现此问题构成特征的政策建议。以下是内阁府促进培养国际化人才委员会的"审议摘要"（2012 年 6 月 4 日）。该委员会对政府制定培养国际化人才政策有很大的影响，也是民主党政权下首相官邸的"委员会"之一。我们在这里看到的是报告中"关于基本问题认知"的部分。虽然有点长，但是这里的"问题认知"能更加清晰地向人们展示，无论是哪个政党执政，政策中问题构成的逻辑与上文确认的政策建议是相通的。

在局势动荡不安时，如何通过积极派遣人才等方式与其他国家进行国际交流和接触以克服困难、打开局面。对于这一问题，我国有着丰富的经验。

○然而，到了 20 世纪 80 年代，我们实现了"（经济）富足"，却失去了开拓精神。拥有先进的技术和一定规模的国内市场的情况反而导致日本处于"加拉帕戈斯现象"。[①]

○人才是社会经济发展的引擎。而照此下去，从中长期看，日本将会面临人才枯竭等问题，失去真正复兴的机会。经济全球化浪潮扑面而来，世界格局发生了剧变，随着金砖四国（巴西、俄罗斯、印度、中国）及 VISTA 五国（越南、印度尼西亚、南非、土耳其、阿根廷）等新兴国家的崛起，日本必须抱有一种经济可能逐渐衰退的危机感。

○在产业和经济快速发展及全球化的环境下，为了避免沦落为东亚小国的境地，日本应该再次将目光转向海外，认清

---

① "加拉帕戈斯现象"是一个生物学名词，指一个岛屿与世隔绝，岛上某种生物非常强大，但是出了这个岛，就丧失了生存能力。后来此概念被应用到商业领域中，主要指某种产业或者产品只在某国国内占有较大市场份额，并排斥其他同类产品，由此形成了一种孤立的市场，一旦走出本国国度，这些产业或产品便没有了生命力。——译者注

"置身于全球的日本",重新审视自己的身份。

    ············

　　现在正是进行改革并重建整个社会体系的时候。为适应全球化时代,我们必须建立一个支持个人人生计划的灵活多样的多元社会系统。实现该目标的第一步,也可以说是重中之重的国家战略就是培养"国际化人才"(内阁府促进培养国际化人才委员会,2012:3)。

　　即使在民主党执政时期,讨论"培养国际化人才"课题时的问题认知也是建立在其他"新兴国家崛起"的背景下,日本应该抱有"经济可能逐渐衰退"的危机感并避免"沦落为东亚小国的境地"。在该文件中,政府将日本与其他国家进行比较并排序,将日本的"衰退"视为问题,从而指出解决该问题的手段是出台"培养国际化人才"政策。

　　上面我们主要讨论了政府智囊团相关部门的论述,最后我们再来看一下来自商界的建议。以下是日本经济团体联合会①在2011 年编写的《关于培养国际化人才的建议》中"前言"部分的引文。

　　由于老龄少子化,日本人口减少,国内市场也在缩小。在这种情况下,缺乏自然资源的日本,必须通过进一步加强日本的人才竞争力并提高创新能力和技术能力来占领发展中的亚洲市场和新兴国家市场,从而保证经济持续增长。

    ············

---

① 简称日本经团联或经团联。主要是由上市企业组成的经济联合组织,是日本最重要的经济团体之一。——译者注

长期以来，资源匮乏的日本的竞争力之根本在于其人才竞争力。然而，在全球范围内抢夺人才竞争加剧的情况下，日本在培养国际化人才方面已经落后于其他亚洲国家。为了提高日本的国际竞争力，日本必须以举国之力培养国际化人才，让他们活跃于全球经济的前线，为国际社会做贡献（日本经济团体联合会，2011）。

这里的问题认知与前述相似，即与其他亚洲国家相比，日本"落后"了。为增强日本的国际竞争力，日本有必要"以举国之力培养国际化人才"。

针对这些提议，教育复兴执行委员会在上述"第三次建议"中提议，"政府要重点支持实施国际化教育的'超级国际化大学'。这些大学要充分利用为推动日本大学国际化做出很大贡献的现行'推进大学国际化网络建设项目（Global 30 项目①）'所积累的经验和知识。例如采取积极招募外教、与海外大学合作，以及扩大英语授课的学位课程等措施。为增加国际影响力，要加强国际共同研究，并争取在未来 10 年内至少有 10 所大学院校进入世界大学排名的前 100 名"。这些建议形成了本节开头提到的"超级国际化大学计划"。

到目前为止，本章一直在介绍与"超级国际化大学计划"有关的政策建议，以便指出这些政策建议中所包含的问题设定，即问题构成的前提和逻辑。正如笔者反复指出的那样，这些论述指向与其他国家进行比较的观点，并指出日本在排序中的位置——"落后"。而这被视为大学教育及日本产业和经济衰退乃至停滞的原

---

① Global 30 项目，简称 G30。这是为实现前文提到的增加海外到日本学习的留学生人数至 30 万这一目标的特殊项目之一。——译者注

因之一。

以国际竞争为前提的这种序列意识作为问题构成之框架在日本政界和商界都存在。笔者并不想在本章里指出问题意识与政策之间简单的关系,比如在高等教育政策中也会出现像争取世界大学排名前100名这样的数值目标,也不打算根据实际情况批判性地探讨该问题意识是否正确。反之,笔者将侧重考证被广泛接受的且使这种问题意识成为可能的前提和逻辑本身,即其历史背景、特征及变化轨迹。通过研究这些前提和逻辑的历史经纬,揭示问题构建之特征及其背后的机制。

3 两个透镜
——赶超和后赶超

(1)赶超时代的问题构成

笔者在本章追溯历史时,重点关注两种"日本人的意识"。一是赶超欧美发达国家的赶超意识,二是后赶超意识。下文在阐明问题构成的前提和逻辑时,假设这两种意识是构建问题时的透镜或滤镜,也是知识基础,即教育界涌现出的问题和课题,以及为解决这些问题所提出的建议和政策计划的知识基础。

尽管"日本人的意识"这种表述有点含糊,但无论是赶超还是后赶超,这种对时代的认知是每个时代的决策者建立意识框架的重要因素。基于这种假设,笔者特意留下一点含糊的空间,将其作为本章的分析框架。换言之,笔者设想对时代的认知是一种"理想类型"①，并将其应用于分析政策相关的论述，试图揭示政策中隐含的根深蒂固且复杂的前提和逻辑，而这直到今天还常常萦绕在日本人的脑海里。正如本书的第 2 章和第 4 章中，佐藤文隆和杉本良夫所指出的那样②。

显然，这两种意识都已将日本和外国之间的关系纳入考量之中。但是，在理解（或公开声明）赶超时代和后赶超时代时，这两种观点并没有完全互换。或者说，如果我们继续用透镜来隐喻，那这两个透镜已不具备相同的折射率。即使还有赶超时代的余晖，决策人士也可能认为已进入后赶超时代，或者即使在理解并声明已进入后赶超时代时，赶超时代的余晖也会影响问题意识的构建。此外，两个透镜微妙的错综复杂性也可能改变对表象以及问题构建的关注度。因此，笔者将这两种"日本人的意识"用作分析框架（即提取政策论述逻辑的工具）。而且，通过透镜隐喻我们可以看到，这两个透镜被下意识或无意识地组合使用，使得有时候某种表象被过度放大，或在相反的情况下，由于视野狭窄而忽视了某些东西。在其他情况下，双重滤镜导致决策者无法冷静地观察实际情况。笔者认为，通过关注这种机制，我们可以解开日本决策者的思维方式（特定的认知和思考模式）之谜，了解为何日本在焦虑不安中会采取当下的高等教育政策以应对全球化。这就是笔者决定追溯两个认知框架历史的原因。

在下面的分析中，笔者将解读自 20 世纪 60 年代以来影响日本

---

① "理想类型"（ideal type）是马克斯·韦伯最先开始使用的社会学术语。它是反映事物本质特征的高度抽象的分类概念，也是研究者用来研究社会和解释现实的一种分析概念或者说逻辑工具。——译者注
② 追赶的终结意识对教育改革问题构建的相关认识架构的研究方法，卡里亚（Kariya，2015）已有提及。本章的分析是在此基础上的进一步发展，适用于高等教育的研究。

教育政策的相关论述,阐明其中涉及赶超意识和后赶超意识的认知。用于分析的教育政策建议主要来自经济审议会报告、临时教育审议会报告、中央教育审议会报告、大平政策研究会的报告书以及部分商界的教育建议。本文使用的是知识社会学的方法,也就是将这些教育政策建议中隐含的前提和逻辑作为"知识"提取出来,解读其中所包含的上述滤镜的影响。

(2) 后赶超的意识及透镜

颠倒一下历史顺序,本节先从后赶超这一认知的特征开始讨论。第一,通过该认知框架讨论日本是如何认知赶超时代特征的。第二,基于第一点的认知,日本又设定了何种后赶超时代的政策课题以解决问题。

正如笔者在其他文章中提到过的那样,最明确地表示后赶超的政府官方文件是大平正芳首相组织的政策研究会的报告书(Kariya,2015)。当时,该研究会的许多成员都是著名的保守派专家。他们分为 9 个小组委员会,每个小组委员会都要提交一份报告。那是 1980 年 8 月的事。正如我们看到的那样,尽管这不是教育政策的建议,但之后的临时教育审议会(临教审)几乎以完全相同的方式继承了这里提出的问题认知。如果说该临教审是通过描绘蓝图来指导日本 20 世纪 90 年代后教育改革的审议会(市川,1995),那我们也可以认为,大平政策研究会的报告中指出的问题是当今教育改革的基础。

第一份报告书《文化时代》,也是大平政策研究会报告的总论,其中有如下表述:

日本曾经承受着西方化、现代化、工业化和经济增长的巨
大压力。那时每个要求的内容都很明确,且是目标模式。明治
时代之后的这种要求否定或忽略了本国传统文化,将自己定
位为后进国、低层次的国家,并将其他国家定为自己的目标
(文化时代研究小组,1980)。

自明治维新以来,日本一直在积极推动现代化、产业化
和欧美化,以尽快赶上欧美发达国家。结果,日本取得了举
世瞩目的成绩,现在变成了一个成熟、高度产业化的社会。
日本人民享受着自由与平等、进步与繁荣、经济富裕和生活
便利、高水平的教育和福利以及先进的科学技术。随着现代
化和产业化的发展,日本的经济社会结构发生了巨大变化,
国民的意识和行为也正在发生着巨大的变化(文化时代研究
小组,1980)。

从这些引文中可以看出,日本认为自己进入了后赶超时代,以
及它是如何认知过去的。换句话说,透过后赶超的透镜可以了解
日本从前是如何看待赶超时代的。

这些引文还表明,自明治时代以来,日本一直想实现的主要目
标是"西方化(或欧美化)""现代化""工业化"和"经济增长",对日
本来说这四项目标同等重要。在进行赶超的时代,日本有"目标模
式",并且时代的要求也很明确。而在赶超过程中,日本轻视自己
的传统,承认自己的后进性,当时的时代认知是日本的传统等同于
"落后"。此外,引文还指出,赶超的成就"举世瞩目",而且"随着现
代化和产业化的发展,日本的经济社会结构发生了巨大变化"。如
果说赶超欧美的意识是一种通过引入日本与其他国家进行比较的
观点而建立的自我意识,那么后赶超时代就意味着日本实现了"现

代化"和"产业化",达到了"举世瞩目"的水平。这是发生在哈佛大学教授傅高义著作《日本第一》于 1979 年在日、美两国同期出版第二年的事,该书当年在日本成为第一大畅销书,销量超过 70 万册。

如此高调地宣布后赶超的时代认知,描绘了此后日本社会将面临的课题。下一段引文清晰地体现了临教审的问题构成逻辑。他们在第七份报告书《文化时代的经济管理》中指出:

> 日本已经实现现代化(产业化、欧美化),并且发展成为高度产业化的社会,失去了可追赶的目标模式。今后日本必须自己找出前进的方式。
>
> 当我们回顾日本文化是如何让日本迅速实现现代化和经济增长时,我们发现日本文化中有许多优良的特质。自市民革命和工业革命以来,西方社会旨在建立"个人"的现代化。300 年后,许多人遭受着所谓的文明疾病和孤独困境。而我们重新审视"整体与个人""个人与个人"之间的关系,寻求"整元"(holon)概念,并沿着这个方向前进。这可以很大程度上体现我们文化中的优良特质(文化时代经济管理研究小组,1980)。

从该引文可以看出,日本社会在 20 世纪 80 年代初已经完成了对欧美发达国家的追赶,因此"失去了可追赶的目标模式"。与要求明确的赶超时代相比,在满足这些明确要求后的课题是"今后日本必须自己找出前进的方式"。基于从后赶超这一透镜看到的过去及 1980 年当时对那个时代的判断,日本提出了将来的课题。

透过后赶超意识的滤镜而设定的日本社会的问题构成,几乎原样被搬到了教育政策中。这就是临教审报告。临时教育审议会在 1984 年到 1987 年之间由中曾根康弘首相直接领导,其宗旨是"第三次教育改革"。该审议会成员也与大平政策研究会的成员有重合①。以下是表明两者之间共识的论述，出自其第一份报告。

> 自明治时代以来，我国的国家目标之一就是追赶欧美工业强国，教育界也是一直努力根据这一时代要求培养人才。为此，政府通过制定学校教育体系的政策，保证所有国民都能够掌握共通的基本学习能力，并通过广泛招募人才来振兴社会。因此这一系列教育政策确实推动了日本社会经济的发展（大藏省印刷局编，1988：25）。

临教审进一步认为，战后教育改革是"明治时代以来追赶型现代化时代的延伸"，而"明治以来的追赶型教育通过战后的第二次教育改革"得到了补充（大藏省印刷局编，1988）。从教育史的角度来看，战前教育体系与战后教育体系之间，在体系框架和理念方面都存在着很大的差异。但是，从后赶超的透镜来看，两者都被认定为"追赶型教育"。

政府根据过去的情况指出了 20 世纪 80 年代中期日本教育的问题。下面分条列举一些论述。

> 过分强调学历：出现过分强调学历这种认知的历史背景是战前的政府和大公司中存在所谓的学历社会，即根据个人的学历设置待遇差异和薪酬等级（大藏省印刷局编，1988：25）。
>
> 儿童心灵空虚：我们应该进行深刻的反省，成人社会出现问题导致了儿童心灵空虚。现代工业文明、追赶型现代化及战后日本高速经济增长产生了"副作用"，特别是对人的身心

---

① 在两边都出现的委员有公文俊平、山本七平、渡部升一、香山健一、石井威望、小林登、曾野绫子等 7 位。另外，大平政策研究会的咨询专家濑岛龙三也担任了临时教育审议会委员；并非临时教育审议会委员但被中曾根首相称为"智库"的佐藤诚三郎和高坂正尧 2 位著名学者也是大平政策研究会成员。

健康的不利影响,对人与人之间心灵接触等人际关系的不利影响,对文化和教育等产生的不利影响。成人社会出现问题与未能及时发现并采取措施减轻上述"副作用"密切相关(大藏省印刷局编,1988:50)。

统一教育:为了迅速引进并普及欧美工业强国的先进科学技术和制度,日本的教育重视效率,而为了照顾全局,只能选择统一的教育内容和方法(大藏省印刷局编,1988:9)。

填鸭式教育:不可否认的是,日本的教育更倾向于以记忆技能为中心的填鸭式教育(大藏省印刷局编,1988:14)。

以这种方式总结了教育存在的问题之后,临教审便视以前的教育(追赶型教育)为"落后",并表示这种教育已不再能够应对"时代的变化和社会需求"(大藏省印刷局编,1988:9)。简而言之,它被认为是"过时的"。临教审认为这种"落后"是各种教育问题的根源,或者说是解决问题的障碍。

其中有一个很大的问题就是,以前的教育"培养了过多没有个性的、相似类型的人,这阻碍了个人独立思考的能力及创造力"(大藏省印刷局编,1988:7)。基于这样的认知,日本提出,传统教育的改革方向为尊重个性的教育:

为了应对未来科学和技术的发展以及产业结构和就业结构的变化,日本需要培养具有个性和创新能力的人才。现行的教育是一种以记忆技能为中心的填鸭式教育。在未来社会中,我们不仅要培养获取知识和信息的能力,更需要重视运用知识、独立思考、创造和表达的能力。创造力与个性息息相关,只有在个性得到发挥时,才能算培养出了真正的创造力(大藏省印刷局编,1988:278)。

　　追求创造力和个性或解决问题的能力及发挥个人主体性的教育，亦已成为后来的"宽松"教育和当今日本培养国际性人才的政策目标①。

　　本章的目的不是追溯政策的变迁，而是关注引导政策的问题构成的认知框架。为此，接下来将简单介绍政府推广政策之概要。日本的高等教育相关政策，是由中央教育审议会（中教审）提出教育改革的建议，文部科学省负责实施。中教审接替大学审议会成了为教育改革建言献策的机构，而大学审议会则接替了原临教审。高等教育政策的基本路线可以概括为放松管制和引入竞争环境。前者的代表就是 1991 年实施的大学设立标准的"大纲化"和 2004年实行的"国立大学法人化"。大纲化放宽了设立大学的标准，此后日本迎来了成立私立大学的热潮。国立大学法人化的目的是通过赋予国立大学法人身份来提高大学管理的自由度。

　　后者是引入竞争性资金。特别是对于国立大学法人，新政策采取措施尽量让大学自己争取竞争性资金，并减少作为基本资金运营费用补贴的比例。从 2002 年开始实施的" 21 世纪 COE（Centre of Excellence，卓越基地）"和 2007 年开始延续该项目的"全球 COE"等措施，都旨在加强大学研究生院的教育和研究功能，并促使大学争创具有国际竞争力的大学。为了培养"国际化人才"，又开始实施与此系列政策相关的"Global 30 项目"和当下的"超级国际化大学计划"。

---

① 此处不做更多探讨，但这与大平政策研究会拥有另一个重要的共同点，即重新审视日本的传统与日本的文化和价值。大平研究会的报告里，追求脱离在赶超时代被视为"后进、低水平"的"落后"意识。这份报告书也可被称为"第二次的近代超克论"（哈鲁图尼安，2010）。对于临时教育审查会来说，正因为"国际化"的时代，才提出了"致力于培养拥有身为日本人的自觉，积极为国际社会做贡献的国民"的教育目标（第一次报告）。

4　赶超时代和后赶超时代之间的认知错位和共性

（1）强调"独特性和创新性"
——赶超时代的问题构成

　　如上所述,通过后赶超这一透镜回顾过去(即赶超时代)的教育,其结果是"培养了过多没有个性的、相似类型的人,这阻碍个人独立思考的能力以及创造力"。"为了迅速引进并普及欧美工业强国的先进科学技术和制度,日本的教育重视效率",所以在教育中一直强调"培养获取知识和信息的能力"。因此日本的教育出现了不尊重个性和创造力的问题。为了实现赶超,当时那个时代的教育方针真是这样的吗? 赶超时代的教育政策究竟存在哪些问题? 为了了解两个时代认知框架的差异,我们有必要重新审视对过去的认知,确认当时那个时代对教育问题的看法。

　　为此,本节将从与20世纪60年代教育政策相关的建议开始分析,尤其关注的是政策文件中有关赶超意识和观点的论述。一个典型的例子就是经济审议会的报告中关于培养人才(当时使用的表述是"人力资源开发")的部分。在当时,该报告倡导"收入倍增计划",从政策上支持了日本经济的高速增长。

　　经济审议会在1960年发布的《收入倍增长期教育计划报告》(1960年10月25日)中,进行了如下表述:

　　　　……此外,在日本产业结构的现代化进程中,过去几年时间内实现了产业的重化学工业化,而在其他发达国家实现这一目标花费了数十年。但是这种迅速发展也对经济的各个方面提出了新的挑战。而且,在科学技术迅猛发展的技术创新时代,我们必须更加积极地解决教育和培训环节影响开发人才潜能的问题。在某些发达国家已经出现这种趋势,我们需要密切关注这一趋势(横滨国立大学现代教育研究所编,1971:203)。

这里表明的问题是,与发达国家相比,"日本产业结构的现代化"在短时间内推进了"重化学工业化"的发展。为此,日本应该顺应"技术创新"这一"时代要求","开发人才潜能"。

进一步清楚阐释这一观点的是 1963 年的报告——《经济发展中开发人才潜能的课题与对策》(1963 年 1 月 14 日)。

现代社会经济处于技术创新时代,其主要特征是持续的高速经济增长由科学技术的迅猛发展支撑。在全球技术创新时代,为了提高国际竞争力,实现经济迅速发展,不落后于世界经济,并显著改善国民生活,我国的科学技术开发必须创新,同时我们需要充分理解和运用新时代的科学技术。履行这一职责的是政府和我们国民自身。作为经济政策的重要组成部分,我们有必要提高人才能力(经济审议会编,1963:1)。

该建议也是以经济增长为前提,要求科学技术开发必须创新,同时需要充分理解和运用新时代的科学技术以免"落后于"世界经济的发展。为此,政策课题聚焦于"提高人才能力"。

正如引言所述,主导高速增长政策的理念中,存在日本与发达国家相比经济和技术水平"落后"的意识。这表明了日本的赶超意识。但是,应该注意的是,这种赶超意识主要集中在有利于经济增长的科学技术上。这是经济审议会的报告,当然不难理解它会强调这些。时代的赶超意识进而体现在"落后"显而易见的科学技术领域的人才潜能开发任务上①。另一个不容忽视的事实是，日本已经认识到"创新性"和独立开发技术能力的重要性，不能一味引进国外技术进行模仿。

上文是经济审议会的报告。我们还可以从1956年中教审发布的《关于振兴科学技术教育的方针政策》报告中（1956年11月11日）明显地看到赶超相关的论述，该报告早于经济审议会的报告，具体表述了以下认知和问题：

> 战后，欧美各国的科学技术飞速发展，涉及生产技术及经营管理的各个方面，因此他们实现了产业升级，步入了一个新时代。
>
> 然而，由于战争的破坏，战败后的混乱和精疲力竭，研究设施和设备的老化、过时以及研究资金的短缺等一系列现实条件，日本的科学技术发展处于落后状态。因此，产业技术乃至产业本身都受阻于落后的科学技术，我国的现状是新开发科学技术只能依靠引进外国技术。
>
> 为改善这种局面，振兴产业技术，恢复产业独立性，增强国际竞争力，进而重建经济，稳定民主和实现文明进步，我们需要振兴科学技术，特别是需要振兴作为科学技术之基础的研究和教育（横滨国立大学当代教育研究所编，1971:37）。

该建议出现在战后经济重建时代结束且即将开始新一轮高速增长的起始阶段。在这一时期，日本已经认识到"由于战争的破

---

① 对此经济审议会的报告指出，经济管理和企业管理部门也提出了追求近代化的宣言。然而，这里的中心问题是明确人才与技术革新的关系，"现代的技术革新理所当然需要适应新时代的技术人员。同时，追求确立新的经营组织、劳动关系等经营秩序，人才必须要对经济构造、社会构造甚至人类意识层面等产生影响。这是人才能力政策的现代意义"（经济审议会编，1963:4）。

坏,战败后的混乱和精疲力竭,研究设施和设备的老化、过时以及
研究资金的短缺等一系列现实条件,日本的科学技术发展处于落
后状态"及"我国的现状是新开发的科学技术只能依靠引进外国技
术"等现实。基于这样的认知,专家们建议日本实施"振兴作为科
学技术之基础的研究和教育"的政策以"改善这种局面"。该建议
也着眼于与经济直接相关的经济和科学技术,意识到与发达国家
相比,日本处于"落后"地位,同时强调为提高日本的国际竞争力,
研究和教育对加强科学技术至关重要。

让我们再次回到经济审议会的报告,就可以清楚地理解"落
后"的认知以及如何应对,即设定课题的部分。以下部分可以看清
在强调技术创新重要性的背景下,日本是如何回顾过去的。

> 日本在战前主要专注于模仿技术,战争期间断绝了与外
> 国的技术交流,战后在与外国进行自由交流方面也非常滞后,
> 因此日本与外国的技术差距巨大。为了缩短该差距,日本技
> 术创新的步伐明显加快。在日本,很多产业的技术创新都得
> 到了蓬勃发展。部分原因是战前在西方国家已经发展起来的
> 产业和第二次世界大战后的新兴产业最近在我国得以同时发
> 展(经济审议会编,1963:4)。

这里谈到了摆脱"模仿技术"时代的必要性,并提出了需要缩
短与外国技术的巨大差距(即赶超)的任务。这里很重要的一点是,
在那个时代日本就已经清楚地表明了问题的框架,即仅靠模仿不
能解决上述问题。

不仅在技术方面,建议也表明了在人才开发方面寻求创新性
的意图。引用如下:

> (基于过去对日本和海外的人才开发意识)我们在这里讨

论的开发人才潜能政策,是日本历史上和全球范围内都有被
提出并需要解决的问题。但我们提出的政策既不能重复也不
能模仿外国的模式,它必须符合我国特有的历史和国情需求
(经济审议会编,1963:2)。

该建议要求,追求经济独立和技术发展独特性的开发人才潜
能政策本身不应模仿外国,而必须"符合我国特有的历史和国情
需求"。

(2) 宣布后赶超时代的"落后"意识
——认知的差异

在前文追溯赶超时代问题设定之认知框架时,我们可以发现,
宣布后赶超时所回顾的"过去"与赶超时代当时的认知之间存在差
异。这并不是说当时没有设定"迅速引进并普及欧美工业强国的
先进科学技术和制度"这样的课题。但是,需要特别指出的是,在
经济高速增长的初期阶段,日本就提出了摆脱"模仿",通过培养
"人才能力"以开发"创新型科学技术"。

当然,就教育的实际情况而言,也不是说 20 世纪 60 年代教
育政策的建议就成了后来的教育现实。笔者在这里想再一次申
明的是,即使在赶超时代,日本的教育目标也不是纯粹地引进知
识,而是追求独特性和创新性(就是后来所说的"创造力")以实现
技术创新。第一个差异证明,宣布进入后赶超时代时,政府所认
定的那种"过去是不追求独特性和创新性的模仿时代"这一结论
太过简单化。追赶型教育被视为,为有效地从外国引进知识和技
术,"培养了过多没有个性的、相似类型的人,这阻碍了个人发展

独立思考的能力以及创造力"。而即使在实施追赶型教育的时期，日本也要求培养具有独特性和创新性的人才以实现技术创新。但是后来的政策制定人士，不考察追赶型教育是否真正培养了能够发挥独特性和创新性的人才（特别是在科学技术领域），就将赶超时代的教育主流简化为追赶发达国家、追求知识引进效率的教育。这种简化历史的做法增加了自己主张的可信度，即过去的教育是一种妨碍个性和创造力的教育。因此，必须对以前的教育进行改革，因为以前的教育无法应对"时代的变迁和社会的需求"（Kariya，2015）。

另一个细微的认知差异在于后来所认定的赶超时代的"追赶目标模式"和20世纪60年代实际认定的模式有所不同。正如我们在前面看到的那样，在20世纪60年代，日本主要关注与产业化和经济增长相关的科学技术的"落后"，并有意识地追赶。科学技术的先进性是显而易见的，而技术创新是实现赶超目标的一种手段。因此日本必须摆脱模仿。日本之所以将科学家、工程师和技术人员的培养视为当务之急，也是因为当时日本将追赶问题限定在这个具体课题上。基于上述原因，日本在教育政策方面设定了具体的教育目标，例如强调数理科学教育以及建立旨在扩大理工科人才的新大学和院系。

但是，教育政策建议者在后赶超时代回顾过去、讨论"追赶目标模式"时，将认定范围限定在经济和科学技术领域，没有充分考虑教育界设定的技术创新（包括培养创造力）目标，并就此宣布失去了目标模式。因此，不管这种认知是否具有局限性，由于日本追上了欧美国家而失去了目标模式的逻辑让"失去目标模式"这一时代认知变得很有说服力。进而言之，这种逻辑为以下论述提供了知识基础：由于没有任何可以追赶的模式（即模仿对象），日本的教育理所当然地应该追求"独立学习和思考"的能力、"创造力"和"主体性"、"发现问题能力"和"领导力"等能力和资质。这种认知也构建了加速改革先前教育的问题基础①。

（3）作为国家身份的"经济与科学技术"
——共通的认知框架

如上文所述,教育政策建议通过简化赶超时代的问题构成来构建后赶超时代的问题,强调脱离赶超型教育才是重要的教育政策任务。但是,两个时代的问题结构的透镜之间不仅仅有差异。为了解至今仍然存在的教育政策问题结构的特征,尤其是了解这种焦虑感所驱使的响应全球化的对策源自何处,我们必须澄清可能构建现代问题的机制,即看到两种认知之间存在差异的同时,看清两者实际上有相通的认知框架,共通部分和差异之处以复杂的方式交织在一起,使得构建现代问题成为可能。

第一个共通点是强烈的自卑感和竞争意识。在两个时代日本都在与欧美发达国家进行比较,都敏感地将自己列于劣势地位。正如我们所看到的,在赶超时代,日本强烈认识到自身科学技术的"落后"。宣布后赶超时,日本认为赶超时代的做法已经过时了。也就是说,与赶超时代不同,日本进入了新阶段(主要是经济和科学技术),其相应的时代认知也登场了:需要改变以往做法,提出新任务,以跟上其他发达国家的发展步伐。

第二个共通点是日本对自身位置和"落后"立场的关注都是基于日本国力的发展水平,而该发展水平与科学技术、产业化和经济

---

① 如前所述,经济管理和企业管理部门在将科学技术转化为工业化和经济增长方面的"落后性"时也会受到质疑,即使在这种时候,在如何充分利用技术创新方面,同时代的机构也明确了一些标准,以确定什么是滞后的。

增长息息相关。尽管这不同于战前时期那种露骨的国家主义，但它通过展示自己的经济优势，帮助日本形成并确立了"经济强国"及后来的"科学技术立国"等国家身份认同。在宣布后赶超的时代，日本除了强调追求经济上的富裕之外，还强调思想的丰富和日本人的品格，追求尊重个性和创造力。而且，以先进性或后进性显而易见的经济和科学技术等领域为中心，日本意识到自己在此领域的优势，进而对物质方面以外的富足性进行了比较。如前文中引用的临教审报告所述："为了应对未来科学和技术的发展以及产业结构和就业结构的变化，日本需要培养有个性和创新能力的人才。"尽管不够具体，但就优先发展经济和科学技术而言，两者之间是相通的。

第三个共通点是在国际化方面，这两个时代的竞争对手都仅限于先进的西方国家。日本的国家身份被确立为除欧美国家外第一个成功实现"赶超型"发展的国家。换句话说，这是被其他赶超型国家和经济体追上之前的那个时代的主要问题构成。

5 从两个透镜来解释当代的问题构成
——考察和结论

结论部分将根据前几小节的资料研究内容来回答文章开头部分提出的问题。回答问题之前，本节将先简略叙述一下自宣布后赶超以来日本社会的变化，以此作为讨论的背景。众所周知，日本经济经历了急剧的起伏，在20世纪80年代末进入泡沫经济，20世纪90年代初泡沫破裂。在泡沫达到顶峰之时，赶超意识也达到最高点。日本认为自己不仅追赶上了欧美，还超越了欧美发达国家，而且是以日本独特的方式实现了这一目标。这是昙花一现的"日本第一"的时代。但是，泡沫经济破灭之后，日本经济陷入长期停滞的泥潭。正式员工减少、非正式员工增加，"贫富悬殊社会"到来。出生率下降、人口老龄化，日本的自我形象变成了"问题发达国家"。

　　毫无疑问，如此急剧的起伏经历加上长期的经济停滞和各种问题的积累，对高等教育政策的问题构成产生了重大影响。国家和社会面临的问题越多，制定政策的思维方式和决策立案的逻辑就越倾向于向教育寻求解决方案。这不只是日本的问题，而是发达国家都有的问题。然而在这里笔者想提出的是，面对如此多需要解决的问题，日本匆匆采取了"超级国际化大学计划"这类政策。这在教育政策的问题构成之基础层面又如何与前文分析的赶超意识相关联呢？

　　最明显的一点是，即使在认识到后赶超的时候，在教育政策的问题构成的逻辑中，日本"落后"这一意识还在发挥作用，这种敏感的意识与当前日本人的心态也息息相关。文章开头部分，我们看到了"日本要与世界为伍，实现经济增长"，日本应该有"经济逐渐衰退"的危机感，"避免沦落为东亚小国的境地"这些政策建议。可能正是因为日本在泡沫经济鼎盛之时认为自己已经赶上或者超过了发达国家，之后才对"落后"或"衰退"的意识变得更加敏感。

　　而且，相关意识至今仍延续了上述的问题认知，认为"落后"出现在技术创新和经济增长相关的领域。在从赶超时代开始的序列意识和竞争意识还未得以解除的情况下，日本就从"日本第一"的位置上跌落下来。这进一步加速并强化了日本对序列意识的执着，由此进入了恶性循环。

　　赶超意识的作用不仅仅体现在这种明显的当代问题构成方式中，也会对后赶超时代与赶超正在进行的时代的意识及认知之间的差异产生影响，这在前文已经讨论过。而且，高等教育的国际化政策被焦虑感驱使而流于表面的原因也存在于此赶超意识之中。

　　日本宣布赶超结束之时，赶超时代被视为"模仿时代"。在此期间，日本优先考虑知识和技术的引入。可是他们忽视了，那个时代曾经尽力为"在模仿中创造"打下基础并追求独特性和创造性的事实（板垣，2010）；他们将那个时代的教育简单地理解为重视模仿的"追赶型教育"。赶超时代的教育在何种程度上成功地培养出有创造力的人才这一问题，的确需要进一步的实证研究。但是，正如我们已经看到的那样，政府在未进行实证研究的情况下，就将过去引进先进的知识和技术等同于优先追赶的教育，即填鸭式教育（或统一教育）。基于对过去的认知构建的问题影响了后续的教育政策。这样的认知框架，不论与以往的实际情况是否相符①，依然对当今产生了重大的影响。

　　后赶超时代政策建议的结论是以前的教育是以"追赶型"为基础的，所以改革以前的教育成为当务之急。因为以前的教育"以记忆技能为中心而培养了过多没有个性的、相似类型的人，这阻碍个人发展独立思考的能力以及创造力"，所以从现在开始需要提倡尊重创造力和个性的教育。教育改革的目标是在初等和中等教育中，提高生存的能力；在高等教育中，提高解决问题的能力（Kariya，2015）。

　　这些政策建议还补充说，日本不再有目标可以追赶。从某种程度上说，赶超时代的"落后"被认为是有局限性的，比如限定在技术水平这一领域。因此也可以说，赶超的目标模式还是很具体的。但是，当这种目标即"落后"的局限性消失，日本发现其已进入无目标模式时代，由此判断"落后"的标准也变得不那么明确了。我们

① 教育的实际情况与宣布赶超时代终结时对教育认识之间的差距，可以参考苅谷（2001）、Kariya（2015）。

先不谈在全球序列意识逐渐加强的背景下,目标模式对日本的技术创新和经济增长产生了怎样的实际效果,但日本与其他国家相比之下的"落后"已被视为问题。关于赶超这一时代认知的两个透镜的重叠及其微妙的错位,创造出了那个时代的镜像。

发展经济学的常识是,如果"落后"仅限于技术发展,一旦完成技术水平的赶超,技术方面的劣势就会消失(大冢、东乡、滨田编,2010)。而后赶超时代的竞争对象已不再局限于西方发达国家。正在进行赶超的新兴经济体已经对全球化做出了回应,并在赶超型竞争中因后进性反而处于有利地位。在这种情况下,在与亚洲各国的经济竞争中本来已经实现赶超的日本,由于其他国家的成功而被置于"落后"境地。基于这种认知,后赶超时代的主要问题构成是教育(尤其是大学)在应对全球化时遭遇落后的"危机"。前面引用的经团联的建议提出"日本在培养国际化人才方面已经落后于其他亚洲国家",正是这一问题构成的真实写照。

并且,泡沫经济破灭后日本经济的停滞并不一定是由学校教育水平低下造成的。至少,仅从学校教育和大学的角度指出人才培养的问题,只看到了事物的一面,而没有看到包括全球流动性在内的、公司之间和公司内部招聘和培养人才方面的问题。但是未经证实,政府就将教育与全球化的落后和经济增长联系在一起,视其为问题,称其为落后的"危机",并将其列为改革的中心任务。如前文所指出的,日本在经济方面有很强的序列意识,并倾向于将这方面的任何衰退或落后都转嫁到教育上。结果,日本政府在推进教育改革时,像培养生存能力和解决问题能力的目标一样,提出培养"国际化人才"这种抽象的目标,却并没有实现这一目标的具体手段。

实际上,当下的政策几乎是照搬了 2000 年公开的大学审议会报告《应该如何开展全球化时代的高等教育》(2000 年 11 月 22

日）。根据该报告，作为增加大学国际竞争力的一部分，政府制定了"21世纪COE"（自2002年起）和"Global COE"（自2007年起）这一系列政策，以增强研究生院的研究和教育功能。这是正值"失去的十年"间的一份报告。

再说明一下，就教育改革而言，日本在"失去的十年"间并不是什么都没做。但与临教审之前相比，这十年日本的教育经历了重大的转变，正可谓"教育改革时代"的延续。但是，经济停滞持续，甚至被称为"失去的二十年"。是教育改革不充分导致了培养人才的失败和经济的停滞不前吗？还是教育与经济的关系不应该在那么短暂的期间内被视为对应关系？无论怎么说，（即使是这样）自从失去了明确的目标模式，日本一直没有设定具体的、有助于"经济复兴"的限定性教育改革目标。目前的情况是日本政府去除了这些限定性，（无限定地）指出日本的问题是教育应对国际化的"落后"而导致国家（或国民经济）的停滞或衰退。

而此时，大学的世界排名这一简单的尺度进入了日本的视线。排名显示的顺序一目了然。不管用于确定排名的标准和由排名确定的顺序是否对经济有效，日本高等教育就这样莫名其妙地被排名竞争牵着鼻子走了。此外，排名采用的评估标准是否会真正促进"国际化人才"的培养并满足经济复兴的需要也是一个未知数。世界排名是典型的政策目标与实现手段的关系暧昧不明的（大学实力）测定标准，只因其数值目标很具体这一理由就将其纳入了日本的教育政策目标。

此外，正如在其他论文中数据证明过的那样，日本支持创建"超级国际化大学计划"追求的是肤浅的国际化。世界大学排名的指标中，日本大学的"国际指标"得分不高。为了提高该"国际指标"的分数，日本高等教育在扩大用外语（英语）进行教育方面设定了数值目标，其中之一就是增加"外国人教员"的数量。然而在很多超级国际化大学里面,实际上都是"由在日本以外的国家拥有1—3 年的研究、教育经历的日本人"担任教员(Kariya,2015)。

就算这种做法在政策上被承认,那我们可以说世界排名上升就意味着日本的大学实现国际化了吗? 进一步说,日本能"与世界为伍,实现经济增长"吗?"实现'日本复兴',能够提高日本在世界上的竞争力并使其重新焕发光芒"吗? 答案不言自明。

由于关系的不确定性,那些被卷入竞争并且被迫参加竞争的人员感到空虚和徒劳。这不仅打击了教育改革的士气,还导致日本政府进一步出台更肤浅的对策。然而,尽管事实都摆在眼前,教育改革树立的理想却仍然是培养国际化人才所需的创造力和个人主体性这些抽象的目标,而这与实现目标的手段又不一致。这些理想与先前提到的空洞数值目标的距离是无法跨越的,但是因为理想很抽象,所以政策就轻而易举地将两者联系起来了。危机意识背后之根本是"经济大国""科学技术立国"这样的国家身份在动摇。

上文对赶超意识进行的知识社会学的阐释,说明了日本被赶超和后赶超意识所纠缠。日本既不能放弃大国意识,又不能完全变成一个成熟的社会。换言之,日本尽力加快国际化步伐的焦躁感,本来就意味着日本是一个未成熟的"成熟社会",这种矛盾的形容,还象征着日本作为"发达国家"的国家主义在动摇。现代日本社会试图以奇怪的日式英语"超级全球"(super global)表达自己想要实现国际化的愿望,它滑稽的风貌看上去很英武,却让局外人忍不住担心起来。

参考文献

板垣博（2010）「関説　アジアからの視点」下谷政弘・鈴木恒夫編『「経済大国」への軌跡 1955—1985』講座・日本経営史 5 巻，ミネルヴァ書房,341—349 頁。

市川昭午（1995）『臨教審以後の教育政策』教育開発研究所。

大蔵省印刷局編（1988）『教育改革に関する答申 — 臨時教育審議会第一次〜第四次（最終）答申』大蔵省印刷局。

大塚啓二郎・東郷賢・浜田宏一編（2010）『模倣型経済の躍進と足ぶみ — 戦後の日本経済を振り返る』ナカニシヤ出版。

苅谷剛彦（2001）『教育改革の幻想』筑摩書房。

苅谷剛彦（2015）「スーパーグローバル大学のゆくえ」『アステイオン』No. 82,CCCメディアハウス,38—52 頁。

Kariya，Takehiko（2015）"The two lost decades in education: the failure of reform", In *Examining Japan's Lost Decades*, edited by Yoichi Funabashi and Barak Kushner，Routledge，pp.101—117.

ハルトゥーニアン・ハリー（2010）『歴史と記憶の抗争 —「戦後日本」の現在』カツヒコ・マリアノ・エンドウ訳,みすず書房。

文化の時代研究グループ（1980）『大平総理の政策研究会報告書 1　文化の時代』内閣官房内各審議室分室・内閣総理大臣補佐官室編,大蔵省印刷局。

文化の時代の経済運営研究グループ（1980）『大平総理の政策研究会報告書 7　文化の時代の経済運営』,内閣官房内各審議室分室・内閣総理大臣補佐官室編,大蔵省印刷局。

横浜国立大学現代教育研究所編（1971）『増補　中教審と教育改革：財界の教育要求と中教審答申（全）』,三一書房。

内閣府・産業競争力会議「第 4 回会議議事要旨」
https://www.kantei.go.jp/jp/singi/keizaisaisei/skkkaigi/dai4/gijiyousi.pdf

内閣府・教育再生実行会議　第三次提言「これからの大学教育等の在り方について」2013 年 5 月 28 日
https://www.kantei.go.jp/jp/singi/kyouikusaisei/pdf/dai3_1.pdf

内閣府・グローバル人材育成推進会議「審議まとめ」2012 年 6 月 4 日
http://www.kantei.go.jp/jp/singi/global/1206011matome.pdf

日本経済団体連合会「グローバル人材の育成に向けた提言」2011 年 6 月 14 日
https://www.keidanren.or.jp/policy/2011/062honbun.pdf

第 4 章

来自"周边"的抗争

关于英语出版尝试的个人见解

杉本良夫

1 "偶然的局外人"

我曾经看过一部外国电影,日文翻译为《偶然的旅行者》(*The Accidental Tourist*)。不过,比起内容,电影名给我的印象更为深刻。如电影名所表达的那样,我也是个"偶然的局外人",是一名"偶然的社会学家"。

大学时期,我从未立志成为一名研究人员,所学的也并非社会学。大学毕业后,虽进入报社工作,但也从未打算把它当作长期的工作。因为想要稍微放松一下,多一些读书和思考的时间,工作三年后,我选择辞职去美国留学。虽然考入了美国某大学社会学专业的研究生,但也仅仅觉得社会学是一个内容非常宽泛的学科。当时我计划一年后重新回到日本,继续记者的职业。

但是,后来不知为何,我突然想再继续学习一下。现在回想起来,也是半个世纪之前的事情了。我向日本国内的单位提交了辞呈,留在美国继续进修,并最终花了六年时间获得了博士学位。以致到现在我都不知道日本的研究生生活是怎样的。

博士毕业后,几所大学向我抛出橄榄枝。其中澳大利亚的一所大学深深地吸引了我,因此 1973 年我决定在那任职两三年。历经种种之后,我最终定居澳大利亚,只是没想到这一住竟是 40 年。但其实我并未在自己所在学科即社会学中感到明确的归属感,我不过是偶然混入这个领域的人,正如电影名字所讲的那样,是个"偶然的局外人"。因此,我作为社会学家的经历,很难说是具有代表性的样本。

（1）变化的日本形象，不变的日本社会科学

近半个世纪以来，海外对日本的认知可分为三个时期（Sugimoto，2014：291-294）。第一个时期是从 20 世纪 50 年代到 60 年代。这一时期，日本只是吸引了少数对异国文化抱有兴趣的人群的关注，武士道、茶道、歌舞伎等不多见的文化引起了人们的兴趣。第二个时期是从 20 世纪 70 年代到 80 年代，这也是日本经济高速增长、震惊世界的时期。"纵向社会"和"依赖心理"等词彰显着日本的集体主义文化，同时也诠释了日本的经济大国化。20 世纪 90 年代以后日本经济逐渐停滞不前，这一次海外认知的焦点转移到了日本的大众文化。这便是延续至今的第三个时期。这一时期，人们将漫画、动画、寿司、卡拉 OK 等为代表的流行文化视为日本的象征。向全世界进行文化输出进而确保软实力的地位也被日本编入国家战略，"酷日本"（Cool Japan）这一标语开始流行。在第二个时期，日本被视为"一亿总中产"或"一亿总中流"之国，是阶层差距较小的社会，日本人也普遍萌生了"日本第一"的思想。但到了第三个时期，日本开始被视为阶级间差距较大的"差距社会"。日语热潮退去，日本在国际社会中的存在感也有所下降。海外对日本的形象认知也发生了逆转。在这 50 年间，日本社会的中心从农业向工业资本主义、文化资本主义转移，其发展对日本形象也产生了影响。

另一方面，尽管出现这种形象上的转变，日本的社会科学学科在世界中的位置却几乎没有变化——一味地偏重对欧美的吸收，而忽略了向海外传播和竞争。

其中，有几件事非常引人注目。随着北美和西欧新思潮的传

播,日本开始出现了相关新思潮的译介者,并备受瞩目。不管是后现代主义,还是自然研究、反东方主义,译介者在翻译欧美新潮流文献的同时,也奠定了作为其代言人的坚实基础。这些被翻译成日语的书籍在日本的学术圈得到热心研读,并被广泛引用。反之则不然。

在日本社会科学界,翻译被视为研究业绩的一部分,也会被作为研究成果给予适当评价。看看日本图书的内附页就不难发现,作者的译著和研究专著会并列出现。相反,在英语圈各大学的社会科学家之间,即使把日语文献译成英语,其工作也不会被当作学术性成果。其中也可以看出国际市场中英语圈和日语圈的力量关系。

海外日本研究者将日本的研究当作最新信息源的情况也不少。在日本短期逗留的英语圈研究人员,从日本同行专家处获得最新的数据和资料回国,以此为基础用英文发表论文、撰写图书,并因此扬名的事也不在少数。在这种情况下,提供信息的日本研究人员的努力几乎是不为人知的。再度纵览全局,日本的研究,经常被当作源自欧美的一般理论的实证场域。

仅从社会科学领域来看,人们普遍认为"世界知识体系"被分为"中央"和"周边"两部分。一方面是由北美和西欧组成的"中央",另一方面是向亚洲、非洲、南美等地扩展的"周边"。社会科学的概念、理论、框架在"中央"产出,被发送、传播到"周边"被学习并再生产。目前这个框架近乎稳固。从这个意义上来说,日本属于"周边"。

当然,严格的二分法并没有正确反映实际情况。这两个领域之间,既有相互作用,也有许多不适用的部分。"中央"也有人对这种全球规模的知识阶层化进行过强烈的批判。反驳欧美中心主义的观点在欧美也具有相当大的力量。另一方面,"周边"也接受了以欧美为中心的现实，并根深蒂固地认为只需在其框架内进行研究即可。日本的社会学发展的总趋势便是如此。这般复杂的相互关系不能简单地以二元论划分。只是，就算在两个领域之间存在着知识的交流和交错，日本的社会科学相对于"中央"引入过多而输出不足这一"负资产"状况还是没有变化。

（2）语言差距和学术的"加拉帕戈斯现象"

从语言的资本分布这一观点来看，全球范围内所谓的欧洲中心论，其实质在于英语中心主义（Anglophocentrism）。英语作为世界通用语，地位十分稳固。从这个意义上来说，以英语为母语的研究人员从一开始就占据优势，全世界有影响力的学术期刊和学术出版社都集中在美国和英国。目前，将世界语（Esperanto）作为世界通用语也基本不现实。

对于在日本接受过大学教育的人来说，想在社会科学中达到自由使用学术英语的水平，需要相当长的时间。于我自身而言，在这半个世纪里，我曾站在英语圈的大学讲台上，用英语授课，发表研究成果。既然职业语言是英语，当然就必须为掌握它而战。我从 20 多岁才开始在英语圈生活，这一点便与归国子女①等在语言形成期就掌握英语的人不同。虽然英语是需要学习的外语，但它的学习过程并没有那么简单。

尽管很多日本的社会科学家在英语圈的大学取得了博士学位，但光凭这一点，依然很难流畅地写出英文学术文章。更何况在日本国内大学的研究人员，使用英语出版对他们而言更是难上

---

① 在海外出生或是长期在海外生活后又回到日本的人。——译者注

加难。

语言需要具备听、说、读、写这四个能力。虽然经常有人说"日本人会读写英语，只是口语不好"，但在我看来并非如此。当然，阅读依靠词典就会相对容易，但是听力无论学习多久都是相当困难的。对话时对方既不会挑选词汇，反而经常又会飞来一支很难的"箭"，一时难以理解。与之相比，过了某个阶段后，"说"也许并不难。自己可以选择单词，即使语法上有些错误，也能让人理解。

问题是写作能力。特别是社会学中充满了表现复杂且难懂的概念和逻辑性词汇，熟练操纵这些词汇需要花费相当长的工夫。而要精通文章中微妙的表现手法，也需要相当长的时间。不经过这样的过程，讲课和参加研讨会时就很难说一口流利的英语。到了这个水平，才会拥有写作能力，才能形成表达的能力。写作这件事，是在说话的过程中慢慢进行的。也就是说，在高级讨论阶段，写作能力优先于"说"的实力。对于日本的很多社会科学家来说，读、说、听都不是问题，不能写出高水准的英文才是最大的障碍。

虽然自然科学等方面的情况会有所不同，但至少在社会科学中，语言操控能力是业绩达标的重要部分。即使现在我已经感觉不到这种语言上的无力感，但我也从未忽视过语言差距的问题。

不过，很难说大部分日本社会科学家都对这些问题十分关心。这种现象与日本国内的出版状况有关。

一个是日语出版市场的自我充足性。以日语为母语的人数不超过 1 亿，远远不及西班牙语、汉语、英语等。但是，由于大多数使用者集中在日本列岛这一小区域，其内部拥有充足的知识和信息需求市场（Oguma，2015）。这里有几家发行量达数百万的全国报纸，成人的平均报纸订阅人数位居世界第一位。每年发行超过 8 万本书籍，全国有超过 1 万家书店。即使一直从事网络创作，也足可以养家糊口，因此用日语以外的语言来写作的必要性就没有那么强了。

二是学术新闻出版业的市场足够大。它既不是纯学术业绩，也不是传统意义上的出版物，可以说是位于这两者之间庞大的领域。如以广大读者为对象的启蒙性书籍的发行量相当大。刊登将学术分析与个人意见结合的论文的综合性期刊，也拥有相当多的读者。通过参加这种启发性的教化"论坛"，日本社会科学家既可以确保副业收入，也可以获得社会地位。然而，这样的收入和名声未必与本人的研究业绩成正比。

此外，在日本国语和日本史等领域，原本就很少有研究者想通过与海外互动来加深建设性的交流。也就是说，虽然有部分人希望在世界范围内加深讨论，但认为日本国内供需可以达到平衡的流派长期占多数。这便是学术的"加拉帕戈斯现象"。

（3）"日本·国际化主义"与"世界主义"

然而，事态正在急速变化。随着信息技术的革命性发展，国内的出版市场逐渐缩小，学术空间也在不断被分割。英语作为知识讨论场域的空间在不断扩大。其结果是，一直安居于封闭性区域的日本社会科学正在受到冲击。近年来，新加坡、马来西亚、印度、印度尼西亚、菲律宾以及中国等许多亚洲国家的社会科学学者也积极参与到了世界范围内的讨论。这些国家和地区有的曾被欧美列强殖民或统治过，为英语写作及讨论积累了从"周边"接球的实力。而日本则缺乏这种开放性。最近，随着大学国际竞争力的加强，在政府主导下，日本大学对英语出版与授课的奖励、留学生的争夺越发激烈，如何提升大学排名也成了燃眉之急。业界已普遍认为，这些动作正在借全球化之名向新自由主义大学渗透。

不过,正如本书第一章苏珊·赖特所说,对于大学教师来说,从根本上批判评级制度是非常困难的。因为大学制度本身就是以考试为基础的分数体系。大学的入学考试、对学生的成绩评分、研究生院的学生评价等,教师从各方面对学生进行自上而下的排序。教师自身在应试学习过程中也有过看重"偏差值"①的经历,在大学就业后也拘泥于助教、讲师、副教授、教授等级别。那些推动大学排名的上级官僚,也是在考试中取得高分而赢得考试战争胜利的人。数字评估制度覆盖了整个高等教育,深深印刻在了每一位教育者的脑海中。对这些当事人来说,从根本上谴责排名系统也是一种自我否定,就如同想搬起自己正坐着的椅子。

尽管如此,近年来在国际化背景下所展开的激烈的大学排名竞争,实际上也体现了扎根于文化领域的国家主义。把提高世界大学排名作为大学行政的最优先课题这一举动,是一种"奥林匹克精神"。这种"我国是世界第几"的意识,正是"国际化主义"。

从更广泛的角度来看,必须将英语渗透到日本全国各地教育的运动,同样伴随着推进国家统合的潜在功能。从统计上来看,在日常生活中频繁使用英语的日本人不足 2 成(寺沢,2015:161 - 163)。尽管如此,不仅仅是大学,小学也必须加入英语课程,在各阶段中实现"国民学英语"的国家目标。虽然英语学习的推进看上去像是以国际化为目标,但实际上,不能忽视它也有着动员国民的一面。从这个意义上来说,这种国际主义也应该被称为"日本·国际化主义"。

学术上的竞争,不是在国家或大学之间,而是在各自的学科领域内展开的,是研究者之间的个人竞争。拿物理学家 **A** 与政治学

---

① 相对平均值的偏差数值,是日本人对于学生智能、学力的一项计算公式值。——译者注

家 B 的业绩进行比较，几乎没有意义。而且，这些个人间的学问对抗关系，本来就是世界性的，超越国家和大学的利害关系，排除国界和大学的隔阂，无论研究者在哪里，相互之间都是可以切磋讨论的。无论用什么样的语言进行创作，都应该有"读者不仅局限于日本，而是存在于全世界"的气概。我认为日本社会科学的问题就在于，没有将这样的"世界主义"（cosmopolitanism）日常化。

远望这些交错的现实，我开始思考，我是否应该把在日本积累的社会科学的研究成果，放在更广泛的世界舞台上进行讨论。但我也只是被模糊的方向感所引导，并没有明确的逻辑。

2 英语出版的尝试

（1）独立出版社的成立

在这种想法的驱使下，我从 20 世纪 80 年代开始，担任了各类日本研究系列的责任编辑。这已经是 30 多年前的事了。最初是从基根·保罗国际（Kegan Paul International）出版社的日本研究丛书着手。之后，到了 20 世纪 90 年代，我还担任了剑桥大学出版社（Cambridge University Press）现代日本社会系列图书的编辑。两套丛书合计发行了 38 本书，其中在日本知名的书有鹤见俊辅的《战争时期日本精神史》《战后日本大众文化史》、见田宗介的《近代日本的精神构造》《近代日本情怀史》等著作。这些都是很有趣的经历。但是，在出版的过程中也会遇到很多困难。

当然，最大的问题是语言的差距。英语作为世界通用语而"君临天下"的现状，在出版的最初阶段便显现出来。若是直接带着日

语原稿去,英语出版社会置之不理。仔细想想这也是不可避免的
事。日本的出版社常常将目光集中于在欧美圈成为热点话题的图
书,即使素材是英语也会将其认定为值得商讨的内容进行一番考
量。而且,也会在一定程度上将其视为学术研究业绩,于是便半志
愿性质地动手翻译。然而,在英语出版社的编辑部里,几乎没有懂
日语的人。因此,首先需要把大部分的原稿从日语翻译成英语,然
后再提交给出版社的编辑。但是,翻译成英语的费用高昂,所以将
出版方没有确定出版的日语原稿或图书进行英译是一种赌博。因
此,即使是非常优秀的研究成果,也有不少人会犹豫不决。这也成
为一个恶性循环。

　　如此这般,我开始考虑自己能不能开一家可以自由抉择的出
版社。话虽如此,我也只是一个研究者。虽然在某种程度上了解
出版的流程,但是在决定出版与否这件事上还是没有自信。而由
英国著名社会学家安东尼·吉登斯创办、运营的政体出版社
(Polity Press),成了我脑海中的样本。当然,不可能有那么大的规
模,充其量一年发行一本或两本而已。于是,在 2000 年,怀着这种
轻松的心情,我自掏腰包成立了名为 Trans Pacific Press(跨太平
洋出版社,以下简称 TPP)的小型出版社。那一年,福冈安则所著
的《在日韩国·朝鲜人》的英语版 *Lives of Young Koreans in
Japan* 出版了,这仅仅是一个开端。"日本社会丛书"的推介及书目
的选定都是由我一个人来决定的。上野千鹤子的《民族主义与性
别》(*Nationalism and Gender*)、小熊英二的《单一民族神话的起
源:"日本人"自画像的系谱》(*A Genealogy of "Japanese" Self-
images*)、春美贝夫的《同质霸权》(*Hegemony of Homogeneity*)、梅
棹忠夫的《文明的生态史观序说》(*An Ecological View of History*)
等流传至今的畅销书,均在 21 世纪初得以出版。中山茂编著的
《当代日本的社会科学技术史》(*A Social History of Science and*

Technology in Contemporary Japan）全 4 卷也是在这一时期出版的。我不得不亲自到排版、印刷、装订现场，学习图书制作的过程，独自摸索。其中也有我自己执笔的论文和图书，那段时间我非常忙碌，不过，正如棒球比赛中也有选手兼教练的情况，想要成为队员兼管理员，就不得不下定决心。

我身处南半球，也不能忽视与北半球的实际距离。事实上，我有时为了与原作者促膝谈心，不得不每年回日本 2 次左右。在书店徘徊，购买最近出版的书籍熟读也是必不可少的。而且，将出版物从墨尔本寄往世界各地也是我的工作之一。数量少的订单用空运，大量出货用船运。

当然，地理位置会影响工作。拿棒球举例，感觉就像是向着不同空间进行了多次远投，也可以说是大远投。

在这种情况下，京都大学学术出版社向我提出了共同出版的方案——一起制作京都大学东南亚研究中心的英文丛书"Kyoto Area Series on Asia"。我很早就期待与日本的学术出版社合作，因此自然十分乐意。以此为契机，我与京都大学学术出版社建立了长期合作关系，共同出版了许多读物。总编辑铃木哲也先生是我的"战友"。另外，我也接到了来自东北大学和关西学院大学的卓越研究项目关于出版丛书的委托。

虽然努力尝试，但 TPP 的发行品类在这 16 年间也才刚刚超过120 种。在宇宙飞船能自由翱翔的如今，我却有一种拖着人力车奔跑的感觉。就算远远落后于人，我也想走到最后能到达的地方，但因为缺少人才和财力，终究不能随心所欲。实际上，近年来主动提出将自己的研究成果用英文出版的日本研究人员越来越多。虽然好的东西也不少，但我不得不谢绝其中的半数以上。因为如果不进行挑选我们根本处理不完。

（2）"周边"发行英语出版物的课题

最近,在不断尝试的过程中,我也意识到了欧洲中心论（Eurocentrism）和人类中心主义（Anthropocentrism）等重大问题,并在英语出版这一细致的日常工作中,以具体形式加以呈现。我的经验虽然只限于社会科学的英文图书出版,但正如字面意思,"上帝隐藏在细节中"（God is in the details）。

首先是"什么是正确的英语"的问题。这里的"英语"不是单数名词,而是复数名词。世界上不是只有一种正确的英语。除了英语发源地所使用的英式英语和日本人认为是标准语的美式英语,还有加拿大、澳大利亚、新西兰等地所使用的英语,世界各地所使用的英语都不尽相同。将英语作为通用语的国家,还有印度、新加坡、马来西亚、南非等,不胜枚举。所谓的"亚洲英语"的地位也不容小觑。各地英语,其发音和表达都大不相同。

不仅是国别的差异,各个社会的内部使用的英语也有差异。即使在美国国内,北部和南部的说话方式也不同。在澳大利亚,受过高等教育的人们所说的"学术澳式英语"与工人阶级说的英语之间差异很大,阶层差别明显。

因此,我们必须在社会间和社会内两方面时刻留意"英语的多文化性"。也可以说我们生存在这样需要四处兼顾的时代。

但是,以此为基础,将书面英语与会话英语进行比较,就能知道会话英语影响力之小。在亚洲写的英语和在非洲写的英语,我们无法分辨其在发音和语调上的差异。因此,书面语有相当高的稳定度。

这让我想起了将"关西话"作为日本第二标准语论的倡议。这个提案没有实现，其中一个原因就是关西话书面语言系统不完备。同样，作为口语的英语越是多样化，其书面语的复杂度就越低。

尽管如此，在实际出版时，翻译和校阅的方式上仍然存在对立。翻译者和校阅者常出现的抱怨之一，是日本作者偏好重复使用语句，使得论述的推进方法常易变成螺旋状。如随处可见写着"正如上文所述"的文章，反复提及同一论点的文章等。当然并不是所有的作者都是如此。但是也会频繁有人指出要"少花些笔墨，进行直接的立论"。此外，我还经常听到这样的评论：被动句多、主语不清晰、说话兜圈子等。

对此，有两种应对方式。其中一个立场是日语原著是以这种形式书写，在日本发行并被广大读者所接受，所以可以考虑忠实地用英语进行语言置换；另一种主张是，由于面向的是英语读者，所以应该进行添加、删除以及适当调整语句顺序等，使其条理更加清晰。我们无法忽视翻译与校阅现场所出现的这两种声音，所以现实就是我们在忠实主义和改写主义的夹缝中，探索平衡点，曲折前行。但也有人认为，出现不满本身也反映出英语这个语言自身的弊病。

这是个微小的矛盾，如果进一步追究，就会引发更高层次的争论。对于优秀的逻辑论证，世界上是否存在共通的、单一的、普遍的基准呢？还是基于文化不同，立论的方法也有差异？这个问题仍是未被解决的一大争论。

我将这些议论尽收眼底，同时进一步推动"周边"的英语出版。与此同时，几个业务上的实际困难也随之而来。从翻译开始，英语出版的流程大致如下：

首先是翻译，其次是翻译文章的校阅，然后排版出稿、编辑校对、印刷、装订、出版、发行。不过，翻译、编辑校对、发行三个步骤各有各的困难。

■翻译之墙

首先是翻译。我成立出版社的动机是发行英译的日文著作。为此,好的翻译者必不可少。母语是英语也好,日语也罢,我必须要找到一些符合条件的人。当然,有高水平的日语阅读能力很重要,能写出通达的英语也同样重要。而且,对原文的研究领域也需要有充分的理解。所谓翻译,就是在某一单独领域中,找到同时满足这三个必要条件的人,而挖掘他们并不简单。

作为翻译者,英语母语者未必最合适。一般来说,日语母语者的日文阅读能力更高,所以内容为古文、方言、不完全会话等较多的书籍,更适合由日语母语者进行翻译。但是,这些人的英语表达在最后大多需要由母语为英语的校阅者检验。另一方面,碰到日语原文并不复杂的情况,委托给以英语为母语的翻译者更有效率,并且不需要其他校阅者介入。尽管例外不计其数,可这一点在选定译者时,算是我的独门诀窍吧。

在互联网时代的日常工作中,世界各地和澳大利亚的工作现场几乎是零距离的。我甚至从未见过我任用的许多翻译者。因为我需要的是翻译技术,而不是人品,所以不需要通过面谈来决定。在网上发布翻译样品进行测试后,根据情况不同,我会让他们翻译书籍中的某一章,并决定是否录用。所以,翻译者可以身处世界各地。他们所有人都是项目合同工。在实际工作过程中也不需要见面,因为文件可以全部通过网络进行交换。这是一个没有人情味的世界。

难以找到优秀翻译者的现状,与英语圈的日语教育也有关系,掌握高水平日语的人很少。在这 30 年间,学习日语的人数一直很稳定,达到初级和中级水平的日语学习者群体庞大,而能够使用高水平日语的人却还是十分有限。金字塔的塔基很广,但登上塔顶的人却很少。在许多大学中,由于增加学生人数关系到日语专业的维持和扩大,故而大众化路线是主流,精英化培养往往非常靠后。

另外,近年来,海外的日语教育框架也将培养高级翻译者作为次要内容。日语教育只重视实际的交流和会话能力,虽然教育者意识到有必要将教育重点放在加强对复杂日语的理解与如何正确转换成英语上,但这仍与顶尖教育相去甚远。

在研究生院层次上,澳大利亚有几所大学开设了培训日英翻译者的专业课程,也有国家级团体组织的 NAATI（National Accreditation Authority for Translators and Interpreters）,即笔译与口译的资格认定考试。因为澳大利亚是移民国家,所以这个领域的需求很大。各类语言资格考试很多,日英翻译也是其中之一。虽然有各种各样的水平考试,但一到实战,即使是有资格证的翻译员也会给人玉石杂糅的感觉。对翻译从业者而言,如何进阶是个重要课题。

翻译阶段最费力的就是处理日语中与英语类似的概念。比如,"民族"这个日语词汇包含血统、文化、国籍等复杂的概念,与ethnicity 或 race 类似,但也有很多不相符的部分。日本社会科学中频繁使用一些日本创造的概念,如「世间」「生活」「籍」等,仅凭现有的英语的概念是无法充分分析日本社会的。韩国、泰国、印度尼西亚同样也有取材于日常生活的概念。这个领域便是以欧美为中心的社会科学无法满足的空洞。翻译者的一个重要工作就是谨慎而认真地将这些本土概念提取出来,将其与目前在世界范围内流通的概念进行对比与区分。对这个问题能探究到多深的地步,对翻译者来说是真正的挑战。

■校阅之墙

翻译完成后,就进入了译文的校阅阶段。校阅结束后,校阅过的稿件将会返还给执笔者,双方就专业用语是否有误、上下文是否通顺、表达是否准确等细节进行磋商。文稿在执笔者和校阅者之间会有 2 次,根据情况不同甚至会有 3 次的反复传阅。经过这一过程,最终稿件才算完成,可以安排排版。校阅者的作用很大,其对排版后的校样也负有责任,并且会全程跟进,直到可以印刷的最终校样完成。然而,在这个过程中也会发生很多问题。

在日本也许难以置信,但在全球的出版业界内,通常情况下,执笔者只会对第一份校阅稿进行修改。校阅人员将核查初校修改过的地方是否需要重校修改,执笔者则不会参与这一过程。第二次校阅稿不允许修改。而对初校的校阅也只是检查稿件完成时有没有打错字,除非极其微小的改动,否则这个阶段内对文章的加工、修改、删除等在原则上是禁止的。日本的习惯则是完全相反,初校是允许执笔者细致地进行修改。在稿件上用红色到处做记号,而后将全红的校稿返还给校阅者都是常有的事。不过,这样做在英语出版业界则会引发校阅者与执笔者之间相当大的纠纷。试想一下,用 word 打出来的稿件经过两三次校对后,最终与执笔者达成一致,按字面意思应该是"最终版本"。如果在此之上还要在校样上进行修改,就不知道为什么要称之"最终版本"了。

其实,这里存在着执笔者与校阅者之间力量关系的问题。我用英语和日语出版过自己的著作,所以特别能真切地感受到,日本的校阅者说好听点是灵活,说难听点是软弱,都会尽可能接受执笔者的要求。然而,英语出版社的校阅者,对执笔者具有相当强的威慑力,不容许执笔者的任性。这也许是一种抱怨,但面对这种事态,先不说是否整个日本社会都适合所谓的"日本人的心理结构",

但我认为它至少相当适合日本的一部分大学老师。

除此之外，还会发生其他一些麻烦，比如，有关文献引用的问题。在日语著作的参考文献中，经常有从英语翻译成日语的书籍和论文。这样的文献，在英文书中除了表示它们已被翻译成日语，没有更多其他的意义。然而，即使在英文译文中出现日语版的文献出版年份、页码等信息，英文读者也几乎无法找到它们。如果这些文献是直接引用的话，那么将这段日语翻译成英语也没有意义。此时需要找到引文在原英文文献中的位置，并直接注明，但这项工作出乎意料的费力。本来校阅者不是研究者，让他们来完成这项工作是不可能的。作为专家的日语原书执笔者的书架上应该陈列着英语原著，所以只能拜托本人了。但到处都找不到原文的情况也会经常出现。此时，社会科学文献中英语和日语之间的角力，就表现得非常具象。

此外，还存在关于书籍制作习惯的问题。在日本常使用的手法是将作者在各个地方已经出版的论文整理成一本书进行出版。这种书虽然很有趣，但往往缺乏章节之间的统一性。在英语圈里，很少以这种形式制作单行本，所以对英文读者而言容易感到不协调。在这种情况下，保证书内部的一致性，尽可能提高章节间的衔接性，对校阅者来说是一大难题。

■ 流通之墙

就算得以出版，若出版物不能在全世界流通，也就没有意义了。即使借助互联网，所获得的订单也还是很有限的。还是有必要与销售代理店（distributors）规规矩矩地签订契约。在北美我委托了 ISBS 这一代理商，日本及亚洲地区我委托了纪伊国屋书店。直到现在，这种合约关系仍在持续。在欧洲和大洋洲，由于种种情况,代理商曾多次变更。尽管如此,多亏有了代理商的网络,图书才可以通过亚马逊网站等渠道进行销售。

但是,学术类图书一般受众窄、不畅销。特别是在全球英语出版的海洋中,用英语写作的日本社会科学类图书受到瞩目更是不现实的。实际上,社会科学的英文学术书籍,最终销量能超过1000本的都是少数,这就是现实。这同时意味着亏本。将日语原版图书翻译成英文出版的费用,通常都会超过其销售收入。也就是说,我们是亏损出版。在研究人员为数不多的特殊领域,这种情况相当严重。

因此,有的出版社会发行单册定价1.5万或2万日元的高额精装书。这样的话,即便销量少,通过放大每本书的收益,也能够赚回本钱。不过,这样的价格,个人很难承担,因而主要的买家只限于大型的图书馆。在欧洲的出版社中,使用这种方式的出版社很多。这样一来,适于大众购买的廉价纸质包装书籍就很少见了。

在日本,日本学术振兴会(The Japan Society for the Promotion of Science,JSPS)对研究成果发行的支持力度很大,由TPP出版的书籍大多都接受了其援助。虽然也有日本国际交流基金(The Japan Foundation)和日本三得利文化财团(Santory Foundation)等的出版补助项目,但规模相对较小。有些历史悠久的欧美大学出版社,都以大学作为后盾,同时又持有出版基金,这些补助可以助他们一臂之力。

究竟在何地、何种图书会被阅读,这些可以从销售记录中找寻到一些踪迹。海外的日本研究者并非随机选择自己的研究主题,而是会受到身边信息的影响。当然,社会科学家的问题意识与本人的生活环境有关。这与我们出版书籍的销售倾向也有间接的关系。例如,如果在自身所处的社会中对人种问题产生兴趣,或者希望深入了解男女平等问题,那么就会自然而然地去思考同样的问题在其他社会是什么模样的？处理种族城市、移民和性别问题的图书在北美比较畅销。另一方面，以差别、阶级、福利等为主题的书籍，在西欧很受关注。我认为这不是偶然。

从日本研究范例的世界分布中，或许可窥一二。语言学家J. V. 诺伊施图普尼（Jirf V. Neustupn）在其开创性论文《关于日本研究的范例》（1980）中指出了三个基本概念框架，并对其地理分布进行了阐述。第一种类型是日本学范例，以文学、近代以前的历史、宗教、民族志等研究为中心，在德国和英国等地拥有强大的力量。这是小型日本研究学科所经营的所谓的"东方研究"的框架。第二种类型被称作日本学术范例，在政治学、社会学、经济学、文化研究等个别专业中展开，推动了跨学科研究的发展。它以美国为中心，拥有世界性的影响力。第三种类型被命名为现代范例，兴起于澳大利亚，而后向全世界扩展。其通过与日本社会的广泛接触，被认为是以社会内的多样性和冲突为焦点的模型。这三个分类，与本章开头叙述的日本研究的三个时期有很多可对应之处。

我们的志向是做第三种类型，而我们公司书籍最大的市场是北美。虽然有些迟，但在美国现代范例正在扩大。这与美国在世界上最具经济实力，大学、大学生、图书馆的数量具有压倒性优势有关。销量的第二位是亚太地区，尤其是日本和东南亚，这也好理解。订单最少的是欧洲，特别是欧洲内陆。这个地区无论是从地理上还是心理上来说，都离日本很遥远，这可能也与他们还未能从第一个范例中脱离出来有关系吧。

如今还没有日本的英语出版物取得成功的事例。在这一领域开展工作的"讲谈社国际"（Kodansha International）成立于1963年，在母公司讲谈社的支持下，在纽约和伦敦也曾设有分部，并有过短暂的活跃期，但在2011年，由于经营不善，曾一度被迫关闭。

虽然曾出版过村上春树、宫泽贤治的文学作品以及漫画、武术、日本料理、日语学习等书籍，同时还发行了人文社会科学类图书，但最后也是山穷水尽。日本最大的学术出版社——东京大学出版社曾持续出版过英语学术书，但听说目前该领域的定期发行也处于停滞状态，最近终于又重新开始营业。连这样的大出版社都被迫陷入苦战，我成立的小出版社的生存状况自不必多言了。

只是，这样的事业，需要有远大的理想，持之以恒也同样重要。很多学术期刊虽然目标远大，但也只发行了几期便停更了。丛书常常在第二或三期就中断了。编辑丛书的研究人员，一开始很兴奋，但一段时间后就会备感厌倦，编辑队伍七零八落，虽然也有人为的原因，但不管怎么说，经济与组织上的支持还是很有必要的。仅靠呐喊必然无法长久。

3　文化主位与文化客位的交错

虽然我已从事了30多年与赚钱无缘的英语出版的副业，但还是觉得前途渺茫。日本有各种各样的研究主题，其中也包括比其他社会更快一步的内容。通过分析以看护问题为代表的高龄化社会，从御宅族、家里蹲现象可窥见的孤立社会，以及与户籍、工作组织有关的社会软管理等，可以抢先一步预测其他发达国家面临的问题并早做研究。

将观点稍作转移，从人类学家熟悉的"文化主位"与"文化客位"的对比角度出发，也可以构建今后的示意图（Befu，1980）。简而言之，文化主位是只有身处于某个文化中的人才能理解的概念。就日本而言，「わび」（歉意）、「イエ」（家族）、「裏表」（内与外）、「タテマエ」（客套）、「甘え」（依赖心理）等经常被作为例子提及。这些也许可以被称为本地的概念。另一方面，文化客位是指与各种文化共通的观点——"合理性""疏远""剥削""表象""阶级"等，大部分社会科学的主要概念都属于这一范畴，可以将其视为超文化概念。从这个粗略的对比来看，重要的是以下两个认知。

第一，将日本社会科学中积累的文化主位转化为文化客位的重要性。不仅仅是概念，还可以构建文化主位理论、文化主位方法论等各个领域的文化客位化。换句话说，我们希望推进全球化兼本地化的经营，将本地化的东西全球化。若是继续依赖欧美的概念和方法框架，大量发行"周边"英语图书，也只会有助于进一步扩大"中央"霸权。

有时一部分海外研究者在研究日本时，会持有某种预判。在日本存在着欧美没有的、神秘的、不可理解的思想和习惯，解开相关的复杂之谜是他们从事日本研究的目标。海外研究者受到日本的异国情调的影响，有时会在潜意识中认为"海外的研究者，真的不了解日本"。不过，对此日本人还隐瞒着另一个前提条件，即"你们不了解日本，但我们很了解西方"。这种"感觉构造"并非左右对称的。

"这种研究，外国人能明白吗？"面对日语原稿中存在的问题，日本作者多次提出这样的疑问。在这个疑虑的背后，存在着的便是这种不对称的认知。从这种彼此的感知中解放出来是很重要的。将日本的国技——相扑发展到顶峰的，目前来说并不是日本人，而是蒙古人。

"在海外不会被理解吧？"这种疑问的出现，反过来看也说明了"日本为加深海外对自身的理解所做的努力仍然不够"。在日本独自发展形成的学问领域里，必然存在世界性的部分。作为理解日本的基础条件，柳田国男所开创的"民俗学"的重要性在日本国内被反复提及，但是很少有人将其与其他社会形成的框架进行比较,并在世界范围内进行讨论。"生活学"产生在战前,内容主要是围绕"生活构造""生活意识""生活方式"等,是日本独自发展形成的学科(Amano,2011)。只是,几乎没有人尝试将其与在欧美被广泛讨论并且也已经传入日本的"生活世界"(Lifeworld)等观点进行对比,更没有人尝试将其与日本独自形成的思想进行争辩。日本在"灵长类学"这一领域取得了卓越的成就,但与社会人类学者共同尝试用英文出版重建人类史的相关成果,也是最近才开始的事情(Kawai,2013)。还有很多其他的日语成就至今仍沉睡在宝库中,在此就不一一列举了。我想打开那扇门。不是事先将这些日本社会科学的传统视作比"中央"更优越的存在,而是先将它们带入竞争中。我想以不强迫普遍的普遍主义作为目标。

第二,要认识到,当今被认为是文化客位的东西,在相当的程度上,是在欧美社会文化主位基础上构筑起来的。这些社会得到了文化优势,所以原本属于欧美的文化主位席卷全球,最终被全人类当作共同志向。我想仔细从这方面探究一下可能性。

倘若人们能察觉到这一点,则重要的是归纳而不是演绎。比起将"中央"创造的文化主位演绎性地强加输出至全世界,将"周边"的文化客位归纳性地提升到文化主位的地位就显得更为重要。对于身处"中央"的社会科学家来说,因轻视"周边"研究所带来的"成本"并不低。基于这种认识,例如在历史学上,就曾有开拓全球历史、民族国家历史等领域的机会。这些都是到目前为止距离以往的"日本史""新西兰史""印度史"等国别历史距离较远的视点,与"日中比较史""日中外交史"等多个国家之间的比较和以外交关系为主题的历史也不一样。应该将目光转向这些曾被忽略了的内容,即着眼于世界各个地区集团间相互连接、循环、反复以及在重复反馈的过程中所形成的东西。这其中不仅有跨国历史研究者的参与,更有多种语言的使用所带来的地域间专业术语的不同交流。

地域不同所带来的历史认知上的差异也将成为焦点。这样的动态研究框架将"中央"和"周边"都卷入其中，彼此以相同高度的视线，展现出与过去相对的潮流。这样的搭配与"奥林匹克模型"是全然不同的。不仅"跨越国境的历史学"，构思"跨越社会的社会学""跨越国境的人类学"等课题的时机也已然成熟。

我希望日本的文化主位思想能逐步客位化。如今，被认为是文化客位的东西，都是从欧美的文化主位的体验中派生出来的。如果要确认这两点，日本的社会科学家们就不应该过早下决断或假设到底谁更优秀，而应该持有开放的平等感去面对欧美中心主义。包含许多变量的"文化主位·文化客位方程式"是极其复杂的计算方式。

只是，反欧洲中心论和反英语中心主义十分容易陷入民族主义的陷阱。关于这一点，有一个绝对不能忘记的重要观点——日语是日本帝国主义殖民统治语言的一种。日本的社会科学家，太过在意日语是世界性的英语中心主义的受害者，反而容易忽略日语也曾在亚洲各地被用作日本帝国主义统治的工具。因此，随着日本战败，有一部分人认为英语是解放的语言，至少将英语视为比日语中立性更高的语言。尽管英国和美国在部分地区曾拥有主导权，但日本帝国残酷统治的记忆还历历在目。不能接受这个事实的反英语霸权论，只是看到了硬币的一面而已。如果把语言帝国主义视作问题的话，那么日语圈既是受害者，同时也是加害者。这种关系不应该被遗忘。日本企业与欧洲中心论正在勾勒一个同心圆。中国中心主义（Sinocentrism）和其他所有形式的民族中心主义，也都如此。

本章中所论述的英语出版业的内情也可以证明澳大利亚这片土地的双重性。从澳大利亚属于英语国家这一情况来看，它与美国、英国这样的"中央"紧密相连。另一方面，即便是发达国家，澳大利亚也不是"八国集团"那样的大国。从地缘政治来看应该是"周边"吧。此外，它离亚洲也很近。由于有着既是"中央"又是"周边"的二元性，这里有很多拥有复杂感受的翻译家及校阅者。

在澳大利亚的社会学家中，有很多人将"雷达"集中在澳大利亚原住民的土地传承、非洲文艺复兴运动、南美独特的经济理论等开发南半球的观点上（Connell，2007）。我也受到了这种研究的启发。此外，也许离开了占领英语出版界的英美，反而可以更自由地规划和开展活动。总之，由于种种原因，我最终成了"偶然的出版人"。

以英美为中心的社会科学现状，多少可以被讽刺地称为"北大西洋横断同盟"。这种情况今后也还会持续下去吧。跨国大型出版社的管理状况也不会发生很大变化。"周边"的声音在不久的将来是否会具有全球影响力，我对此持悲观态度。但是，即使知道会战败，有时也需要聚集在战败者的旗帜下。这也叫作"千里之堤，溃于蚁穴"吧。许多蚂蚁除了在地下进行掘进外别无他法。

参考文献

Amano，Masako（2011）*In pursuit of seikatsusha*：*A genealogy of the autonomous citizen in Japan*. Melbourne：Trans Pacific Press.

Befu，Harumi（1980）The emic－etic distinction and its significance for Japanese studies，In Yoshio Sugimoto and Ross Mouer（eds），*Constructs for understanding Japan*. London：Kegan Paul International，pp.323－343.

Connell，Raewyn（2007）*Southern theory*：*The global dynamics of knowledge in social science*. Sydney：Allen & Unwin.

Kawai，Kaori（ed.）（2013）*Groups*：*The evolution of human sociality*. Kyoto：Kyoto University Press；Melbourne：Trans Pacific Press.

Neustupný，J V（1980）On paradigms in the study of Japan，*Social Analysis* nos. 5/6（December）：20－28.

Oguma，Eiji（2015）The history and future of Japanese studies，Paper presented to the Japanese Studies Association of Australia conference held at La Trobe

University from 30 June to 3 July on the theme of Rethinking "Eurocentrism".

Sugimoto，Yoshio（2014）*An introduction to Japanese society*，fourth edition. Cambridge：Cambridge University Press.

寺沢拓敬（2015）「「日本人と英語」の社会学」,研究社。

第5章
走向知识交流的重建
从学术出版角度思考大学排名与评价

铃木哲也

1　以"排名"为前提是否恰当?
——从学术交流角度思考

让我们从在《科学》(*Science*)期刊上发表的两篇有代表性的论文谈起吧。芝加哥大学社会学专业的 J. A. 伊凡思(J. A. Evans),从统计学的角度调查了从 1945 年到 2005 年发表的 3400 万篇学术论文的引用文献的相关数据。根据他的研究,自从大量学术期刊电子化之后,可以很明显地看出"引用的范围缩小了"。引用文献的总量并没有下降。发表的论文总量虽然越来越多,但被引用的论文数量却非常有限,而且论文中引用的其他论文的发表年份也逐渐变得更新。也就是说,只引用特定文献的倾向增强,学术论文一旦电子化后便迅速被消费。伊凡思将这一现象表述为"电子出版与科学及知识的狭隘化"(Electronic Publication and the Narrowing of Science and Scholarship)(Evans,2008)。

有数据表明事实上大部分的论文都不会被引用(如图 5 - 1 所示),这是在《科学》上发表的一篇论文的研究结果(Hamilton,1991)。美国的科学信息研究所(Institute for Scientific Information,ISI,现在是汤森路透公司的下属部门)使用的论文数据库表明,98% 的人文学与艺术学领域发表的论文从未被引用,社会科学稍好一些,但也有 74.2% 的论文从未被引用过。在自然科学和数学领域,物理、化学等学科也展现出了近似的数据,但是与医学(46.4%)、数学(55.5%)的数据不太一样,机械工学领域为72.3%,几乎和社会科学相差无几。在这份报告中,还登载了其他领域的具体数据,虽然从事该领域的读者也许会不太开心,但硬要介绍的话,99.9% 的戏剧学论文、99.6% 的建筑学论文、

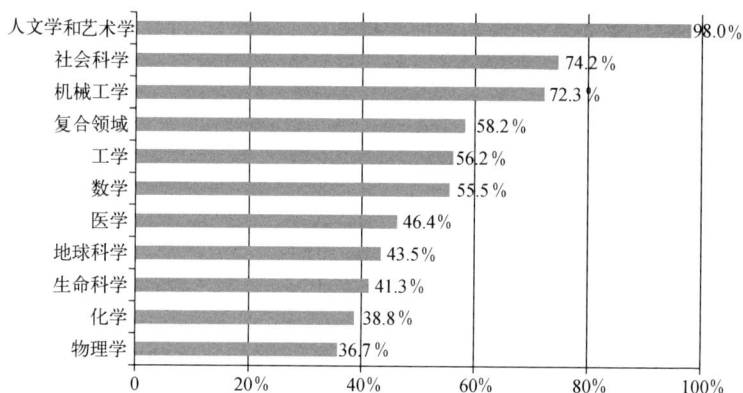

图 5-1　各个学科从未被引用过的论文占比

来源：Hamilton，1991。

98.2%的宗教学论文从未被引用过。

　　虽然这个报告发表于 30 年前，但是这个数字最近几年也几乎没有变化。在汉密尔顿的统计数据中，以尖端科学（top science）和社会科学为例，约 55%的论文从未被引用；在 2002 年到 2006 年的调查中，同样的数据库中依然有 59.4%的论文从未被引用（Bauerlein et al.，2010）。情况似乎更加严峻了。美国前副总统迪克·切尼的夫人、全美人文科学基金会（The National Endowment for the Humanities）的会长琳·切尼评价这种情况是"愚蠢无意义的人文学研究"（Insignificant Research in the Humanities）（Cheney，1991）。

　　"不被引用"就真的没有意义吗？暂且不提对切尼观点的反驳。正视学术交流的狭隘化现象本身在当今社会就非常重要，但在这里笔者想说的是，在大学排名依据的评价指标中，关于被引用论文数量的评价（文献计量学）是值得质疑的。由于论文引用的狭隘化而导致大部分论文几乎不会被引用，在这样的实际情况下却将被引用论文数量作为排名标准的基本数据来看待，这样一来，能够做出有意义的计量评价吗？

笔者常年从事大学出版部编辑负责人的工作。从尽力向学术界和社会传递有用的研究成果这一角度来考量，重视"影响"（影响力度）是很有必要的。然而，在这种情况下，不经思考地使用并没有被充分研究过的计量评价标准，会导致学术研究和大学的排名如同"儿戏"（Wilsdon et al.，2015），让人产生一种强烈的危机感。何况，在最近人文学、社会科学的研究组织改革成为问题之际，再回看这一情况，更是如此。因此，本章在涉及计量操作问题的同时，也将从学术交流的角度来审视"世界大学排名"的得失，通过重建与"知识型社会"（文部科学省，2009）相符的知识交流体系，提出一个让大学评价更有意义的建议。

作为准备，在第2节中，为了尽量不与其他章节重复，笔者将简述作为大学排名主要评价基准的计量论文评价的相关问题。在此基础上，第3节在介绍被媒体和集团控制的世界学术出版情况的同时，还会阐明"世界大学排名"是如何建立在危险的社会经济结构之上的。第4节、第5节对这本书想表达的内容，即如何超越现有的大学评价，结合学术界特别是人文学和社会科学为何会背离社会这一反思，以"培养对专业之外的关心"为关键词，提出建议。

2　无法衡量学术交流实际情况的文献计量学

（1）无法反映地域特色的数据库

在本书序章中，石川真由美指出，现有的大学评价大量运用了文献计量学的方法。基于引文索引（citation index）的影响因子（impact factor）的计量，原本是用于对学术期刊的评价，再说得过分点，只不过是大学图书馆（图书室）研究要采购哪本学术期刊时的一个参考数值，而这一指标却用于评价研究业绩。影响因子的设计者尤金・加菲尔德也对这一现象发出过警告（Garfield，1998；2005）。本书第 3 部分的论文，鲜活地揭示了可以称之为"悲鸣"的学术评价失真的具体表现。除了这些讨论，笔者还想指出的是作为这种计量评价的主要数据来源的论文数据库自身所存在的问题。

正如本书末尾《基础解说 2》中所说明的那样，引文索引数据库主要有汤森路透公司提供的 Web of Science 和由爱斯唯尔（Elsevier）提供的 Scopus，但无论哪一个，在内容上都有两个大问题：被登记的数据仅限于学术期刊，几乎无法统计书籍的学术交流程度，并且注册期刊有着强烈的以欧美为中心的偏向性。在这里我们先讨论后者的问题。

很明显，如果在基础的论文数据库中没有足够的源于日本的学术期刊的话，那么用现行的文献计量学方法对日本的研究进行测量就没有意义。用日语写的论文中引用了日语论文，对于在日本研究的人来说，这是理所当然的事，但这理所当然的事真的被纳入现行系统的考量了吗？答案是否定的。

表 5-1　艺术与人文引文索引（A & HCI）2015 年版收录的与日本相关的学术期刊

期刊名	发行者	发行国	使用语言
A + U – Architecture and Urbanism	A & YOU	日本	日语、英语
Asian Ethnology	南山大学南山宗教文化研究所	日本	英语
Eastern Buddhist	大谷大学东方佛教徒协会	日本	英语
Japanese Journal of Religious Studies	南山大学南山宗教文化研究所	日本	英语
Journal of Asian Architecture and Building Engineering	日本建筑学会	日本	英语
Monumenta Nipponica	上智大学	日本	英语

　　例如,在 Web of Science 中覆盖人文学领域的艺术与人文引文索引（A & HCI）2015 年的名单上收录了 1700 多本学术期刊,但是其中日本的学术期刊只有 6 本（见表 5-1）。另外,覆盖社会科学领域的社会科学引文索引（SSCI）收录的 3300 多本期刊中,日本及与日本相关的期刊只有 18 本,而且,这些发行者中出现了如爱斯唯尔、施普林格、威利－布莱克威尔这样的大型海外出版机构（见表 5-2）。

　　以历史学和社会学为例,在日本的人文社会科学领域,以日本和日本近邻为研究对象的研究占压倒性多数,要想计量这些领域研究的引用状况,这样的数据库就毫无作用。如上所述,由于采用的主要数据库自身偏向于以特定语言（主要是英语）为基础的欧美学术期刊,因此以文献计量学为依据的评价产生了强烈的偏差,这歪曲了非欧美圈的学术成果的公开方式,这正是第三部分各章,特

表5-2　社会科学引文索引（SSCI）2015年版收录的与日本相关的学术期刊

期刊名	发行者	发行国	使用语言
Asian Economic Journal	威利－布莱克威尔	日本	英语
Asian Economic Policy Review	威利－布莱克威尔	日本	英语
Developing Economies	威利－布莱克威尔	日本	英语
Environmental Health and Preventive Medicine	施普林格	日本	英语
Geriatrics & Gerontology International	威利－布莱克威尔	英国	英语
Hitotsubashi Journal of Economics	一桥大学	日本	日语、英语
International Journal of Economic Theory	威利－布莱克威尔	日本	英语
Japan and the World Economy	爱斯唯尔	荷兰	英语
Japan Journal of Nursing Science	威利－布莱克威尔	日本	英语
Japanese Economic Review	威利－布莱克威尔	日本	英语
Japanese Journal of Political Science	剑桥大学出版社	英国	英语
Japanese Psychological Research	威利－布莱克威尔	日本	日语、英语
Journal of Japanese Studies	（美国）日本学会	美国	英语
Journal of the Japanese and International Economies	爱斯唯尔	美国	英语
Library and Information Science	三田图书馆·信息学会	日本	日语、英语
Nursing & Health Sciences	威利－布莱克威尔	日本	英语
Psychologia	京都大学心理学会	日本	日语、英语
Social Science Japan Journal	牛津大学出版社	英国	英语

别是第8章描述的现象①。正如前一章杉本良夫提到的那样，笔者也自认是积极致力于英文出版的少数日本出版业者之一，但从"日本向世界发展"的积极意义上来说，笔者认为必须早日摆脱依靠以欧美为中心的系统的倾向。实际上，在非欧美圈，也有基于地域性论文数据库构建引文索引的动向，例如印度引文索引（Indian

---

① 但是，这个偏差并不一定会对日本大学的世界排名不利。这个奇怪的现象稍微考虑一下就知道原因了，详细情况请参照本书第11章。

Citation Index)将在印度发行的、通过同行评审的学术期刊作为主要数据来源,这成为了解印度国内的引用状况的重要来源①。然而,在日本还未听说过相关举措。

（2）出版物交流被排除在评价对象之外

问题不仅仅是地域和语言的偏差。笔者认为,以学术书籍为手段的学术交流在保证学问的跨领域交流、培养学问的健康发展方面,有着重要的意义（铃木、高濑,2015）。这件事在任何学术领域都是正确的,特别是在人文社会科学领域,由于其学术特性,学术书籍的成果公开是必不可少的。举个具体的例子来讨论。

例如,在探讨东日本大地震后的复兴和今后的防灾措施时,可以将狭义的"工程学技术"放在首位（带有引号是为了避免产生工学方面的误解）,从而切实保障人们的生活质量。比如说,考虑在日本列岛的平地海岸绵延设置高达十几米的巨大防波堤。实际上,宫城县等地提出了在县内海岸设置 14～15 米的防波堤的计划（田中,2014）。另一方面,对于这样的计划,当然也有人从景观美学的角度或者生态学的立场提出异议。即使建造了再大的防护建筑,恐怕也抵挡不了那种千年罕见的大灾害。把景观和生态系统搞得一塌糊涂,还要花这么大的成本,即使能抵挡百年一见的灾害,这期间的维护费用怎么办呢？从投入产出比的意义上来说,这也是无用的。

协调这两个立场以形成社会性的共识是不容易的。安全、安心是什么,便利性是什么,美感是什么,为了共同探讨这些问题的

---

① http://www.indiancitationindex.com/.

本质，就需要先对这一个个的论点下定义。虽然这样的对立，在水坝开发和河川改建时经常成为问题，但是除了土木工程，近年来其他议题也慢慢开始得到关注，比如生活质量。归根结底还是对与人的精神价值息息相关的技术和政策的评价。近来被热议的使用诱导性多能干细胞(iPSCs)进行医疗、药物开发就是具有代表性的议题。正如本章最后一节提到的，正因为这样的事情关系到每一个市民的切身利益，所以在对应用伦理学和社会工程学等领域进行专业研究的同时，不能完全依赖专家学者，而是应该让整个社会都参与思考。笔者希望将其称之为"现场哲学"，那么该如何构建"现场哲学"呢？

当然，在诸如自然和人的关系等问题上，全世界并没有统一的价值观。正如森崇英所指出的那样，基督教、伊斯兰教、佛教关于生命有各自不同的理解(森，2010)，还有超脱于各个社会的精神价值。精神价值并不是自然存在的，而是历史形成的。最初是在各自不同的风土人情之中耳濡目染的一种感觉，然后用语言进行描述，再从某种意义上加以总结，构建成体系，最后被下一代所继承。总之，精神价值是非常具有历史性和语言性的，如果不理解这层意思的话，就无法创造"现场哲学"。人文学在学术界对精神价值的历史性和语言性进行争论的同时，也承担着对社会进行质疑的责任。同时，人文学是指认识论、方法论这种各类科学的上层知识(元认知)本身。就社会科学而言，"社会"是什么，对于其结构、变动、规范等作为形成社会共识基础的各类事物，以及对这些事物的历史性和地域性的相关研究，有着超越专业领域的广泛作用(文部科学省科学技术、学术审议会学术分科会，2009)。

正如第4节笔者进行自省批判时所指出的那样，不管人文社会科学在现代社会中是否发挥了充分的作用，与之特性相对应的交流媒体的作用是无可取代的，而狭义上学者和专家间的交流媒体就是学术期刊。不仅如此，围绕人文社会科学的学者和专家间的交流，"出版物"就是其中心（文部科学省科学技术、学术审议会学术分科会，2009）。这样考虑的话，现在的计量评价系统只把学术期刊作为数据来源，很明显是有重大缺陷的。

但是，如果只是以上的质疑，可能会有人说"如果数据库有偏差的话，那纠正不就好了"之类的话。事实上，在 Web of Science 上已经有将书籍作为数据库对象的动向，Scopus 上录入了相当数量的书籍，虽然从学术图书整体的量上来说是极少一部分（参照《基础解说 2》）。但事情并非如此简单。关于研究的计量评价和大学排名中存在的问题，下节将从商业化的学术交流现场出现的种种实例来考察。

3　被传媒集团支配的"排名"

（1）由大型民间出版社垄断的学术期刊

加拿大蒙特利尔大学图书馆信息学研究生院的拉利维等人，分析了从 1973 年到 2013 年 Web of Science 收录的 4500 万篇论文，对学术出版中的寡头垄断情况进行了调查（Larivière，Haustein & Mongeon，2015）。据此，在这 40 年里，总部设在欧美的 5 家大型民间出版机构，即爱思唯尔（Elsevier）、威利-布莱克威尔（Wiley-Blackwell）、施普林格（Springer Science）、泰勒-弗朗西斯集团（Taylor & Francis）、塞吉出版公司（SAGE Publication）正在增加论文出版的占有率，即将许多学术期刊置于自己旗下，尤其是在集中度特别高的心理学、社会科学、化学领域，2013 年发表的论文中近 70% 是由这 5 家出版机构发行的（见图 5 - 2、图 5 - 3）。

受大企业垄断的影响，学术期刊的订阅费屡屡成为话题。图书馆的工作人员和自然科学界的研究人员都知道，以化学领域为例，2014 年每份期刊的平均价格为每年 4215 美元，即约 50 万日元（见表 5 - 3），学术期刊的购买费用令大学购置图书开销承受了巨大的压力。期刊价格在近 30 年内，根据领域的不同，上涨了将近 500 个百分点（图 5 - 4）。其中，爱思唯尔发行的期刊的订阅费是全世界研究者和大学图书馆一致抱怨的对象。在关于订阅费和开放访问的问题上，荷兰的大学图书馆和爱思唯尔谈判决裂，荷兰大学协会呼吁所属的研究人员马上从爱思唯尔相关期刊的编辑负责人的岗位上离职（《泰晤士高等教育》，2015 年 7 月 3 日）。据报道，如果爱思唯尔不让步的话，荷兰大学协会将会抵制同行评审，如果谈判仍然难以进展的话，他们甚至呼吁研究人员连论文都不要投稿[1]。

但是，大型出版社对市场的控制并不是单纯的价格问题。接下来，将介绍安德烈·希夫林的自传体报告（*André Schiffrin*，2002）中的内容，其中涉及与人文社会科学界出版相关的美国出版业的实际情况，并对欧美传媒集团的出版统治进行了探讨。

---

[1] https://universonline. nl/2015/07/02/dutch-universities-start-their-elsevier-boycott-plan.

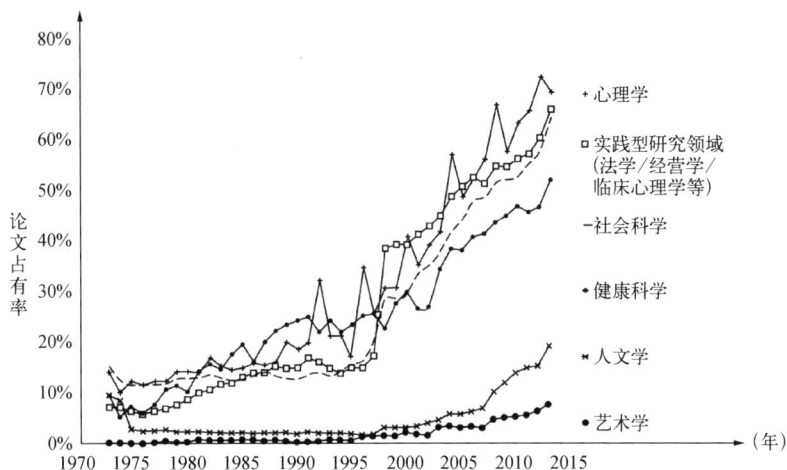

图 5 - 2　在人文社会科学领域五大出版机构的论文占有率（1973—2013 年）

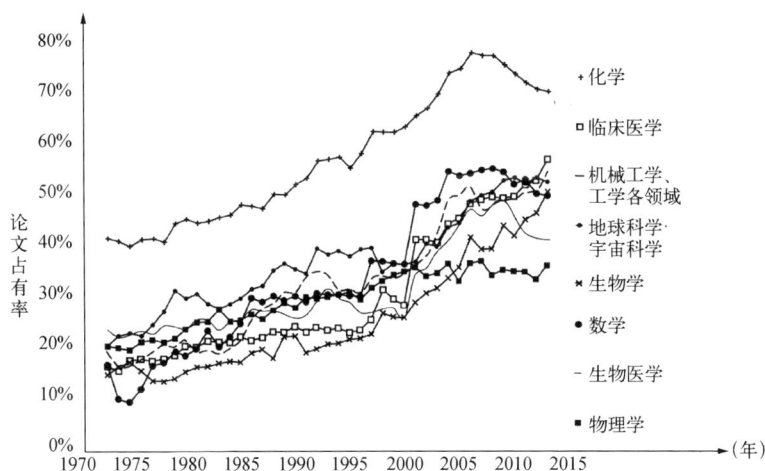

图 5 - 3　在自然科学、数学以及医学领域五大出版机构的论文占有率（1973—2013 年）

表 5 – 3　2014 年自然科学界各领域学术期刊平均价格(单位:美元)

领域	单册期刊平均价格
化学	4215
物理学	3870
机械工学	2785
生命科学	2520
天文学	2234
食品科学	2069
地质学	2031
植物学	1938
工学	1876
数理科学	1750
动物学	1746
健康科学	1479
农学	1422
一般科学	1370
地理学	1308

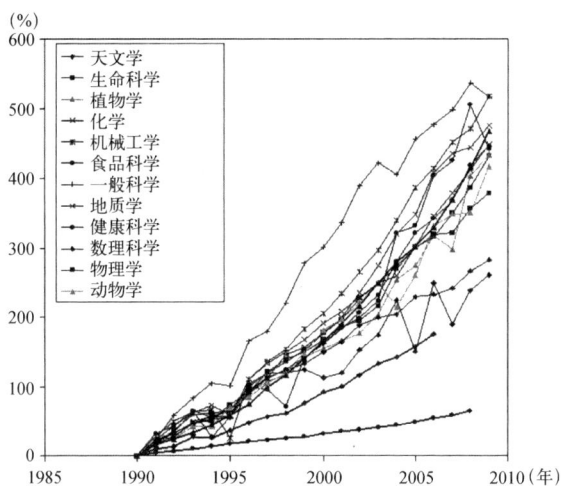

图 5 – 4　学术期刊价格涨幅(以 1990 年为基点)

（2）安德烈·希夫林的警告

　　了解希夫林的日本科研人员似乎并不太多，但他是应该和米歇尔·福柯、让·保罗·萨特、诺姆·乔姆斯基和约翰·道尔一道被谈论的人物。希夫林是一位美国出版人，其父亲杰克斯是流亡的俄国犹太人。如果没有那些逃过 20 世纪前半期动乱的欧洲逃亡者，美国的人文图书出版业是无法发展的。杰克斯出生于俄罗斯，在法国成为出版人，创刊了古典文学"七星丛书"（Pléiade），并以这套丛书进入伽利玛出版社，策划出版了"名门丛书"。尽管如此，第二次世界大战爆发后，由于其犹太人的身份，杰克斯被伽利玛出版社解雇。1941 年，他带着一家人流亡美国，和同样被纳粹驱逐的德国出版人库尔特·沃尔夫（第一次发行卡夫卡作品的人）一起，于 1942 年在纽约创立了万神殿图书（Pantheon Books）。此后，他在美国引进出版了以圣-埃克苏佩里为代表的法国流亡者的著作以及纪德、克洛岱尔、加缪等的作品，并与汉娜·阿伦特等许多流亡的知识分子进行了亲切的交流。

　　在这种自由环境中长大的安德烈，进入耶鲁大学学习后，在麦卡锡主义风暴中组织学生运动，并担任了全美学生运动中心"学生争取民主社会"（SDS）的第一任会长。从耶鲁大学毕业后，安德烈赴剑桥大学留学，留学期间担任英国著名文艺期刊《格兰达》（*GRANTA*）的主编等职，迅速发挥了作为出版人的才能。回国后他在美洲图书馆公司工作，同时就读于哥伦比亚大学研究生院。1962 年因父亲关系，进入万神殿图书公司。安德烈在那里的活跃程度是惊人的，他把欧洲的优秀著作一个接一个地介绍到美国，反过来又把美国人的优秀著作介绍到欧洲，可以说是横跨大西洋的知识共同体的优秀创造者。如果要列举在著作中向希夫林致谢的人，会看到一大串令人头晕目眩的人文学者。

但是，在本书第 1 章中，苏珊·赖特指出，希夫林的这种活跃，导致"从泰勒制（科学管理法）出发，再加上一剂麦克纳马拉主义"（Peters，2001）的企业文化侵蚀到了出版界，使其面临危机。当希夫林进入万神殿图书公司时，该公司已经被大型出版社兰登书屋收购，而兰登书屋也于 1965 年被称为当时美国电子事业帝国的RCA 公司收购。在那个时候，RCA 计划着开发教育教材机器的业务，通过掌握兰登书屋的教材编辑部门获得了很大的收益。但是算盘打得太早，这种买卖随着 20 世纪末个人计算机的普及而难以为继，这个收购不到几年就破产了。

但是，问题并不是在"大企业的暴力收购"这一点上。教材编辑部门是兰登书屋中最脆弱的部门，并且出版业务在规模和收益结构上都与电子产业完全不同，但 RCA 并不了解这一点。一句话来概括，卖一本书的收入是很少的，虽然也有不少书名声在外，但就是没有收益。换句话说，这种商业模式，就是用能赚到钱的书籍的收入，来弥补对知识体系建构有巨大影响却不赚钱的书籍的亏损。然而，成为母公司的 RCA 却要求旗下的出版社针对个别书籍削减间接经费并增加收益。用"由只关心金钱的会计们经营的伟大美国企业"（Peters，2001）的思想来支配出版业，其结果可想而知。最后，RCA 将万神殿图书的母公司兰登书屋转卖给了被称为"期刊王"的纽豪斯（Samuel Irving Newhouse，Jr.），他任命意大利的银行家维特莱为万神殿图书的新总裁。维特莱是一个一本书都不读的人，据说当他看到 1990 年预定出版图书的名单时，问道："谁是克劳德·西蒙?"公司的职员大吃一惊。顺便提一下，克劳德·西蒙于 1985 年获得诺贝尔文学奖，这位新总裁的方针只有一个——"只出确定能有盈利的书"。

那些写满陈词滥调的书自然无法吸引知识分子；可是有挑战性论点的书，不出版的话就越不知道结果。要确保从一开始就可以赚钱，那就只有随波逐流，只出版已经成名或者在大众媒体曝光率多的作者的书。反过来，因为只面向随大流的大众市场，内容自然就变成了陈词滥调。

结果，与维特莱激烈对立的希夫林被万神殿图书排除在外，于1992年创立了新出版社（The New Press），开展重视民主和公正、社会正义的独立出版活动。虽然希夫林本人于2013年去世，但新出版社至今仍在持续出版高质量的书籍。

（3）"读者"的消失
——现代商业化出版的黑暗面 1

从今天的美国出版业来看，大型出版商都是跨国资本媒体集团的一部分。兰登书屋隶属于德国贝塔斯曼，企鹅的母公司是英国的培生教育集团，哈珀·珂林斯隶属于被称为"媒体王"的基思·鲁伯特·默多克（Keith Rupert Murdoch）掌管的新闻集团。正如汤姆·汉克斯和梅格·瑞恩主演的爱情电影《电子情书》（*You've Got Mail*）一样，在美国过去的出版业界，中小出版社所出版的各种各样的言论通过富有个性的书店传播，这就是由图书馆和书籍俱乐部所支撑的出版业构造。但是，传媒集团开始认同新自由主义这一赤裸裸的拜金意识形态并以此控制出版业，独立书店也在与日渐兴盛的大型连锁书店之间的"自由竞争"中消失了。希夫林指出，出版界知识和文化的多样性正在逐渐丧失。

但是，这里需要注意的是，如果将目光转向书店，最近也能看到其稍有不同的一面。由美国独立书店构成的美国书店协会

（American Booksellers Asssociation，ABA）的会员数在 1995 年为
5500，2002 年减少至 2191，之后也持续下降（Hoffelder，2013）。
根据下村（2008）的数据，2004 年美国的书店销售总额（共计
168.09 亿美元）中，三大连锁书店——巴诺书店（Barnes &
Nobles）、博德斯集团（Borders）、BAM 书店（Books-A-Million）占
了接近 50% 的份额，大概 80 亿美元。但是，随着博德斯的倒闭
（2011 年），效率优先的连锁书店陷入苦战，独立书店开始复苏。根
据 2013 年的报告，美国书店学会的会员数从 1401（2009 年）上升到
了 1567（2012 年），销售额也从 165.1 亿美元（2009 年）大幅上升到
190 亿美元（2012 年）（Hoffelder，2013）。也就是说，"市民书屋"
恢复了活力。这与拙著中介绍的日本出版情况（铃木、高濑，2015）
大不相同。

　　之所以介绍上述内容，是因为虽然希夫林的警告不能原封不
动地用于日本，但从某种意义上来说，日本的学术交流恐怕会出现
更严峻的事态。笔者在拙著《如何写作学术书？》中认为，如今学术
交流最大的问题是，受在线化和电子化的影响，学术成果不再是
"知识"而是"信息"，这与发表媒体渠道的多样化相结合，导致了
"读者的消失"（铃木、高濑，2015）。也就是说，发表者（研究者和出
版者）不再关心"自己研究的受众是谁"了（详细内容请阅读拙著）。
在这里，笔者想从出版业的观点来讨论一下"读者的消失"。

　　相较于书籍销量呈上升趋势的美国，日本的书籍销量自 1996
年以来持续下降了近 20 年，出版社数量和书店数量都大幅减少
（铃木、高濑，2015）。其中，被称为日本第一综合印刷公司的大日
本印刷（DNP），最近将许多出版社、书店、出版关联企业子公司化
或附属公司化。

　　笔者并不想一概而论地批判这种动向。笔者一贯秉持的观点
是，日本的出版者，特别是大多数学术出版社，作为承担世界规模

学术交流的商业部门,各自的规模都太小,而要想利用规模优势发展商业,还需要一定程度的资本集中。特别是在出版流通现状的改善方面,需要业界的大力支持,因此,笔者认为资本集中是无可厚非的。值得注意的是,在这样的趋势中经常被提到的"B to B"(Business - to - Business)商业模式。众所周知,读书是个人行为,出版业基本是发行者(出版社)向读者即个人顾客卖书以回收费用的模式,即"B to C"(Business - to - Consumer)。与此相对,在今后的出版模式中,出版社传递内容的目的地不是个人顾客,而是企业、组织等商业部门,以及颇具代表性的图书馆等机构。这个观点似乎大多和对电子书的期待一起被提及,在图书馆相关人员中也有以图书馆为中心重新构建学习方式的想法,这样的动向也受到了他们的欢迎。

从笔者自身的从业经验来看,个人是最重要的顾客,即便在学术出版方面也毋庸置疑。在学术出版社中,确实存在着以图书馆的订购为主要目标,少量发行高定价书籍的业务模式。另外,在欧美的学术图书出版中,图书馆市场是很重要的,这也的确是事实(Thompson,2005)。就学术期刊而言,图书馆订购、研究人员在线阅览与向在线化转移及大型出版商的垄断统治并行,也就是说确实固定形成了"B to B"模式。但是,学术书籍的作用是,向关心自己研究领域的"二环外、三环外"的专业读者,或是为了成为专家学者而努力的学生们,传达新颖的研究视角和方法以及研究结果的意义与价值(铃木、高濑,2015)。笔者认为,对于学术书籍而言,"B to B"模式算不上是如鱼得水。

也许会有人提出反对意见,"不对,'B to B'后面应该有个 C(B to B to C)",也就是说,交给图书馆之后再让各个研究人员和学生阅览不就可以了吗?但是,即使是同样的学术交流,想要将知识内化为自己的东西和暂时将其作为必要的信息来利用,这两种态度实际上也大不相同（铃木、高濑，2015）。而且，购买和阅览的行为上的不同，也与知识的存在方式有关。进一步说，"B to B"模式对那些实际上想花钱购买的读者的需求漠不关心。反正如果图书馆能高价购买的话，对于作者（和出版者）来说，"读者"就不必考虑了。

　　笔者所在的京都大学学术出版社，除了出版发行不分文理科的基础学问素养的"西洋古典丛书"系列，对于个别领域的学术书籍，只要设定合适的价格，个人读者也可以自行购买，这样能够确保最低限度利益的生意。4000日元一本的书，作者相关专业领域的1000名读者购买，和1.2万日元一本的书，作者身边的专家和图书馆一起购买300本，收入确实是一样的。然而，从学术交流的观点来看，意义则完全不同。极端一点说，如果只关注少数的专家学者，就不必出版图书了。向学术期刊投稿，专家之间在网络上进行信息交流就足够了。本章最后要提出的建议是，跨专业学术交流的活跃才是"知识型社会"的必要条件，在这一点上，轻视读者、缺乏个人关怀的商业化出版业是存在问题的。总之，笔者希望出版业能更重视"B to C"模式，因为这是实质性学术交流的基础，而"B to B"模式还有其他问题。

（4）从言论自由来思考"B to B"模式
——现代商业化出版的黑暗面2

　　无论是书籍还是期刊，把学术成果编写成某种公开成果，就需要相应的成本。虽然这里没有篇幅能详细说明学术书籍的成本结构，但是如果不能从读者手中回收必要的成本，至少相对于"B to C"模式来说，"B to B"模式中图书馆和研究机构的购买价格就不得不上涨。"如果一本书卖 100 万日元的话,'B to B'模式是有可能的。"事实上,在购买电子书籍时,图书馆的购买价格有可能是普通零售价格的 10 倍(见表 5 - 4)。但是,对于这样的价格设定,图书馆和研究机构是否能达成一致呢?或者说,"增加图书馆预算就好"这种言论,国民能接受吗?公立图书馆自不必说,如果考虑到各种补助制度,私立大学图书馆的预算也会占用一些公共资金。这么想的话,出现类似"对于大多数纳税人都不会读的学术书籍,居然要花这么多预算"这样的呼声也不奇怪。更进一步说,甚至可能有这样的争论:"学术书籍不适合公费购买。"依赖"B to B"模式,从言论自由的观点来说也是危险的。

就这一点而言,更需要警惕在大企业的垄断之下,学术交流的自由流通是否会消失。价格高导致读者购买困难是学术交流的障碍,同时正如希夫林亲身经历过的那样,也很有可能会因为出版市场被大型集团垄断导致学术发表的机会受阻。虽然现在只是句半开玩笑的话,但也有不少研究人员苦笑着说:"如果被爱思唯尔、施普林格、威利-布莱克威尔盯上的话,就没有发表的机会了。"进一步说,根据领域的不同,发表和阅览的机会也有可能造成巨大的钱权勾结。"听说 5 家大型公司支配着大半的学术期刊?这不正说明,全世界未发表的重要学术成果都进入了一小部分民间出版商的服务器中吗?"如果是迈克尔·克莱顿[①],他大概会由这句话写出一部科幻小说了。

---

① 作家迈克尔·克莱顿因写出警告生命科学无序研究状态的《侏罗纪公园》而出名。

表 5 - 4　图书馆的电子书籍购买价格与零售购买价格比较（基于美国科罗拉多州道格拉斯郡图书馆的调查）

书籍名（美国最畅销的书）	图书馆价格		零售价格	
	OverDrive *	3M *	Amazon *	Barnes & Noble *
Go Set a Watchman	24.99	24.99	13.99	13.99
Grey	47.85	47.85	7.99	9.99
Paper Towns	12.99	12.99	3.99	6.99
To Kill a Mockingbird	12.99	12.99	9.99	10.99
The Girl on the Train	19.99	19.99	6.99	9.09
Selp-helf	—	—	11.99	11.99
All the Light We Cannot See	18.99	18.99	13.99	13.99
The Life Changeing Magic of Tidying Up	50.97	50.97	7.26	7.26
Speaking in Bones	84.00	84.00	10.99	11.84
Isle of the Lost	—	17.99	8.54	9.99
Between the World and Me	72.00	72.00	9.99	9.99
The Martian	45.00	45.00	5.99	8.39
Code of Conduct	12.99	12.99	9.99	9.99
English Spy	24.99	24.99	14.99	14.99
The Nightingale	60.00	60.00	8.99	8.99
The Rumor	84.00	84.00	8.99	14.99
Dark Places	29.97	29.97	2.99	6.99
Good Girl	22.45	22.45	6.99	6.99
Nemesis	16.99	16.99	11.43	11.43
Truth or Die	84.00	84.00	9.99	9.99
Zoo	84.00	84.00	8.99	11.82
Luckiest Girl Alive	15.99	15.99	11.99	11.99
Boys in the Boat	12.99	12.99	2.99	6.99
Love Letters	23.97	23.97	5.99	5.99
Naked Greed	18.99	16.99	10.99	10.99

单位：美元（Kozolowiki，2015）　　　—无法购买　　 * 图书经销商

（5）政策对出版控制有影响吗？
——现代商业化出版的黑暗面3

大型学术商业化出版容易受到国家政策影响。也就是说，很容易受到"现在的文教政策就是如此"这种以政策倾向为出发点的想法的影响。事实上，在大学出版人的聚会上，日本某大型出版集团发表的报告的第一页即以"高等教育文部科学省政策和学习风格的变化"开头，其内容节选自从中央教育审议会《为构筑新未来而改革的大学教育》（2012 年 8 月 28 日）。其负责人自信地说"这就是我们所谓的'圣经'"。坦率地说，笔者对此抱有强烈的违和感。

笔者并非反对中教审的报告。如果该报告强调的主动学习理念能实现的话，日本大学毕业生的质量会有切实的提高。另外，正如本章所主张的那样，日本在学术领域的战略构想远远落后于美国，在这一点上，笔者也深切感受到政策措施的重要性。但是政策并不总是妥当的，这 20 年的高等教育政策所带来的负面影响是显而易见的。对于学术界的人来说，认为所有的事情都带有两面性是很自然的思考方式，把一个政策文件称作"圣经"，认为其绝对正确的想法是错误的。倒不如冷静地审视政策的两面性，在欠缺的部分上更下功夫，这才是更有创造性的做法。不管怎么说，在这种危机的基础上，我们最好对今日之学术交流有一个清醒的认识。

（6）"世界大学排名"的社会经济构造

在日美书籍出版现状的基础上，我们再来看看学术交流中的垄断情况。爱思唯尔是在世界上拥有 200 多个分支机构的大型信息服务商励讯集团（Reed Elsevier N. V. Plc，RELX）的全资子公司。施普林格的母公司是欧洲的大型投资公司 BC 伙伴（BC Partners），泰勒 - 弗朗西斯集团是总部设在伦敦的跨国出版社英富曼（Informa）的一个部门。当你想到安德烈·希夫林的一生时，谁能说，在这样的大集团统治下的学术交流能保持自身的健全性呢？所谓的期刊订阅费问题，也不仅仅是因为"大型出版商的贪婪"而群情激愤这么简单的问题。我们有必要仔细观察并将其作为之前指出的"B to B"模式的出发点。

我们再来看看"世界大学排名"吧。提供排名基础的论文计量数据库，"在自己公司的网站上自卖自夸是'以商务和专业为目标，世界上屈指可数的知识信息源'的信息企业"——汤森路透的母公司，是本部在加拿大的信息有限公司伍德布里奇（the Woodbridge Company Limited）。汤森路透由伍德布里奇旗下的大型信息服务企业汤姆森收购名门通讯社路透社后重组而成。大型传媒集团旗下的学术期刊的论文被旗下的信息企业引用索引化，以此为基础测量出有影响力的东西，这就是当今世界大学排名的构造。正如藤井翔太在本书第 10 章中所指出的那样，传媒集团的目的是向全世界的大学推销咨询类商品，这样的关系简直就像被"收视率"绑架的广告公司和媒体之间的关系一样。

很显然,在被传媒集团支配的学术交流中构筑的,并且由其设立的"世界大学排名"带有多么强烈的偏向性。

4 大学内部存在的问题
——特别在于人文社会科学与社会的关系

(1) 替代计量学的登场

不管怎样,不适用于研究评价的文献计量学的方法招致了强烈的批判,如第 10 章藤井详细介绍的多维全球大学排名,现在也在摸索不以序列化为目的的评价方法。因此,这里要换个角度,不管用什么样的评价方法,大学和学术方面都要抱着自省的态度就内在的问题进行思考。

藤井在第 10 章的结尾处谈到了替代计量学(altmetrics),也就是"替代的指标"(alternative metrics)(Lin,2013)。简而言之,就是把用现有方法难以评价的学术研究的价值,按照在学术信息集成的各种数据库中被参考、阅览、下载的次数,以及在社交媒体和大众媒体上被提及数等数据,来分析其对社会的影响。

根据推进学术期刊访问开放化的 PLOS(Public Library of Science)的统计,用于文献计量学测量的要素有:"阅览"(Viewed,网页的阅览次数和文件的下载次数),"话题"(Discussed,学术期刊的评论、科学博客和维基百科等网站上的介绍,在 Twitter 和 Facebook 等社交网站上的被提及次数),"保存"(Saved,用户登录共享学术信息的社交网站的次数),"引用"(Cited,学术期刊、学术

书籍等的被引用次数），"推荐"（Recommended，研究者的推荐）
（Lin & Fenner，2013）。

如本章开头所述，在线媒体有对特定资源集中引用、信息消耗
速度快、价值不持久等倾向（Evans，2008）。因此，虽然利用社交媒
体的想法是划时代的，但正因为如此，越是新的论文就越容易受到
好评等问题也是可以预见的。尽管如此，为了评估，某些计量是不
可避免的。笔者觉得像文献计量学这种理念是很有潜力的。正如
藤井在第 10 章中详细介绍的那样，英国的 RAE 中也有重视社会
影响度的概念。然而，将"社会影响度"纳入考虑，对于学术研究，
特别是对人文社会科学的研究来说，需要有直面更大的挑战的
决心。

（2）历史学家在创造历史观吗？
——为什么会产生人文社会科学与社会的背离

有一个词叫作"司马史观"，即已故作家司马辽太郎作品中的
历史观，它对许多日本人的历史认知产生了影响。笔者也很欣赏
司马的作品，比如"街道漫步"系列等，连载刚开始不久正值本人的
中学时代，此作品培养了笔者对历史和地理的好奇心。但另一方
面，历史学家指出，在司马的代表作《坂上之云》等作品中，其近代
东亚观存在着各种各样的问题（中冢，2009）。但是，要说这样的批
评是否会对市民产生影响，无论怎么宽容地看待，这都只是历史学
家关心的问题。最近，因为发言过于反民主主义而招致反感的百
田尚树的著作，也可以说是同样的道理。

为什么会变成这样，笔者想从自身的体验出发来思考。坦白

讲,笔者虽然在文学部学习过,但高中时代却没有学习过日本史①。以某次体验为契机,笔者开始关注亚洲近现代史,特别是亚洲太平洋战争亲历者的史实研究,并和以"战争遗迹"为教材进行独特历史教育的池田一郎(已故)一起,写过一本小小的书②。尽管它很小,但笔者相信这本书对调查和保存遍布全国的"战争遗迹"的工作产生了重大影响。在编写本书的过程中,笔者感受到的是自1970 年以来,公民自行研究和讨论的有关诸如平民生活和战争经历之类的文献大量发行,而令人惊讶的是,由专业历史学家撰写的文章反而很少。其中,对战争末期城市生活产生巨大影响的建筑物疏散(强制疏散)等的研究,几乎被日本近现代史研究者所忽视。从建筑物疏散对战后日本城市计划产生巨大影响的观点出发,对建筑史和城市计划史领域有兴趣的研究者只有少许人。这种倾向至今仍未改变,以建筑疏散本身为主题的学术书籍直到最近才首次发行(川口,2014)。实际上,在该书中川口朋子也指出了这一研究史上存在的问题。

当然,日本因战争烧毁了许多文献史料,在这种情况下,将市民的体验进行历史化并不是简单的工作。以传统的文献史学方法无法触及的真相也很多,所以有必要从方法论视角来进行重构,比

---

① 这里所说的没有修日本史,并不是指在本章所讨论的"高中必修科目未修问题"。笔者高中所在的神奈川县立横滨绿丘高中,以不进行极端的考试指导而闻名,作为其中的一环,推荐报考国立大学的学生选修所有科目(比如学文科的学生,也要选修按当时科目分类的数学Ⅲ和物理Ⅱ等理科科目,学理科的学生也要选修社会科全科目)。尽管如此,笔者在入学考试前就将理科升学志愿改成了文学部,3 年级的 1 年时间里,完全没有认真听日本史的课。也就是说这完全是笔者的怠慢,事到如今还对教授日本史的 K 老师感到很抱歉。另外,"某次体验"是指大学入学后,我认识了当时在京都大学也很少见的菲律宾留学生,他告诉我,太平洋战争不是从"珍珠港事件"开始的,而是日军侵略马来半岛挑起的战争。这件事令笔者深切感到了自己的愚昧无知。
② 池田一郎、铃木哲也:『京都の「戦争遺跡」をめぐる』,つむぎ出版,1991 /1996 年。

如如何使用口述历史和文件以外的资料，如何进行史料收集和史料批判等。但是，令笔者感到担心的是，对历史学家来说，可能存在研究战争体验并不具有吸引力这种想法。追求体验性的东西，恐怕在发掘事实（fact finding）这一点上多少会引起一些关注，但是，对于短视的人来说，就会认为这种东西和范式转移（paradigm shift）类研究无法同日而语，这难道不会导致狭义的历史学意义和社会的意义之间的分歧吗？针对这一点，川口和同时代的研究人员开始进行将各种史料整合起来，从事颠覆现有近现代史观的研究（安冈，2014），这是一种非常令人高兴的趋势。

（3）为了弥补与社会的背离而采取的自省措施

在太平洋战争爆发 50 周年之际，美国史密森尼学会原本策划了"艾诺拉·盖"号轰炸机（在广岛投下原子弹的 B－29 轰炸机）和原子弹灾害展示会，后被迫中止，看来这种历史学者与社会背离的问题，似乎并不仅限于日本（Bromwich，1997）。自然科学的研究特性与社会实际性很强。例如，当地震、海啸、火山喷发、洪涝等自然灾害成为话题时，媒体上一般都会出现与该课题直接相关的自然科学研究者。实际上，从综合防灾和灾害复兴的角度来看，很多人文社会科学家也活跃于一线，但是这样的研究和实践却不为社会所知。结果，大学里经常见到医学类教员对人文社会科学类的教员天真地提问："你们研究的社会意义是什么呢？"

在这一点上，普林斯顿大学名誉教授、柏拉图研究者卡南（Alvin Kernan）等人对人文社会科学和社会的关系进行了自省式的全面研究，这非常具有启发性。他们将现代人文社会科学所存在的问题置于更广泛的社会层面上进行了拷问。这些拷问不局限于研究和教育方面，而是深入到支持研究的财源、"学术组织"的应有状态、阅读、图书馆、数字技术等广泛的领域。他们在评价人文社会科学新趋势的同时，正视其中的黑暗面，认真讨论人文社会科学在现实的美国社会中占据怎样的位置，承担怎样的功能和责任，应该怎样行动（Kernan，1997）。参考之前介绍的美国人文类图书出版的现状，在被新自由主义蹂躏的现代社会中，人文社会科学作为元认知和精神价值的形成者，其重要性有待被重新认识，但是这里并没有篇幅来做整体介绍。因此，笔者只从卡南等人的著作中介绍两个人——密歇根大学学务副校长、古代史学家约翰·德·阿姆斯（John H. D'Arms）和宾夕法尼亚大学教授、历史学者林·亨特（Lynn Hunt）的观点。

德·阿姆斯评价说后殖民地研究和文化研究从人文学的角度提出了新的问题，为欧美研究从西方中心主义的思考中摆脱出来发挥了巨大作用。但同时，他又说，"现实并不是独立于诠释者而客观存在的，一切都是'被构筑'的"。也就是说，如果只关注人文社会科学要颠覆传统价值，停止涉及"有意义、有启示性、伟大或被视为美丽的历史作品"的话，就会让人文社会科学自身与支撑人文社会科学的、那些一般社会所普遍关心的事物渐行渐远。德·阿姆斯指出，以前由人文社会科学承担的，对人类产生最深刻影响的问题的探索，现在已经被生物学、神经科学、认知科学、经济学、政治学所取代（D'Arms，1997）。

更有趣的是，亨特还阐述了文化研究内在的、更实际的危险性："文化研究将人文社会科学集合在一个屋檐下，为学院主任提供了一种缩小教师规模的便利手段。同样地，出于学科间整合的考虑，人文社会科学的教员都有相互兼容性，因此可能会有人提出即使淘汰很多教员也没关系的主张"（Hunt，1997）。

这里批判的并不仅仅是人文社会科学相关的事情。针对对研究缺乏理解的现状,我们不仅不应该指责对方的见识,反而应更加自省地考虑为什么会被这样理解。这种做法或许是从根本上重新审视所谓大学排名的必要之举。在第 10 章中,藤井介绍的英国德蒙福特大学(De Montfort University)和高地群岛大学(University of Highland Islands)以及阿伯丁大学(University of Aberdeen)等成功事例,即使看似微不足道,也应当将"如何利用国际援助将研究者产生的研究成果传递给社会,追踪并把握其二次、三次产生的影响"作为大学和学界今后最重要的课题。

5 做培养"跨专业关注"的大学
——支撑评价的知识重构

说起大学和社会的关系,毋庸讳言,这并不仅仅是大学和研究人员的问题,社会层面也应该负起责任来。仅仅由社会单方面向大学要求解释责任,并不能解决问题。笔者强烈地感觉到,现在社会对大学及其从事的研究漠不关心。以下讨论与笔者近年来所发表的著作(铃木,2015;铃木、高濑,2015)基本重合。学术出版应当承担起专家之间以及专家与非专家之间交流的责任。身为其中的一员,笔者希望能对本书整体的讨论做出贡献,在这样的立场之下,请允许笔者先重复自己的观点。

(1) STAP 细胞事件的启示
——美国的战略和日本的无战略

东日本大地震与随之而来的核泄漏事故发生后,市民对科学家的信任度大幅下降(文部科学省,2012)。屋漏偏逢连夜雨,在 2014 年引起社会骚动的 STAP 细胞事件,大幅动摇了学术研究的威信。一般人只将此事作为个人研究者的诡计，或者围绕生命科学的巨大的钱权交易来谈，笔者倒认为应该用"漠不关心"这个关键词来理解这个问题（铃木，2015）。

事件的背景是，在《大学设置标准》被修订以及随之而来的公立大学、研究机构的法人化进程中，市场竞争被引入研究领域，以及伴随着研究生院重点化，年轻研究人员的数量急速增加，他们面临工作岗位的严重不足。因此，一言以蔽之，为了获得资金和职位，敷衍糊弄的情形在研究一线普遍蔓延。然而更重要的是，包括这种现象在内，公众对学术研究的一线几乎没有兴趣，这意味着社会没有持有评价学术研究的标准。

最初笔者是冷笑着旁观了对 STAP 细胞的狂热和幻灭，但当看到媒体刊播出来的市民的言论时，才发觉其实大部分市民（和媒体）都对研究内容本身以及研究一线的现状不感兴趣。因此，笔者觉得作为一个站在媒体边缘的人，应该深刻地反省自己。在播放诺贝尔奖等新闻的一瞬间，社会对学术的关心似乎也短暂高涨起来了。但是媒体并没有传达给市民，得奖的那些研究有什么意义等实质性内容。学术出版就没有这种责任吗？当然，有时报纸一类的科学专栏等，会进行比较细致的解说。但是，一般市民看到的内容充其量也就到此为止，对更深层次的知识的相关报道并不多见。

政治学者片山杜秀评论了笔者也参与翻译出版的科普巨著《构建生命宜居的类地行星》（*How to Build a Habitable Planet*），并说"其内容体量相当于 100 本科学新书"（镰田等，2015）。这本书共 685 页，定价 6200 日元。虽然一开始其厚度会让人望而却步，但该书宗旨是"文科读者也一定要一口气读完"，而且书店里堆积如山的新书加在一起也敌不过这本书。如果仔细看日报上的评论文章，会发现有很多新书基本上都大同小异。这些跟下酒菜一样不痛不痒的知识与本质的、真正的理解相距甚远——在笔者看来这便是现代日本的问题之一。笔者也有幸将同样厚实的学术书籍翻译成日语出版过，每次都震惊于欧美出版界对这种大部头学术书的欢迎。这与之前所述的传媒集团的控制问题是否有关其实是一个很有意思的问题，但此处先搁置不说。总之，关于这一点，笔者马上想到的是，在"日本第一"盛行的泡沫经济时期，美国发起了主题为"Science for all Americans"（面向所有美国人的科学）（美国科学促进会，1989）的运动。在这个口号下，在美国为女性举办科学讲座等类似的活动被大力组织起来，结果怎么样了呢？笔者曾遇到一位美国人，他放出豪言："看看宇宙开发的现场，应该有很多女性吧。"这里需要注意的是，这个运动当然是基于国家战略的，但它不把知识局限在"国力"和"经济能力"等方面，还着眼于个人幸福，特别是培养未来孩子们丰富的好奇心和审美感受。与之相对，在泡沫经济崩溃后的日本，以"大学改革"的名义导入了废除教养课程和重视专门教育的政策。本书第3章中苅谷刚彦指出，这是基于"两个透镜"畸形时代观的赶超时代的国家政策。但是，其结果与所强调的"创造性的培养"相反，研究者和学生对自己的专业以外的内容都不关注，社会也降低了对知识的关心度。

（2）为了将来的领导者
——培养跨专业的关注

令人苦笑的是，在参加各种各样的学会时，学会成员之间（即广义上的同业者）回答相互提问时常用的句式是"我不是专业的，所以不太知道"。知识本来应该是在各种各样的领域积累起来的知识活动的整体，但是现在大部分的学术成果，只是作为按专业分类的"信息"单纯地被积累起来，或许连同业者也变成了不能相互参照的代码（铃木、高濑，2015）。同业者之间尚且不互为参考，一般市民的关心会骤降也是理所当然的。正如伊凡思所说的那样，这就是"知识的狭隘化"（Evans，2008）。

　　基于对这种原理的反省，笔者所在的京都大学学术出版社从2014年起，就以"致将来成为领导者的你——阅读跨专业的书籍"为题，举办读书会。这是呼吁大学生和研究生，让"理科的学生读文科的书""文科的学生读理科的书"。比如后一个主题的读书会，由原日本物理学会会长、本书第2章作者佐藤文隆亲自主持，阅读书目是其著作《爱因斯坦的叛乱与量子计算机》，配置十分豪华。

　　一开始就让笔者很吃惊的是，理科学生中有人高中时完全没有学习过日本史和世界史，反过来文科学生中也有不少人没选修过物理。也就是所谓的"高中必修科目未修问题"，听说有的高中不让学生修大学考试不必要的科目，而让学生集中学习必要科目（主要指的是中高一体制的学校），这其实就是发生在身边的事情。话虽如此，京都大学的有些学生只拥有中学程度的历史知识，就这一点来说，也算是严重的事态吧（把笔者自己的情况先束之高阁、硬着头皮说的话）。但是，令人抱有希望的是，这些学生绝对不认为历史未修、物理未修是一件好事。倒不如说他们有自卑感，一开始会提心吊胆地参加课程，每次参加读书会都会积极地预习，然后自信满满地发表观点，这时候，被佐藤先生一句话评价道："嗯，预习得很好啊。但是你把爱因斯坦的这个言论放在标准理论中，而当时根本没有标准理论。"学生们当下的反应真是想让人拍下来。也就是说，如果科学的历史不是根据当时的框架来评价其成就，而是从今天可以达到的标准来讲述，那么就只会变成一种"胜利者的历史观"。对此，包括一些专攻历史学的人在内的文科学生，如同被点中了要害一般，呆呆地愣住了。受到这样洗礼的他们将来会迎来什么样的研究生涯和职业生涯，笔者真的很期待，但在这里笔者想到的是加利福尼亚大学伯克利分校（UCB）教授理查德·穆勒的实践。他从 20 世纪 90 年代到 2009 年,以人文社会科学专业的学生为对象,教授不需要数学训练的现代物理学的理论和历史。正如在 UCB 的才俊们之间博得好评的这个讲义的题目"为了未来总统的物理课"(Physics for Future Presidents)所显示的那样,穆勒所信奉的是,这些青年才俊将来无论是进军政界还是经济界,在他们做决策的时候,掌握关于法律、政治、经济等的专业知识自不必说,专业外的自然科学素养也是很重要的。所谓"大学排名",对于社会来说,是对如何有效地支持大学和学术这一问题的评价;对于大学来说,是如何与社会结合并改善自身发展的指标。为了更正确地进行这样的评价和基于评价的决策,不仅需要改革评价系统,还需要重新审视支持评价系统的知识,特别是作为评价者的领导者的知识结构。

而且,在具备高度专业性的同时,培养了广泛的"跨专业关注"的大学,实际上不正是对构筑新的世界秩序、社会秩序来说做了最大贡献的大学吗? 从学术出版的角度出发,笔者希望提出带有自省的建议。

参考文献

Bauerlein,M,et al. (2010) We must stop the avalanche of low‐quality research,*The Chronicle of Higher Education* (June 13,2010).

Bennett,DC et al. (2007) Presidents letter (May 10,2007:on a new approach to rankings of colleges and universities compiled by U. S. News and World Report).http://www. educationconservancy. org/presidents_letter. html

米国科学振興協会(1989)「すべてのアメリカ人のための科学」(日本語訳版) https://www. project2061. org/publications/sfaa/SFAA_Japanese. pdf

ボック,D(2015)『アメリカの高等教育』(宮田由紀夫訳),玉川大学出版部(原著:Bok,D,*Higher education in America*,Princeton:Princeton University Press,2013)

Bosch,S and Henderson,K (2014) Steps down the evolutionary road:Periodicals price survey 2014,*Library Journal* April 11,2014. http://lj. libraryjournal. com/2014/04/publishing/steps-down-the‐evolutionary‐roadperiodicalsprice‐survey‐2014/

Bromwich，D（1997）Scholarship as social action，In Alvin Kernan（ed.），*What's happened to the humanities?*，Princeton University Press：Chapter 11.

Cheney，L（1991）Foolish and insignificant research in the humanities，*The Chronicle of Higher Education*（July 17，1991）.

D'Arms，JH（1997）Funding trends in the academic humanities，1970—1995：Reflections on the stability of the system，In：Alvin Kernan（ed.），*What's happened to the humanities?*，Princeton University Press：Chapter 2.

Evans，JA（2008）Electronic publication and the narrowing of science and scholarship，*Science* 321：395‐399.

Garfield，E（1998）The impact factor and using It correctly. *Der Unfallchirurg* 101（6）：413‐414.

—（2005）The agony and the ecstasy：The history and the meaning of the journal impact factor，presented at the International Congress on Peer Review and Biomedical Publication，Chicago，U. S. A.，September 16，2005，p.1

Hamilton，D（1991）Research papers：Who's uncited now?，*Science* 251：25.

林和弘(2013)「研究論文の影響度を測定する新しい動き — 論文単位で即時かつ多面的な測定を可能とする Altmetrics」『科学技術動向』2013 年 3,4 月号：20—29 頁。

Hoffelder，N（2013）Amazon slayed a negative 77 indie bookstores in 2012，*The Digital Reader*，September 23，2013，http：//the-digital-reader. com/2013/09/23/

Hooker，B（2009）Scholarly（scientific）journals vs total serials：% price increase 1990—2009（http：//sennoma. net/? p＝624）

Hunt，L（1997）Democratization and decline? ：The consequences of demographic change in the humanities，In：Alvin Kernan（ed.），*What's happened to the humanities?*，Princeton University Press：Chapter 1.

鎌田浩毅・片山杜秀・山内昌之(2015)「文藝春秋」(五月号)鼎談書評「文系読者でも一気読み必至の「宇宙通史」!『生命の惑星　ビッグバンから人類までの地球の進化』(チャールズ・H・ラングミューアー,ウォリー・ブロッカー著/宗林由樹訳)」，http：//gekkan. bunshun. jp/articles/‐/1283

Kernan A（ed.）（1997）*What's happened to the humanities?*，Princeton University Press(邦訳 A・カーナン編「人文科学に何が起きたか — アメリカの経験」(木村武史訳)玉川大学出版部,2001 年)

Kozlowski，M（2015）How much money do libraries spend on e‐Books?，*Good‐E‐Reader*，September 6，2015，http：//goodereader. com/blog/american‐library‐association/howmuch‐money-do‐libraries‐spend-on‐e-books

川口朋子(2014)「建物疎開と都市防空 —「非戦災都市」京都の戦中・戦後」(プリミ

エ・コレクション 41）京都大学学術出版会。

Lariviere V，Haustein S and Mongeon P（2015）The oligopoly of academic publishers in the digital era. PLoS ONE 10（6）：e0127502. doi：10. 1371/ journal. pone.0127502

Lin，J and Fenner，M（2013）Altmetrics in evolution：Defining and redefining the ontology of article‐level metrics. *Information Standards Quarterly* 25（2）：20. doi：10.3789/ isqv25no2.2013.04

文部科学省（2009）「知識基盤社会を牽引する人材の育成と活躍の促進に向けて」。

文部科学省（2012）『科学技術白書〈平成 24 年版〉強くたくましい社会の構築に向けて ― 東日本大震災の教訓を踏まえて』日経印刷。

文部科学省科学技術・学術審議会学術分科会（2009）「人文学及び社会科学の振興について（報告）―「対話」と「実証」を通じた文明基盤形成への道」。

森崇英（2010）『生殖・発生の医学と倫理 ― 体外受精の源流から iPS 時代へ』京都大学学術出版会。

中塚明（2009）『司馬遼太郎の歴史観 ― その「朝鮮観」と「明治栄光論」を問う』高文研。

Peters，T（2001）Tom Peters' true confessions，*Fast Company*，53：80‐92.

シフレン・A（勝貴子訳）（2002）『理想なき出版』柏書房。（原著：André Schiffrin，*The business of books：How international conglomerates took over publishing and changed the way we read*，Verso，2000）

下村昭夫（2008）「アメリカの出版・書店事情を考察する」国立国会図書館編『米国の図書館事情 2007 ― 2006 年度 国立国会図書館調査研究報告書』（図書館研究シリーズ No. 40），社団法人日本図書館協会。

鈴木哲也（2015）「「専門外の専門書を読む」読書会 ― 21 世紀市民の「教養教育」を大学出版部が担う」『大学出版』103 号，20―23 頁。

鈴木哲也・高瀬桃子（2015）『学術書を書く』京都大学学術出版会。

田中克（2014）「森里海の連環から震災と防災を考える」『防災と復興の知 ― 3・11 以後を生きる』第 2 章，大学出版部協会。

Thompson，JB（2005）*Books in the digital age：The transformation of academic and higher education publishing in Britain and the United States*，Polity.

Wilsdon，J.，et al.（2015）*The metric tide：Report of the independent review of the role of metrics in research assessment and management*. DOI：10. 13140/ RG.2.1.4929.1363

安岡健一（2014）『「他者」たちの農業史 ― 在日朝鮮人・疎開者・開拓農民・海外移民』京都大学学術出版会。

第三部分

排名与世界高等教育的重组

第6章

大学的"世界级"竞争与全球性"阶级斗争"

戴维·波斯特（David Post）

服务与创意类商品在世界范围内的交易,不仅加剧了该领域围绕市场份额的竞争,也迫使从事该类产品生产的部门之间为实现更高排名而相互竞争。

与汽车和手机行业的全球市场类似,全球化也使得一些大学及政治家形成了一种理念,即应该存在一种能够评估大学服务质量的共性及其产出价值的方法。在高等教育领域,也有一部分人希望创造一种能比较投资与回报的通用"货币",从而可以让高等教育的消费群体(学生和企业)跨越国界消费,劳动群体(教师和研究人员)更具灵活性(为了以更高的效率和更低的成本实施外包)。这种理念虽不新颖,但近年来呈现出加速发展的态势。"欧元区"理念带来了包括跨国合作在内的诸多收益,如作为本书刊行的前期基础——我们所从事的共同研究项目正是国际研究协作的例子。然而,该理念带来的不仅仅是收益,也会产生一些成本。这种现象是新时代知识劳动者为了能够支配自己生产出来的产品而做的斗争,甚至可以称之为一种新的"阶级斗争"。

如果全球化意味着应该使用一个共同标准来衡量和评估包括无形商品在内的所有"商品",那么这种假设可信吗?虽然缺乏说服力,不过至少不可否认这种假设的存在。例如,油、大米和电的购买已经使用了同一种可兑换货币。也许有一天,温室气体排放也会有一个全球性的市场评估方法。那么,个人服务的价值以及艺术、音乐、食物、美容等方面的价值是不是也应该有一种共同的衡量标准呢?为什么对大学(甚至是神殿、寺庙、清真寺、教堂和犹太教堂)效率的评估与对砖厂效率的评估不同?如果大学的真正目的是培养在世界经济领域内可以相互替代的、超越国界的劳动者和全球性通用的学生"阶层"的话,那么大学的价值必须是可以相互比较的,这一主张至少是成立的。此外,还有一点也是现实的,即研究成果的消费者(制药行业、软件开发行业或军事产业等)

现在拥有超越文化和国家差异的共同商业利益。从这个角度来看，知识消费者的国际化创造了一种新型的并为之服务的大学种类——"世界一流大学"。在这样一个产出劳动者和研究成果的场域内，这些工作人员和研究成果可以在全球的任何地方进行转移和生产。

1 "世界一流大学"优势地位的三个经典视角

积极参与"世界一流大学"建设的人们，拥有将这一最新动向理论化的基础。世界上很多古典理论学家，包括卡尔·马克思（Karl Marx）、埃米尔·涂尔干（Émile Durkheim）和马克斯·韦伯（Max Weber），都对知识生产和大学的功能进行过讨论。

马克思本人除了将教育视为生产的副产品外，很少谈论教育。[①] 当然，马克思详细讨论了工人与劳动产品之间的关系，将二者的关系称为"异化"（alienation）。资本主义使工人与劳动分开，他们既不能拥有也不能控制自己的产品。重获生产能力控制权的斗争是推动历史前进的动力，但劳动者首先必须具备对当前劳动关系的正确意识，以及对自身利益的正确意识，而不是他们对统治阶级的价值观和意识形态观念的"错误意识"。

与马克思相比，涂尔干将复杂经济中劳动分化的历史演变视为对"机械团结"（mechanical solidarity）削弱的必要回应，这种"机械团结"整合了农民社会。民族规范取代了地方风俗习惯、宗教和地方语言，将以前的多个小社会整合成一个更大的民族社会。也

---

① 马克思在《德意志意识形态》中曾写道："支配着物质生产资料的阶级，同时也支配着精神生产资料"。

许同样的进程正在世界范围内发生。涂尔干的博士论文《社会分工论》论述了封建社会向现代社会发展的结果。他注意到随着民族语言的深入使用,地方宗教和方言会消失,职业取代了以前把家庭联系在一起的地方组织,他称之为"机械团结"。在涂尔干看来,随着历史的发展,家庭之间甚至民族之间的深刻差异也会消失。这是一种好现象,因为至少在他看来,这些深刻的差异是不可取的:"地域的区分越是流于表面,该地区的人就越发达。"按照涂尔干的观点,高等教育全球化是一个自然进化的过程,这个过程已经消除了法兰西共和国内部的地方身份和宗教差异(当然,涂尔干认为由于其世俗和放荡,他已逐渐背离了自身的犹太人教养)。全球专业人士统一使用的世界语言代表着向世界共同体发展的必然趋势。

马克斯·韦伯的观点也可以用于解释排名上升和职业资历普遍性的合理化。与涂尔干不同,韦伯没有从积极角度看待上述问题。在官僚制的现代体系中,公务人员必须学习并获得资格认证才能开展工作。这种学习是教育的目的,专业知识的认证是官场(或"官僚")规则的副产品。

> 过去,祖先们是按照同等门第或入教资格、可就任的官职等进行选拔的,如今教育资格证书起到了这个作用……教育资格证书可以保证其持有者在社会和经济上处于垄断的有利地位……提倡采用一定的课程学习和专业考试的呼声不断高涨,其幕后背景,与其说是突然觉醒的"知识欲望",倒不如说是教育资格证书的持有者为获得垄断的有利地位而在人为地限制可以获得"有利"地位的人数(Gerth & Mills,2009:241)。

与涂尔干相比,韦伯并不认为专家使用的价值观在任何规范意义上都是积极的，这只是官僚制理论发展的必然过程。此外，马克思认为，随着工人重新获得对生产产品的控制权，社会会实现进一步的发展。而韦伯则持相反的观点，认为抵抗是无用的。

由于语言与思想之间关系密切，围绕语言的借用（外来语等）和规范的争论具有深远的意义。也许有人会引用欧洲后现代主义者的观点，但笔者想提及的是另一位，即 20 世纪 30 年代的美国火灾巡视员本杰明·李·沃尔夫（Benjamin Lee Whorf），他创建了心理语言学。在总结中美洲、美国西南部和阿拉斯加本土语言的研究时，沃尔夫写道：

> 我们以自己出生后所掌握的语言路线来分割世界……分割自然，将其组织成各种概念，并赋予其意义。可以实现这一点，正是我们认同可以以各自的方式将自然体系化，这种认同也存在于我们的整个语言社区，并按照我们的语言模式进行编码。当然，这是一种不可言明、无法语言化的认同，但其条款又具有绝对强制性。如果不遵从基于这种认同而产生的数据的体系化或者分类，我们甚至无法再次交谈（Whorf，1956：212-213）。

沃尔夫描述的是作为个体的人的交流，但在不同的层面上，关于重要思想的组织和分类的认同（自愿或其他），都会使跨文化交流成为可能。定义这些认同并将其显性化可以使研究成果的潜在使用者和生产者认识到研究的局限性及其在该领域产生和发表学术研究的机会。在高等教育领域中，沃尔夫的观点具有重要的影响。

2 可预期的结果与不可预期的结果

高等教育尝试使用共同的评价标准对一般性专业知识的生产进行评价,其所带来的结果有可预期的,也有不可预期的。其中一个可预期的结果就是大学更加注重质量。而不可预期的结果包括两个:一是为了实现跨国境的比较,"质量"一词被重新定义;二是在各国家内部,大学需要努力生产出符合这种质量评价标准的东西,因此,不太具备可比性的东西就会受到较低的评价。美国学者菲利普·G. 阿特巴赫(Philip G. Altbach)在 2006 年就说过:"被认可的论文通常是发表在诸如科学信息研究所(ISI)等数据库公认的学术期刊上的。这些期刊的出版语言主要是英文,并按照美国和英国主要学术体系的规范进行选取。虽然英语逐渐成为科学领域的主要语言,但它不一定是人文、法律和许多其他领域的主要沟通语言。把诺贝尔奖等国际性的评价作为衡量优秀程度的代理指标,是对社会科学和人文科学以及不能被授予诺贝尔奖的其他领域的轻视,并会给发展中国家和世界上规模较小的大学带来不利影响。"大阪大学学者石川真由美研究了日本对《泰晤士高等教育》与汤森路透联合发布的大学排名的敏感性问题,2010 年此排名仅将 5 所日本大学列入世界前 200 强,而以前的数字是 11 所。石川尝试解释了 STEM 领域(自然科学、科学技术、工学与数学)与人文社会科学领域在方向性上的差异,并指出创建一个可以包含所有学科的单一大学排名方案是非常困难的。她的结论甚至比菲利普·G. 阿特巴赫的结论更为悲观:"'世界一流'与'全球卓越'的辉煌标签背后,世界大学排名不但没有降低学术界间的隔阂,反而使其进一步加深了。通过引用和被引用,增加了论文的产出和影响力值,大学在数字上呈现出繁荣状态。在创建世界一流大学的竞争背后，一些受排名和审计制度支配的大学纠缠于'琐碎事务'，而不是集中精力考虑如何提高创造力和创新能力"（Ishikawa，2014）。

在语言很重要的学科中，使用单一的综合标准对大学进行排名或确定"世界一流"大学的问题比其他学科更为严重。法学、社会学、哲学、诗学等学科具有每个国家独特的传统性，即使是在这些领域内的学者也面临着同样的压力，即追求由竞争所定义的"优秀"和"卓越"。优秀学术研究的个人产出和机构产出正通过在"国际"期刊（也许这是"英文"期刊的委婉说法）上发表文章进行比较。从积极角度来看，全球化促进了信息、价值观与问题意识的联系与共享，同时也推动了竞争，提升了共同研究方面的生产能力。而从消极角度来看，全球化导致了学术研究通用语言的单一性（通常是英语），使得某些被用于评估的学术期刊的使用率得以提升（几乎所有"排名"期刊都在北美和欧洲出版）。全球化增加了"同质化"的风险。这种倾向可能会导致那种难以与英语圈读者相比较的研究受到轻视。例如，中国香港地区教育用语比较、日本的人类学与斯里兰卡的僧伽罗语文学等相关研究。英语以外的语言研究以及英语圈读者不太感兴趣的话题，在优先使用英语出版研究成果的制度下，自然无法得到重视。

学术排名的主导者之一程莹（Cheng Ying）对大学排名持谨慎态度，认为并非所有的国家都要努力追求排名靠前大学的数量，因为"顶端"排名具有零和属性，一部分院校的排名上升则意味着另外一些院校的排名下降。程莹是"上海交通大学世界一流大学研究中心"的负责人之一，他指出：如果排名不是基于一所大学或一个国家的真正需求，那么就不应该鼓励去追求更好的排名或者更多的顶尖大学的数量（Cheng，2015）。但是，真的存在那种能够使排名系统与任何特定大学或国家的需求都一致的机制吗？

世界银行前高等教育协调员贾米尔·萨尔米(Jamil Salmi)提出了一种有效的方法,即将世界一流大学的评选视为三个重要条件——人才聚集、良好的管理体系和丰富的资源的组合(Salmi,2009)。萨尔米所描绘的用于解释三者关系的图是有效的,也引发了一些针对性的讨论(见图6-1)。

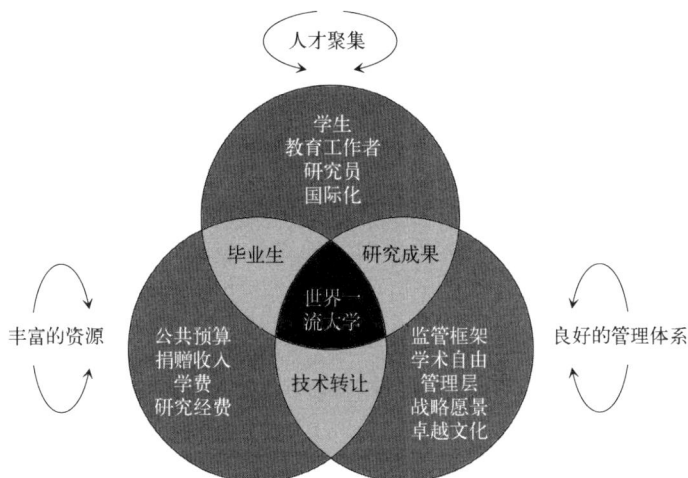

图6-1 贾米尔·萨尔米的"世界一流大学"概念图

大多数排名标准只量化某些特定领域(通常涉及"研究生产力"),这也是其饱受批评的地方。英国教育研究协会(The British Educational Research Association)前主席戴维·布里奇斯(David Bridges)指出,这些充其量只是大学质量的替代性指标,把它们当作达成目标来使用会带来很多问题。他写道:"当手段变为目标时,手段即不再为手段。问题在于,那些基于经验性的(外在的)质量判断指标,就会迅速成为人们想要实现的目标。由此,具体实践就会变形,外在的指标与内在的质量相互关联,原本的依据和背景也很难成立"(Bridges,2009；2011：33)。我们将这一观点应用于那些将大学预算分配与研究生产力挂钩的国家,就会发现,当指标成为目标时,寻找判定质量的客观指标就会变得非常困难。

从萨尔米的概念图中,我们可以得出的另一个批判点是关于学生的培养。大学应该培养什么样的学生？是好公民、好的劳动力还是幸福的人？由于教育经费的分配权被转移至地方,没有国家标准或指标来评估大学,这些问题成了美国教育工作者长期以来关注的对象。例如,在美国存在同时重视大学在促进社会流动性和衡量学生对社会的贡献度这两种标准的尝试[见《华盛顿月刊》(*Washington Monthly*)和《改变人生的大学》(*Colleges That Changs Lives*)中的可选择性评价方法①]。另一个重要问题是萨米尔的概念图中指出的教师的作用。教师并不是知识商品化的被动观察者,他们对自己的劳动转化为国际贸易的对象有进行批判的权利。

基于萨尔米的概念图示可以提出图 6-2 的问题——马克思主义的"劳动异化观"能否适用于高等教育呢？认清"世界一流大学"理念背后的结构性力量,是设计其他路径的第一步。教育工作者的共同利益是促进知识本身,而不是将其作为一种商品。从这个意义上说,"世界一流大学"的理念将在抵抗同质化的研究学者之间引发"阶级斗争"。例如,周祝瑛分析了高等教育政策对中国台湾地区的影响,该政策鼓励社会科学学者将论文发表在 SSCI 认可的期刊上,当然这些期刊几乎都使用英语。为了响应这一激励措施,2010 年超过 3000 名中国台湾地区的大学教师签署了一份请愿书,要求教育主管部门停止使用 SSCI 期刊作为评价大学生产力的指标。换作韦伯,无疑会预测在这种趋势的历史中,个体学者难以

---

① http://www.middlestates.pitt.edu/siteds/default/files/middlestatesfinalreportl.pdf.

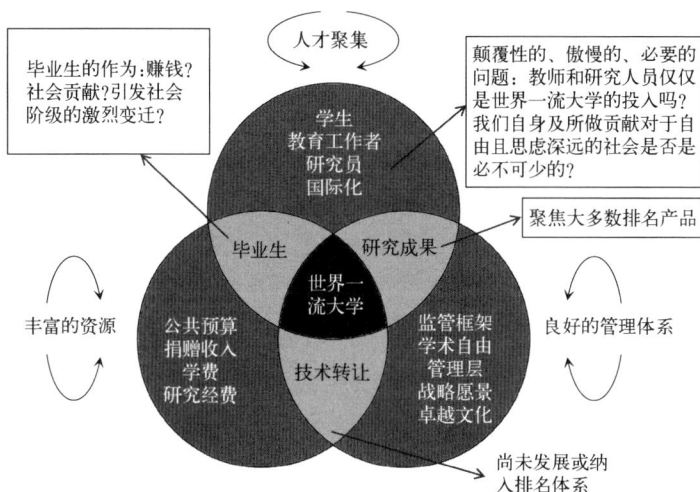

图 6 - 2 基于萨尔米的概念图对"世界一流大学"概念的批判

拒绝参与、承认或抵制这种新的管理形式。韦伯可能会惊讶于中国台湾地区教员们对以英文刊物为主的社会科学期刊实行排名制度的反应(Chou,2014)。但官僚制理论不足以解释中国台湾地区的经验,这也表明了韦伯理论的局限性。

如果说中国台湾地区的反抗运动有部分成功之处,即使该运动不能完全抵制评价制度本身,但至少可以提出公众和政治家们都认为重要的其他可选择的标准。美国一些大学因为本校运动队而不是教授的学术论文而出名,也有些国家的大学以产业开发的企业而闻名。或许我们需要的是把大学分成若干学院,这样就可以避免采取综合评价标准对整个大学进行评价。如果必须排名,那么至少要考虑高等教育的不同目的。上文提及的美国采用的两种标准也许值得借鉴。除此之外,我们作为大学的教员需要仔细审视排名系统会如何改变我们的工作。拥有质量评估权的教员也可以参考美国大学的认证方式，找到一些可参照的例子。这些美国的随机外部评价的例子可以与当今亚洲大部分地区的大学和教职员工的评估方式形成对比。就匹兹堡大学而言，民间评价机构美国中部州高等教育委员会（Middle States Commission on Higher Education）会对其进行周期性评价。2012 年的报告由纽约大学校长约翰·塞克斯顿（John Sexton）主持编写，报告的开头写道："匹兹堡大学作为世界一流研究型大学的声誉一直稳步提升。"①但该报告也讨论了匹兹堡大学内部衡量高质量研究和其他研究成果的评价方式，并强调了以下内容：

> 匹兹堡大学明智地将评估的方式分散化，从而允许各研究单位制定适合其具体情况的评价方法，同时坚持制定严格、有意义并与目标挂钩的措施。因此，各研究单位不单独设立评估办公室，而是负责审核评估目标实现的进度和结果；然后，通过记录在案的报告流程以及规划、评估和预算之间的联系来评估该单位的具体产出结果——换句话说，评估结果很重要。这种分散的方法注重过程，同时，评估过程也被用于实现大学所追求的目标。整个匹兹堡大学都制定了机构层面和项目层面的明确目标。各个项目组制定出了适用于各自任务的、学生应该达到的目标。发现并采用了适合评估学生学习目标达成程度和项目成果的方式，同时综合了多种定量和定性评价方式。该评估结果可用于改进课程、项目效果，学生体验和教育内容。

----

① http://www. middlestates. pitt. edu/sites/default/files/middlestatesfinalreport1. pdf.

3　知识工作者可以自主制定标准吗?
——结语中的提问

　　学术研究在未来将如何被评价? 评价的最终依据是什么? 大学的教员们又是如何看待全球化排名的? 在接下来的一年里,笔者希望可以调查自己所在的美国大学的教员发表的研究成果情况,并且希望最终能够弄清,为了回应压力,研究者是否会将研究课题转移到某些更有可能在"国际性"学术期刊上刊载的研究领域。在以英语为官方语言的机构内,他们不需要这样做,也无需认真思考所在机构的排名。① 压力是好事,不会让人陷入自我满足,也能保持精力充沛。但是,高等教育的核心目的之一是做批判性的思考,思考我们所做的事和不断为我们的社会提供创造力及努力的集体所做的事这两者间的关系;思考要做什么,以及为什么要这么做。反思之后,围绕优质大学的质量评价,一些国家的教育工作者可能会更愿意重新思考并自主制定综合的、互补的评价标准。

参考文献

Altbach, P (2006) The dilemmas of ranking, *International Higher Education*, 42, (Winter).

Bridges, D (2009) Research quality assessment in education: Impossible science, possibleart?, *British Educational Research Journal*, 35:497-517.

Bridges, D (2011) Research quality assessment: Intended and unintended consequences, *Power and Education*, 3:33.

Cheng, Y (2015) Academic ranking of world universities: Changes in world higher

① 北美学者对排名的重视程度相对较低。关于《美国新闻与世界报道》的全球最佳大学排名与汽车期刊《汽车与司机》间的幽默讨论,可参见加拿大作家马尔科姆·格拉德威尔(Malcolm Gladwell)发表于《纽约客》的文章,http://www.newyorker.com/magazine/2011/02/14/the-order-of-things。

education?，*International Higher Education*，42，（Winter）.

Chou，C. P（2014）The SSCI Syndrome in Taiwan's academia，*Education Policy Analysis Archives*，22：1－17.

Durkheim，E（1893）*The division of labour in society*，edited by Steven Lukes，New York：Free Press.

Gerth，HH and Mills，CW（eds.）（2009）*From Max Weber：Essays in sociology*. New York：Routlage.

Ishikawa，M（2014）Ranking regime and the future of vernacular scholarship，*Education Policy Analysis Archives*，22：1－22.

Salmi，J（2009）*The challenge of establishing world-class universities*，Washington，D：The World Bank.

Whorf，. B（1956）*Language，thought，and reality：Selected writings of Benjamin Lee Whorf*，edited by JB Carroll，Cambridge，MA：Massachusetts Institute of Technology Press.

Max Weber(著)阿閉吉男，脇圭平(訳)「官僚制」恒星社厚生閣。

第 7 章

在高等教育全球化中觉醒的中国

大学的国际化与海外事务所的活动

大谷顺子

1　对大学全球化的切身考察
——来自一线的汇报

在本章中,笔者将着重论述自己作为一名教育从业者(现就任于大阪大学,曾就职于九州大学)在高等教育工作中所感受到的全球化浪潮,特别是 2014 年 4 月至 2017 年 3 月间作为大阪大学东亚学术研究中心(海外事务所)①负责人时的工作体会。笔者还将结合自己在美国、英国、瑞士、中国的留学经历以及在其他国际机构中的工作经历,探讨自己对全球化人才的理解。

正如许多大学工作人员所感受到的那样,如今,日本文部科学省一味地追求用 5 年为期的大额资金竞争方式来振兴学术,而这种方式作为一种制度往往会伴随着限期"评价",因此许多研究人员不得不去追求短期的成果。世界大学排名也是如此,如果想获得更高的排名,就不得不根据排名及评估标准,集中精力提高短期成果。但是,与很多技术革新是需要通过长期(20 年至 50 年)的持续努力才会实现一样,对学术研究而言,长期努力必然会影响其最终成果的产出。对此,麻生渡(日本福冈县原知事、日本知事协会原会长、福冈工业大学高级顾问)曾表示,地方大学应该与深陷全球化竞争旋涡中的尖端大学有所区别,借助稳定的环境,进行长期的基础研究(2015 年 10 月 9 日,在日本国立大学协会大学管理研讨会"地方创生与大学"上发表的主题演讲)。笔者曾与麻生知事一同参加过福冈女子大学改革委员会,那时我们就曾围绕如何利用地方女子公立大学的优势培养更多全球化人才一事展开过广泛

---

① 大阪大学海外事务所简介可参见 https://www.osaka-u.ac.jp/ja/academics/overseas_center。

而深入的讨论。

　　顺带一提，日本文部科学省很喜欢将"革新"这一流行语广泛应用于"技术革新""新技术的发明"等意义上，但是这种翻译并不准确。在英文中"革新"包括新方法、新组合、新观点、新思维方式、新用途或特指创造行为等含义，它是一个涉及所有领域的概念，而并非为了将焦点集中于某一研究领域所产生的概念。虽说在澳大利亚的大学中，该概念也被广泛应用于教育学、海洋学等各个领域，但人们常将其用于指代具备实用性、能够改善人类生活的成果。不仅是理工科，在人文社会科学体系中，"革新"也是需要依靠长期且持续的努力才能产生的，仅仅以短期内提升世界大学排名为目标是无法实现"革新"的。

　　尽管笔者对世界大学排名心存疑虑，但作为大学海外事务所一员从事实际工作时，却又不得不常常面对这样一个现实——排名对大学而言确实很重要。例如，在中国，毫不夸张地说，只要一谈起日本的大学，人们通常只会想起东京大学和早稻田大学。就连笔者工作的大阪大学，人们也往往只会想到大阪是一个大城市，所以"大阪大学也是有的吧"这种程度，甚至对京都大学也抱有同样的看法。直到 2013 年，当笔者向中国的研究人员介绍"大阪大学的世界排名是第 49 位，比北京大学还要稍微高一些"时，他们通常会瞪大眼睛。不过，这已经是几年前的事情了，2014 年起北京大学在排名上赶超了大阪大学，而到了 2015 年 10 月，媒体上出现了题为《世界大学排名　东京大学从亚洲榜首跌落》之类的报道，这又会产生怎样的影响呢？

　　如此一来，就意味着连东京大学在世界大学排名比较中也表现低迷。据报道，东京大学排名下降的主要原因之一是"国际化"指标分数偏低，大阪大学排名下降的原因之一似乎也是如此。不过，国际化指标本身在排名中所占的权重并不高，因此我们并不能说国际化指标对世界大学排名产生了极大的影响。另外，日本大学的排名与中国大学存在差距的主要原因在于产学研合作。在中国，大学与企业的研发合作得到了高度评价，如后文所述，中国本身整合成为一个"大公司"也不足为奇。中国的国家体制和日本不同，这不仅仅体现在改革开放之前的计划经济时代，更表现在当下，中国企业的海外发展之路也有一部分是在政府的支持和政策保障下进行的。大学等研究机构同时也作为科学技术发展政策的一部分，为国家、企业、产业等培育人才。因此，在日本大学中常见的产学研合作的隔阂在中国并不常见。而且，只要方向明确，中国的体制更容易实现快速发展。

（1）世界大学排名的宣传效果

尽管笔者对"不应被世界大学排名所左右"这一说法持怀疑态度，但是如果在某一期间世界大学排名发生急剧变动，致使我们与中国的顶尖大学产生很大的排名差距，那么，毋庸置疑，在海外宣传中，推销大阪大学就会变得很困难。

还曾有这样的事例。2014年10月，日本相关高校访问蒙古国教育部门时，对方表示"蒙古国政府会向留学于世界排名前100位大学的学生发放奖学金，日本的东京大学、京都大学、大阪大学三所高等学府在名录内"。这个时候，名古屋大学的相关工作人员提出异议："这是以哪个排名为依据呢？名古屋大学可是培养出了诺贝尔奖获得者的高校。"当时正值3位日本科学家斩获诺贝尔物理学奖之际，各大媒体对此争相报道，但不知为何，在蒙古国这并没有引起多大关注。而在中国，诺贝尔奖早已成为大新闻，中国政府正在努力投资、培养诺贝尔奖的获得者，还设立了聘请诺贝尔奖获得者到中国大学教书育人的预算，相关研讨会络绎不绝。

话说回来，大阪大学能位列世界大学排名前100位，多亏了理科的优势。因为这个排名偏向于理工科的评估。另一方面，经济产业界一直对部分学科不能培养出可以立即发挥作用的新人而不满，人文学科对此也感到脸上无光。笔者所属的是人文科学研究生院，学校曾在院长及研究所负责人会议上传达过："（在学科排名上）理科能进入前10位，免疫学排名第1，但文科连进入全球前200位的都没有。"大阪大学的文科也面临取消、重组以及合并的压力。我们应该向哈佛大学学习。在哈佛大学，人文与社会科学学科并不关心世界大学排名，而是更加注重在哪个出版社出版了学术著作、哪位学者在重要的期刊上发表了书评等。

不过，也许其他大学的人会说："即便如此，大阪大学算是好的了。像我们这种，更是辛苦。"实情也是如此，如今日本地方大学受少子化浪潮的影响，约半数的私立大学都陷入了招不满学生的尴尬局面。目前，各地方大学在充分利用地方特色，尝试建立联合体以积极吸纳生源，但仍处于摸索阶段。对于各大学而言，"全球化"也是大学经营上的紧迫课题。日本政府在国家层面选定了37所"超级国际化大学"，大阪大学也入选其中，但国际化事业的推进压力仍然巨大。2015年8月，笔者前往墨尔本大学访问，该大学的国际部对日本的"超级国际化大学计划"制度展现了浓厚的兴趣。根据澳大利亚的国家政策，包括澳大利亚国立大学、墨尔本大学在内的诸多大学也在摸索应对高等教育国际化的发展之道。然而，现实情况是，澳大利亚大学财政的四成收入来自中国留学生支付的高额学费。这样一来，肩负着培养本国人才重任的顶尖大学很容易受到他国的影响，这并不是理想的情形。"全球化战略"备受关注，在未来，也会成为评价日本大学作用与地位的重要参考。

即使在总人口只有几百万的新西兰,中国留学生也是左右大学生存的救命稻草。有论点说,新西兰虽然只有 8 所大学,但相对本国人口而言依然过多。2011 年新西兰南岛的坎特伯雷地区地震后,有许多新西兰当地学生都拒绝入学或转学到坎特伯雷大学。此时,是中国留学生拯救了这些大学。在综合性大学人文社会学院不断缩小、大学理工科化的过程中,受孔子学院支持的汉语专业却存活了下来。不论是在新西兰南岛的坎特伯雷大学,还是在北岛的奥克兰大学,都能看到中国留学生信步校园的情景。比起英语,更常听到的是中文,街上还有很多"留学、移民"的广告牌。

(2) 不断涌现的国际合著论文

中国大学世界排名上升的因素之一是国际合著论文的增加。这也反映出一个事实,在美国或澳大利亚留学的中国留学生与其指导教师或研究室成员合著发表论文的机会越来越多。这种情况也适用于日本学者。由于中国留学生人数的增长是压倒性的,所以合著论文的数量也增速惊人。但如后文所述,这些论文中虽然不乏被引率很高的论文,但整体质量良莠不齐。当然,并不是发表论文的数量越多,其质量就越高。观察那些从中国大学毕业到日本读研究生的留学生后,会让人觉得,绝大多数的学生是在没有受到基本论文写作指导的情况下就顺利本科毕业了。简历上虽然写着毕业论文的题目,但实际读过就会发现,其中可以称之为论文的并不多。有的论文甚至连文献综述都没有,只是网络报道的简单堆积。上海某顶尖大学的教师曾跟笔者交流过:"因为学生人数太多,所以论文写作指导做得很不够,到日本留学后拜托先从基础性的指导开始。"随着留学等相关信息日渐发达,附在研究生入学申请书上的研究计划书写得越来越好。但实际上，入学后才发现，有的学生根本不具备执行研究计划的能力。一般情况下我们可以通过模仿既有文献的基本格式来写作论文，但有的学生甚至连这一水平都无法达到，缺乏最基本的训练。据说，美国和澳大利亚的大学教员也对中国留学生的论文写作能力表达了同样的担忧。值得注意的是，对于接收留学生的一方来说，在学生毕业之前，必须做好这一方面的指导，否则毕业生们就会陆续发表此类隐含风险的论文。

2015 年 11 月，笔者参加了在中国浙江大学召开的环太平洋大学联盟博士生论坛（APRU Doctoral Students Conference）。除了作为东道主的中国学生，也有很多来自澳大利亚、新西兰、美国、日本、俄罗斯、泰国、马来西亚等国家的博士生，大家相聚一堂进行研究成果汇报。包括中国香港大学原校长徐立之在内的诸位学者做了精彩的主题演讲。除此之外，爱思唯尔还就学术论文的写法、投稿方式等做了简介，这对研究生们来说是个绝好的学习机会。在笔者负责的社会学类论坛上，来自某知名大学的 9 位博士也进行了学术汇报，但论文质量让笔者非常吃惊。这 9 篇论文基本结构都不完整，参考文献的引用方式不准确，引用的图表也没有注明明确的出处。虽然本应对上述问题一一进行严格评价，但如果在这些事情上花费太多时间，就没有时间对基本的研究内容进行讨论了。作为中国的顶尖大学，本应该汇集很多优秀的学生，但是导师们能允许博士生们提交这样的论文，着实让人吃惊。为大学的"全球化"埋头苦干是很重要的，但也有必要冷静地分析藏在"排名"背后的实情。

（3）大学基础设施建设与排名

世界大学排名并不能完全反映大学教育和研究的实际水平，这样的例子很多。由于评估因素中包含了设备、基础设施投资等项目，近年来中国和韩国的一些大学受益于此，其排名一直在提升。当前，中国正不断加大对大学的投入，北京大学等知名高校已经建立了五星级会议中心，为国际会议、研讨会提供便利的环境，同时也致力于聘请诺贝尔奖获得者来华访问。近年来，中国西部地区的大学对基础设施的投资也在加大，譬如西安交通大学、新疆大学、新疆师范大学等不断搬迁到面积更大的新校区。中国的大学宿舍配备齐全，国际化服务质量高，吸引了大量海外留学生。这种规模的扩张在日本难以复制。浙江大学是近年来中国大学中排名最高的学校之一，有的年份其在世界榜单上的排名甚至会超过北京大学和清华大学。但杭州市的地理位置不如北京和上海，这在一定程度上影响了其知名度。为此，目前浙江大学正在为提升世界大学排名而努力，譬如与世界排名前十的大学缔结学术交流协议等。此外，新疆大学等在中国和世界大学排名中的位次都不高，但是由于其地理位置的重要性，中国政府正在采取措施使其在名声和实力上都能达到重点大学的水平。实际上，北京大学、清华大学、武汉大学以及上海各个顶尖大学都已经开展了一对一的援助（即对口支援），以提高新疆大学等高校的排名。此外，中国大学还在逐步扩大与哈萨克斯坦等中亚国家之间的学术交流活动，以促进留学生招生及国际化。

（4）"排名经济"的背后

近年来，围绕世界大学排名，各个大学还产生了一些困惑。2015 年 10 月，在日本九州大学举行的第九届"中日大学校长论坛"的一次非正式采访上，一位欧洲私企人员在解读世界大学排名时问道："您愿意为大学排名支付 400 万日元广告费吗?"这种问题的提出虽然不能说明支付了广告费就会提升大学排名，但这是一种无声的压力。日本国立大学无法支付这些费用。此外，2015 年 12 月在香港科技大学举办的东亚研究型大学协会（The Association of East Asian Research Universities，AEARU）会议上，我们从一位日本某大学工作人员处获悉，某个与世界大学排名相关的亚洲私人机构，以采访管理层为由访问了该大学，并在最后提出要大学支付 200 万日元的广告费。这只是针对该校校长的一次访谈，但是当该机构第二年再次联系该校却被拒绝时，对方机构断言道"去年见过我们的校长是不会拒绝的"。这就是大学排名背后的故事。

无论如何，世界大学排名的降低对亚洲的任何一所大学都是一种威胁。在中国香港地区，与香港大学齐名的知名大学——香港中文大学的排名也一直在下滑。香港科技大学，这所成立于1991 年的年轻大学已经上升为全港顶尖高校。这也得益于香港科技大学在一个可以欣赏到香港美景的山上建立了一座国际会议厅，通过在此举办各类国际专题研讨会，有助于提升其知名度和世界排名。

2 作为大学全球化信息渠道的海外事务所

目前,日本的各大学在包括中国在内的世界各国都开设了海外事务所。就大阪大学而言,继旧金山(北美中心)、曼谷(东盟中心)、格罗宁根(欧洲中心)之后,在上海开设了第四个海外办事处——东亚学术研究中心。大阪大学与中国的多所大学和研究机构签订了多项校际交流协议和院系级交流协议,积极开展研究人员及学生间的交流。

众所周知,日本的海外留学生当中,中国留学生的数量最多。但近年来,前往其他国家的中国留学生数量持续快速增长,赴日留学生人数却基本持平。基于这样的状况,大阪大学目前正在强化对中国留学生的接收工作,不仅限于经济发达的沿海地区,也正在努力吸引来自中国西部和内陆地区的优秀人才。与此同时,大阪大学各海外事务所也正在努力推进与包括中亚在内的更广阔地区的高等教育机构的合作与学生交流。

大阪和上海是友好城市,上海作为中国的枢纽,紧密联系着中国全境,而且上海及其周边也有很多顶尖的大学,在上海设立事务所的优势明显。

大阪大学东亚学术研究中心的活动涉及多个方面。例如,在2015 年 5 月召开的第 14 届中国大学生赴日访问项目中,以笔者所在的专业——国际灾害比较研究为主题,与会者就环境问题等中日共同关注的问题开展了学术交流。最重要的是,对于中日双方的学生来说,这是一次充分展示和交流各自研究成果的好机会。另一方面,从日本到中国的留学生人数也在不断增加,其中仍以学习汉语言的留学生居多,从汉语学习热中也可见中国经济的巨大影响力。不过近年来,从日本到中国的留学生,也不再局限于语言学习了。譬如，大阪大学的学生中，就有决定以博士后身份前往北京大学研修2年的学生。该同学之前对中国的了解不多，也不太关心，但在其专业领域（化学相关）内，北京大学近年来连续发表了多篇前沿的研究论文，这是吸引他的原因。中国赴日留学人员分布于各个领域，但从日本到中国留学的大部分都是去学语言的。而且，即使签订了短期交流的协议，但由于种种原因放弃去中国留学的人也比比皆是。以海外事务所为基础，开展国际交流以此消除这种留学专业的不平衡也是很重要的。

教育方面自不必多言，东亚学术研究中心也从事各类国际共同研究的支援活动。除已经与日本建立起密切联系的经济发达的中国沿海地区外，甚至连中国内陆的新疆大学，都以"丝绸之路"为联结，跨越国境与哈萨克斯坦的大学进行共同研究。与中亚国家哈萨克斯坦的学术交流对中国发展也很重要，也期待与中亚各国的交流取得实质进展。对于中国政府来说，"一带一路"倡议的推进不仅能加强中国与中亚的联系，也会将包括日本在内的全亚洲的繁荣和安全紧密联系在一起。实际上，中国内陆地区的大学与中亚地区的大学的交流涉及生态学、区域研究、能源、IT、纳米技术等多个领域。

毋庸置疑，在世界各国都出现少子、老龄化现象的情况下，随着大学教育的大众化，提供相对高品质留学服务的中国，人力资源极其丰富，也具备了应对高等教育国际化浪潮的条件。但另一方面，在高等教育国际化的压力之下，完全采用欧美方式也会让中国高等教育的一线从业者产生诸多困惑和抗争。下一节将具体介绍在全球化中摇摆不定的中国高等教育现状。

3　中国高等教育的全球化潮流

随着高等教育领域改革开放政策的推进，中国高等教育的规模不断扩大，转向大众化。通过放宽限制和引入竞争机制，高等教育的市场化、国际化也不断深入。在向改革开放路线转换之前，中国重点大学的建设和高等教育领域的留学生政策便已被定位为国家的重要战略；在转向改革开放路线后，"211工程"和"985工程"等面向重点大学的支持政策逐一出台。这两大国家项目在"十二五"规划的科教兴国战略中，被认定为高等教育的重点事业。这些政策的成效也体现在了《泰晤士报》和上海交通大学（软科）所发布的大学排名榜单上。在一系列政策的支持下，中国的大学、研究人员以及学生间的国内竞争日趋激烈，加之中国面向世界的开放，这也推动了大学的国际化。

（1）学生的就业难和留学生的增加

赴海外留学人数增加的背后是中国大学生面临的就业难以及中国的户籍制度对教育的影响。1949年中华人民共和国成立后，高等教育制度与计划经济相适应，大学生毕业后的就业去向按国家计划统一分配。从设立学部学科到学生毕业后的就业单位，都是根据国家制定的计划来管理的。学生们能够根据自己的意愿选择毕业后的职业，是近30多年的事情。1985年中国政府颁布《关于教育体制改革的决定》，明确要"改革高等学校的招生计划和毕业生分配制度，扩大高等学校办学自主权"。1993年颁布的《中国教育改革和发展纲要》对统一分配制度也进行了重新评估，"进一步扩大高等学校的办学自主权"并明确"改革高等毕业生'统包统分'和'包当干部'的就业制度,实行少数毕业生由国家安排就业,多数由学生'自主择业'的就业制度"。反过来说,20 世纪 90 年代之前学生无法自主择业,就业单位由国家来分配。所谓自由选择,也就意味着必须自己去找工作。

另外,在 1998 年公布的"面向 21 世纪教育振兴行动计划"中,提出了到 2010 年实现高等教育入学率接近 15% 的目标。结果显示,2003—2010 年仅 8 年间,中国大学毕业人数就增长了约 3 倍。1998 年中国的大学升学率为 9.8%,而到了 2008 年则达到了23.3%。1998 年高考人数为 108.4 万人,2008 年增加到 607.7万人。

在中国早年间的户籍制度下,城市户口和农村户口之间存在着很大的差别。城市户口享有农村户口没有的一些社会保障制度。同样的城市户口,北京户口和地方城市户口之间也有差距。由于大学录取标准在不同地域之间存在差异,户籍制度不仅对大学升学,而且对就业、结婚以及大学生的恋爱都产生了很大的影响。农村户口无法自由地向城市迁移,在大学就读期间农村户口可迁移为城市户口,而毕业后又要转回原户籍。如果能留在城市就业,就能继续持有城市户口,而农村户口在城市的正式就业也相对困难。能够重新获得城市户口的就业单位和职位是有限的,这就使得求职竞争变得非常激烈。即使没有取得该城市的户口,在城市生活也是可能的,但在养老金、医疗、教育、购房等方面存在诸多不便。大学毕业后到海外留学,以此为跳板在城市就业,也成为那个年代大学生们的生存战略之一。

再来看看中国海外留学生的变化。过去 10 年间,赴海外留学的中国留学生人数急剧增加,特别是去美国的留学生人数激增。赴日留学人数虽然也有所上涨,但近年来却停滞不前(见图 7-1)。

去中国的书店,以前看到的是《留学指南》一类的东西,现在变成了
《留学及移民指南》。如前所述,在新西兰的奥克兰,"代办留学、移
民手续"的招牌到处可见。在墨尔本大学的厕所里,整面墙都贴着
"如何成功留学""如何成功移民澳大利亚"等内容的讨论会信息。
留学成功的标准不是写出评价为 A 的论文,而是找到工作移民。

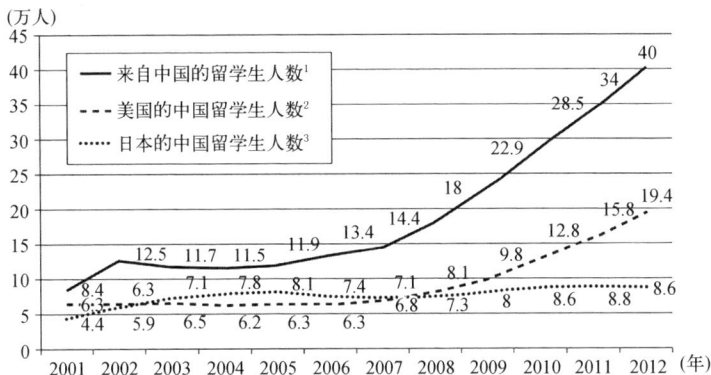

1 来自中国教育统计资料及中国教育在线出国留学趋势报告
2 来自美国门户开放报告中的教育机构国际交流数据
3 来自独立行政法人日本学生支援机构的外国留学生在籍状况调查

图 7 - 1　中国留学生人数的日美比较

来源:日本学术振兴协会北京事务所(2015a)。

(2) 注重基础研究的背后

日本学术振兴会北京代表处汇总的《国家报告(中国·研究
篇)》(2015 年 4 月 30 日)指出,伴随着中国经济的飞速增长,基础
研究和创新的发展势头正盛。中国的科学技术发展迅猛,研发支

出在 10 年间（2002 至 2012 年）几乎翻了一番，研究人员的数量也增加了 70% 以上。然而，从基础研究费用的比例来看，相比欧美主要国家 15% 以上的占比，中国仅有 4.8%。但是，这似乎也与 2015 年 10 月 1 日公布的世界大学排名中中国大学所取得的成绩有关。在与企业的联合研究和产学研合作方面，中国的顶尖大学明显优于日本，享有很高的声誉。2005 年到 2012 年间，分配给大学的基础研究费用的比例增加了 12%，达到了 55%。这表明大学在中国基础研究领域中的作用正在扩大。以此来看，科学类诺贝尔奖获得者的出现也只是时间问题吧。2015 年 10 月，中国女科学家屠呦呦与大村智（日本北里大学荣誉教授）等人共同获得了诺贝尔生理学或医学奖。屠呦呦 1930 年出生于浙江省宁波市，在北京大学医学院学习了当时在中国并不那么热门的生物制药专业。她学习过中医，并被任命为中国中医科学院的首席科学家，但她没有博士学位，没有出国留学的经验，也没有院士头衔，因此被称为"三无"科学家。无论如何，中国在科学技术领域的突破是令人瞩目的，在论文数量和影响力方面也表现抢眼。其中，可以看出高影响力论文的数量与国际联合研究的效果之间存在相关性。在 2000 年至 2010 年的 10 年间，中国发表的科学技术论文数量急剧增加了约 5 倍，接近美国的 1/2。在国际合著论文的数量（与高影响力成果密切相关）和被引论文数量方面，中国均呈现出惊人的增长。在国外学习的中国留学生与他们的导师以及实验室的同事一起，用英语发表具有高影响力的国际合著论文，并取得了国际性的成就（见图 7 - 2）。此外，国外大学的研究员对通过中国留学生获取的中国相关数据也十分感兴趣，这也创造了产生新知识的机会，由此可见研究交流的重要性。同时，相较而言，日本对高水平论文的贡献程度明显较低，因此需要重新审视今后的学术研究课题。如上所述，虽然有些论文的质量值得商榷，但总体而言，中国对世界学术成果做出了重大贡献,在数量和质量上都超过了日本。例如,2015 年 9 月在澳大利亚新南威尔士大学举行的"太平洋地区人口老龄化研讨会"上,三名获奖者中有两名是在澳大利亚攻读博士学位的中国人,另一名则是来自台湾大学的越南学生。这些都与世界大学排名的逆转息息相关。

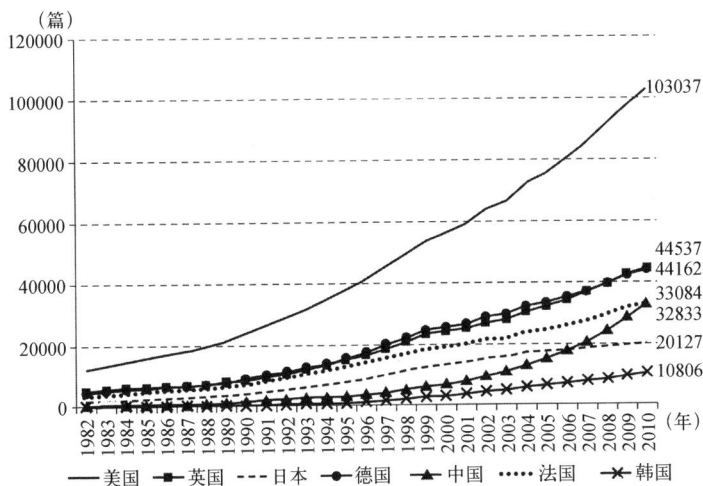

图 7 - 2　不同国家的国际合著论文数

来源:日本科学技术与学术政策研究所《科学技术指标 2012》。

　　但在这些光鲜成果的背后,"全球化"的阴暗面也正在折磨着中国的研究人员。论文发表数量的压力很大,甚至有些大学要求人文社会科学领域的研究人员也要每年发表两篇论文。据了解,北京有的大学曾因研究评价低,譬如连续 5 年未发表论文等理由,将 1 名教授降级。周祝瑛在本书第 8 章中提到的"SSCI 综合征",不仅影响了中国台湾地区,也影响到了中国大陆。其结果是,年轻的研究人员把自己关闭在实验室里,只能通过发表 SSCI 论文才能生存下来。这是人文社会科学研究面临的主要问题。在中国，很多高校均将 SSCI 论文作为重要的评价指标，甚至在业绩考核时会出现唯 SSCI 论的情况。因此，现实中拥有日本留学背景的研究人员，即使在日本享有高度评价的期刊上发表了学术论文，但因其不是 SSCI 论文，也不能用于大学的晋升申请。

（3）双学位——商业化的高等教育

在中国大学进入国际市场的同时，外国大学进入中国参与市场开发的浪潮也比日本活跃得多。中国和其他国家的需求似乎是匹配的。美国财团出资在北京大学和清华大学开设的英语国际硕士课程就是其中一个例子。

我们在访问中国的各个大学期间，各高校经常提议是否可以尝试实施双学位。也就是说，是否可以在四年内，分别在大阪大学和中国的大学就读两年以同时获得两所大学的学位。这种形式最早发生在高等教育商业化的英国等地。双学位原本只是在理工专科学校升格为大学时，那些所谓的新设大学以商业化的形式进入中国的手段，即以学位低价出售的方式推出双学位课程。但是现在，不仅"低排名"的大学，顶尖的大学也以此方式进入中国市场并存活了下来。

英国伦敦政治经济学院（The London School of Economics and Political Science，LSE）自 2004 年起开设了"北京大学伦敦政治经济学院暑期学校"，简称"LSE - PKU"。在该项目的第 12 个年头，即 2015 年，不仅学生能够在北京听取 LSE 课程，北京大学的教职员工也能自由地与 LSE 教师开展学术讨论。当然，这也为 LSE 教师听取北京研究人员的讨论提供了机会。笔者听过 2005

年的演讲,并参加了教师的联欢会,有趣的是,有些教授的发言非常学术化,而有些教授只是在单纯强调经济发展的政策。

无论如何,自从安东尼·吉登斯(Anthony Giddens)在 2003年卸任 LSE 院长,由英国中央银行的霍华德·戴维斯(Howard Davies)出任院长以来,大学经营越来越具有商业色彩,以开拓中国市场为战略。学生通过远程学习获得学分,无需前往伦敦也能获得学位,毕业典礼也在中国举行。曾是英国殖民地的马来西亚也采取了同样的方式。这样,商业化的英国高等教育机构实际上赚取了大量学费。在这一点上中国走向国际的愿望与西方追求利益的需求是一致的。

4　如何应对世界大学排名中的中国

无论如何,中国在世界大学排名中的地位令人瞩目。笔者曾于 20 世纪 90 年代中期到 2005 年间在国际组织内工作,于笔者而言,"觉醒于联合国外交中的中国"的动向是惊人的,但进入 21 世纪后,"在高等教育全球化中觉醒的中国"的势头更是让人吃惊。这不仅限于狭义的教育领域,"一带一路"倡议从 2015 年开始与高等教育政策相对接,国家层面的活力和巨大的投资优势正逐步呈现。中国对基础设施投资的迅猛态势是包括日本在内的其他任何国家都无法效仿的。放眼全球,论文数量也只有中国实现了飞跃性的增长。虽然前文已论述了论文的质量未必与数量保持同步,但其中具有较大影响力的高水平论文的数量也在持续增加。同时,中国对高等教育的投资还会持续增长。正如中国经济成为世界经济领头羊的日子即将到来一样,未来中国大学在世界大学排名中占据领先地位也不足为奇。在以经济为代表的综合国力逐步提升的大背景下，汉语作为国际语言的地位也随之提高，到中国留学的外国留学生数量也在不断增加。即使是在日语曾大受欢迎的澳大利亚和新西兰，现在对汉语的学习热情也超过了日语。根据国际货币基金组织（IMF）每 5 年进行的评估，2016 年人民币正式被纳入特别提款权（Special Drawing Right，SDR）货币篮子，人民币将超越日元，一举成为仅次于美元、欧元的世界第三大国际货币。

讨论世界大学排名的是非曲直就交给其他章节。但是，基于世界大学排名这一讨论前提，日本的高等教育（无论是在国家政策层面还是大学层面）只关注欧美，这本身就是问题。如何与在世界大学排名中不断前进的中国大学开展合作，也是制定日本高等教育战略要面对的挑战。

参考文献

宮内雄史(2014)「グローバル社会での人的ネットワーク」『学思』第 43 号，8－10 頁。
　(http://www.jsps.org.cn/jspsbj/site/dzzzjp/qkmljp-no.43.htm♯)
日本学術振興会北京研究連絡センター(2015a)「カントリーレポート（中国・研究編）」(http://www-overseas-news.jsps.go.jp/pdf/countryreport/2014countryreport_08pek_kenkyu.pdf)
日本学術振興会北京研究連絡センター(2015b)「カントリーレポート（中国・留学編）」(https://www-overseas-news.jsps.go.jp/pdf/countryreport/2014countryreport_08pek_ryugaku.pdf)
大谷順子(2015)「大阪大学東アジア拠点設立 5 周年」『生産と技術』第 67 巻第 4 号，117－121 頁(http://seisan.server-shared.com/674/674-117.pdf)
大谷順子(2014)「学術交流を通しての日中友好促進と次世代の育成をめざして～大阪大学東アジアセンター長　大谷順子」JSPS 北京研究連絡センター『学思』第 44 号，8－9 頁(http://www.jsps.org.cn/jspsbj/site/dzzzjp/zxqkjp.htm)
大谷順子(2014)「ニュージーランド国カンタベリー地震の社会的影響に関する一考察―特に教育セクターを対象として」『大阪大学大学院人間科学研究科紀要』第 40 号，1－26 頁。
富岡有子(2011)「中国における大学生の就職事業―各大学の就職担当者へのインタビューを通じて」日本学術振興会北京研究連絡センター
矢田裕美(2012)「中国高等教育界の新たな潮流―世界の熾烈な競争を勝ち抜くための戦略的取組」日本学術振興会北京研究連絡センター

第 8 章

中国台湾地区学术界的"SSCI 综合征"

周祝瑛

1　新自由主义的抬头与中国台湾地区的高等教育

20 世纪 80 年代以后,随着国家财政中新自由主义的兴起,新西兰、澳大利亚、加拿大以及许多拉丁美洲国家的公共投资,变得不再是直接分配给教育部门,而是将其中大部分的分配与企业和市场部门挂钩(Dale,2001)。再加上公共预算的急剧减少,不仅影响了社会价值的创造,也影响了教育质量。随着全球化的影响逐步波及高等教育领域,东亚各个国家开始热衷于大学改革,如中国大陆的"211 工程"与"985 工程"、中国台湾地区的"五年五百亿计划",韩国的"BK21 工程",日本的国立大学法人化等。这些形式虽然多种多样,但都是为了应对全球化的发展及要求学术界提升竞争力而推出的改革措施。除此之外,澳大利亚、加拿大、法国、德国、日本、韩国、马来西亚、挪威、新加坡、瑞士、英国等国都开始对本地区的主要大学开展评估,以期提高大学的国际竞争力和认知度(Chou,Lin & Chiu,2013)。

受此大环境影响,中国台湾地区的教育系统发生了显著变革,特别是在高等教育发展的方向性上,掺杂了全球化、区域化、信息通信技术发展以及政治、社会、经济、经营策略等诸多因素。这一趋势推进了政策课题,随之而来的变化虽然对台湾地区的高等教育产生了广泛影响,但其中大多数都是为应对各类变化而产生的政策性结果(Chou & Ching,2012)。

本章提出的两个重要课题是全球化影响的副产品——经济中新自由主义的主流化以及高等教育中国际竞争激烈化的全球性趋势。本章前半部分研究的是由于中国台湾地区高等教育系统的扩大而引发的政策性转换。这里引入了政策转换的四个主要领域,即大学运营及其"学术漂移"、政策层面确保高等教育经费的相关新规划、重视研究成果定量指标的教师评价体系的导入，以及在该体系下付给成功学者灵活报酬的新型薪酬制度。后半部分将重点探讨在这些主要政策转变的影响下，即大学教师和科研人员被迫适应新政策的前提下，台湾地区学术界出现的"SSCI 综合征"。接下来，我们将着眼于台湾地区对该问题的解决方案，探讨其应对方法是否能成为其他国家和地区的参考模型。本章的结论是，即使中国台湾地区的事例在应用层面有相当大的制约，但也可以作为一种抵抗的范例从中吸取教训。

2 政策的转换

1994 年以前，中国台湾地区的高等教育是以推动经济发展为前提推进的。对于新的普通高等院校（Higher Education Institutes，HEI）的设置，不管是公立还是私立，对规模限定、校长任命、入学名额、教育课程基准以及校内教师和学生相关事项的监督等都有相当严格的管理政策。在集权教育体制下，经济发展和政治稳定备受重视，几乎不会设立新的大学（Mok，2014）。例如，在 1984 年人均收入仅为 4000 美元的时候，台湾地区大学生总人数为 17.3 万人，占地区总人口 1900 万人的比例不足 1%（Chou & Wang，2012）。这一时期的高等教育依然是通过严格的大学入学考试系统，选拔最优秀人才、培养精英的一种手段。

进入 20 世纪 90 年代中期，由于国际竞争环境的变化，加之其他的社会变迁，台湾地区的高等教育迎来了前所未有的发展期。原因之一是台湾地区教育主管部门需要满足那些要求提高高中、大学、新设高等院校水平的社会运动的呼声，但其主要目的是缓解高中及大学的入学考试所带来的重压。

以此为契机,在接下来的十年里,台湾地区的高等教育机构和学生人数都得到了史无前例的增长。从1984年到2009年的25年间,台湾地区的大学增加到了148所(公立51所,私立97所),专科学校增加到15所(MOE,2009)。高等教育院校的数量截至2012年达到了162所,其中120所是综合大学,28所是单科大学,14所是短期大学(宗教系列的单科大学、军事和警察系列的高等院校、远程教育机构除外)。在这25年间,学生数也增长至近136万人,3355个研究生课程中研究生总数达215825名。截至2004年,18岁年龄段人口中的68.1%进入了大学,约为香港地区的4倍(Song,2006)。接受高等教育的学生数在2008年占地区总人口2300万人的近6%,25年间台湾地区人口结构发生了显著变化(MOE,2012;Chou & Ching,2012;Chou & Wang,2012)。

(1)大学运营与"学术漂移"

从结果而言,台湾地区的行政部门对高等教育的支出与以前相比受到了制约。受此影响,教育主管部门从1994年到1996年提出了一系列新政策。这些政策通过修改大学相关制度、设置教育改革委员会,尝试放宽对高等教育机构的限制,脱离集权化,实现民主化、国际化等。例如,1994年启动相关教育改革,此前由教育主管部门集权管理的大学迎来了更自主的校园环境,主管部门减少了对大学学术和行政方面的介入,学校在入学、教职员的分配、学费等方面有了更强的自主性(Mok,2014;Chou & Ching,2012)。通过上述措施,高等教育院校提升了自身竞争力,以及对个体、社会和全球性需求的应对能力。

高等教育系统的急剧扩大也带来了意想不到的结果。专科学校过于迅速地升级为综合大学，改变了高等教育院校的性质，作为其副作用之一，就是在职业教育类高等教育院校中引起"学术漂移"现象。这些专科学校原本具备职业训练的教育基础，是台湾地区经济发展战略的核心，却被迫向"综合性大学"转型（Chou，2008；Hayhoe，2002）。另外，台湾地区还引入市场竞争机制，增加了公立和私立、精英学校和非精英学校之间资源分配的偏差，扩大了社会差距（Chou & Wang，2012；Chen & Chen，2009）。后来，教育主管部门逐渐意识到上述问题，开始实施新的大学财政计划、大学评价制度以及更加灵活的公立大学教师工资制度等改革举措（MOE，2009）。

（2）财政计划

在大学改革之前，台湾地区公立大学的公共资金、学费、入学金等都是在教育主管部门的全面管理下进行的。而私立高等院校的财政大部分来源于学生。例如，公立大学的学费收入只占预算的 10% ～ 20% 左右，而私立大学的学费收入占预算的 80%～90%。正如这个数值所示，公立大学很大程度上依赖于主管部门的补助金，而私立学校的运营主要依赖于学生支付的学费（Chen & Chen，2009）。

为了缩小公立和私立高等院校之间的财政差距，相关部门加大了对私立大学的公共援助力度，但由此分配给公立学校的资金就会显著减少。另外，教育主管部门为了提高公立高等院校的社会责任和效率，对资金筹措进行了一系列改革。作为其中的一环，台湾地区公立大学自 1999 年起，依托民间机构和毕业生的捐赠设立了各自的大学基金。该政策致使公立高等院校和教育主管部门的关系发生了变化,此前接受全面资金供给的公立高等教育机构,迅速转型为接受部分补助的机构。该政策开始后,公共资金持续性不足,导致公立高等院校间教育资源不平衡不断扩大,再加上公立大学的精英学校和非精英学校之间资源分配的两极化,社会阶层逐步被重构(Chen,2001)。尽管资金筹措和行政方面发生了变化,公立大学 60% 的收入依然从主管部门补助金中获得,而私立高等院校的这一比例仅停留在 20%(Chen & Chen,2009)。

(3) 评估制度

2003 年,为提升国际竞争力及效率,有关中国台湾地区大学的规定得以修改。这次修订反复强调评估的目的是资金分配和保证未来高等教育的质量。根据该规定,2005 年以后,以保证高等教育质量为目的的政策会被导入和强化,大学有义务在教育、研究、服务等各个方面定期进行自我评价。同时,为实施定期的外部评价,新设立了财团法人高等教育评鉴中心基金会。

从 2006 年到 2010 年台湾地区教育主管部门第一次对全台湾地区的大学学科、研究生院、大学水平进行了全面评估,其中包括 79 所大学的 1908 个学科和研究生院,重点关注大学、学科和毕业生的质量。评估报告公布后,引起了很大的社会争议,很多教师和大学对公共资金、大学声誉以及招生政策等指标都表达了诸多不满(Wu,2009)。

第二次全台湾地区教育评估开始于 2011 年,持续到 2016 年。与第一次评估相比,评估的重心包括了学生的学习成果,以及更广泛视域下的学科、研究生院和大学。评估项目包括大学的自我定位、管理与经营、教育与学习资源、社会责任、可持续的自我完善以及质量保证体系等（Wang，2010）。

在这种模式下的全台湾地区的评估中，在评估教师个体时，导入了新的内部和外部评价制度，以监视 SSCI、SCI（扩展版 SCIE）、EI 等各类索引中收录的论文信息。这些指标都是基于国际标准，并与各类奖项、业绩和学术贡献挂钩。

上述大学评估政策是由教育主管部门自上而下实施的，是基于台湾地区的实情开发出的指标。按照相关规定，教师个体不仅要服从上述专家组织对各个机构进行的定期评估，还要服从每个学科内部的评估，这些都是作为教师个体的义务。进一步说，评估的结果会影响晋升、工资、长期带薪休假以及其他与教育和运营相关的研究外的职务。只有成为全地区性和国际性的奖项的获奖者，才能免于这种评价。

（4）工资制度的灵活化

中国台湾地区目前通用的薪资制度是基于年龄、资历以及学位层次制定的。这一制度备受批评，被认为不利于营造能够提高教育和研究质量的竞争环境。据台湾地区教育主管部门的统计数据，截至 2001 年，税前固定工资加上相当于 1.5 个月工资的奖金，公立大学教授的年收入总额为 112.5 万～135 万新台币（3.75 万～4.5 万美元），而香港地区大学教授的工资是其 3.5 倍；新加坡大学教授的工资是其 2.5 倍，与美国和欧洲地区相比，这一工资差距更显著（Wang，2009）。

这样的工资差距使得台湾地区的大学教授向外流失，这种外流也给台湾地区带来了巨大的压力。导入新 4 年制大学制度的香港地区，给出了高于台湾地区大学 2 到 3 倍的工资，甚至超过了台湾很多顶尖大学教授的收入(NowNews,2009)。台湾地区的最高研究机构过去8年间共有27名研究员被美国、欧洲等地的研究机构挖走。台湾地区重点大学的知名教授们因为各种各样的理由移居到了大陆,以及加拿大等地(China Post,2010)。

为了应对全球人才竞争和"人才外流"的问题,教育主管部门于2010年8月与学术界合作,提出了促进高等教育机构及教师履行社会责任、防止"人才外流"和补充世界级研究人才等问题的解决方案。这一工资制度被解释为"实施基于成果主义的灵活工资体系,吸纳和留住优秀人才",即根据业绩给予取得卓越成果的学者报酬,取代了基于工龄和学位的公立大学教师的传统论资排辈工资制(Yeh,Cheng & Chen,2009)。该新制度预计需要教育主管部门和相关机构每年追加40亿~50亿新台币(1.3亿~1.65亿美元)的资金支持。这一新的工资体系旨在吸引世界级的教育工作者和科研人员来到台湾,同时阻止相关人才流失。另外,通过教育主管部门支持的"五年五百亿计划"中的"迈向顶尖大学计划"以及自2005年以后每3年颁发一次的"优秀教育奖",可以给教师分配补助金。关于这一灵活化的工资体系,很多专家表示,引入基于学术论文等计量指标的教师工资补贴,有可能会扩大科研人员间的两极分化和层次分化。在这一制度下,自然科学和人文社会科学、最高学府和其他高等教育机构、公立和私立大学,特别是研究活动和教育活动,势必会产生很明显的工资增长差距。令人不满的是,该制度对于业绩和能力的考核指标过于简单,将教育活动的真谛、社会意义等"质"的东西舍弃,只重视论文数量等定"量"的东西(Chou & Ching,2012;Yeh,Cheng & Chen,2009)。基于上述批评意见,政策制定者给出的解释是,台湾地区教师的工资虽低于其他地区,但是也可以根据研究成果灵活增加工资,这样既可以保护优秀的科研人员,又能够吸引更多的高层次海外人才。

然而，这种见解既没有正确把握台湾地区的实际情况，也忽略了学术界目前的工资结构中与固定工资分开存在的替代工资要素，缺乏合理性。例如，中国台湾地区的传统文化中，对知识分子和大学教授怀有很深的敬意，大学教师除了年度基本工资之外，还拥有从外部获得报酬的机会。特别是公立高校的科研人员，可以作为顾问从社会和相关机构获得相应报酬，还享有终身医疗服务和养老金。相比其他国家和地区，这样的工资结构是台湾地区独有的。

3 "SSCI 综合征"

基于全球化、新自由主义结构改革的上述政策转变，是以增强大学在国际舞台上的竞争力为目的的，对中国台湾地区的高等教育产生了显著的影响。大学运营、资金分配、评价、工资结构调整等政策都是为提高大学质量所做的尝试。当下，能力主义、社会责任、科研人员间的关系网络等，都变得比以往重要（Chou，2008）。然而，这些改革并没有带来预期的积极效果。最典型的案例是"SSCI 综合征"这一新现象的出现。

（1）起源

如本书《基础解说 2》所述，以 SSCI 为代表的引文数据库原本是作为信息检索的工具而被设计出来的，其以某一文献为起点，通过寻找相关被引文献来厘清该领域研究的脉络，检索相关主题历年来的研究文献。半个多世纪前，已有研究人员发现，引文数据库已具有了超出其基本用途和功能的可利用价值（Price，1965；Garner，1967；Garfield，1994a；Thomson，2008）。譬如，可以借助该类数据库来统计论文发表后的被引用次数，以此来判断该论文在学术界中的影响力，判断特定理论是否得到了验证或修改。后来，引文数据库的用途不断扩大，甚至可以作为学术期刊的评定和等级认定依据（Garfield，1972，1994b）。

当下，学术研究的质量和学者的影响力通常是根据这些引文数据库中包含的指标来测定的。一般而言，这些数据库指 SSCI、SCI、A & HCI、EI 等。这些数据库由美国营利性企业汤森路透持有，在澳大利亚、加拿大、美国、英国、新西兰等英语圈各国的大学，尤其是理工科领域，该数据库中的相关指标多年来都被视为衡量教师研究影响力的重要量化指标。

过去 20 年间，世界大学排名的竞争日渐激烈，其中一部分原因是为了回应学生、雇用方和学者的诉求（Williams & Dyke，2004）。大多数排名体系都是根据本书序章、《基础解说 1》和《基础解说 2》中所介绍的计量指标来评定的。例如，软科发表的"世界大学学术排名"中，"国际论文"这一指标［被科学引文索引（SCI）和社会科学引文索引（SSCI）收录的论文数量］被赋予了 20% 的比重。这样一来，学者们就会认为，被收录在 SCI 和 SSCI 上的论文就等同于最好的研究成果。同样地，在《亚洲周刊》（*Asia Week*）发布的"亚洲最佳大学"（Asia's Best Universities）中，汤森路透的引文数据也被用于对研究成果的评价。在泰晤士高等教育世界大学排名中也使用了汤森路透的引文数据。

台湾地区的教育主管部门在追求高等教育国际化的进程中，建立了重视计量指标的评价系统，2003—2008 年采用了国际论文指标作为学术成果的评价基准。此评价标准在引进之初，得到了教育主管部门和相关机构的官员及学者，特别是自然科学、经济学等偏好计量指标的学者的广泛支持。研究业绩的评价由两名匿名评委根据科研人员的研究业绩列表进行。但该过程因使用了难以量化的指标,被认为缺乏客观性、透明度和有效性。虽然大多数相关人员都以某种形式支持评价制度改革,但在学术界也有许多人反对,并早在 2003 年就开始了反对新方案的运动。关于这样的活动,后文将详细叙述。

之所以采用国际论文指标,是因为对于公共资源的分配和高等教育的政策改革而言,大学的国际化受到重视,满足了建设世界一流大学的诉求。从大学方面来看,通过使用国际论文指标,能够在预算竞争中比其他高等教育机构更具优越性,同时也能建设出对学生和教师而言都更具魅力的大学。

台湾地区的高等教育机构期待进一步广泛运用作为研究成果指标的国际论文索引,以此提高质量和竞争力。为了直接响应这一诉求,台湾高等教育机构开设了致力于特定重点领域开发和推进高质量研究的管理机构和管理中心。通过统计 3 个引文索引中收录的科研人员的论文数量进行业绩评价,从而决定单科大学和综合大学的最终序列。因此,台湾高等教育机构的教师为了晋升和评价,受到了来自主管部门和所属机构的巨大压力,不得不将研究成果投稿到 SSCI、SCI、A & HCI、EI 等收录的国际学术期刊(Ching,2014)。

(2)影响

科研人员为了取得卓越的学术成果付出了巨大的努力,但高度重视计量评价指标却带来了消极的影响。随着引文索引中所收录的论文愈发受重视,"SSCI 综合征"也渗透到了台湾地区的学术界。学者被要求在收录进引文索引目录的期刊上发表论文,在这一压力之下,学者们"被迫"认识到在该类期刊上发表学术论文对于个人和所属机构的极高重要性。"Publish or Perish"(要么发表要么出局)这一想法的影响越来越广。

　　在大学评价系统、研究资助的认定、大学的社会排名,以及个人终身教职的授予、职位晋升,甚至补助金的分配上,论文的数量也成了主要的考量指标(Kao & Pao,2009)。不难推测,由于这些评价标准,台湾地区的科研人员将会限定自己的研究课题,在论文投稿时,比起中文出版的论文,势必也会更加重视用英文写成的、满足国际期刊喜好的论文(Chen & Qian,2004)。

　　专业领域不同,论文发表的难度自然不同。然而,各个学术领域的学科特质基本都被无视了,遭遇不公平竞争的教授们对此深表不满。评价的目标是提高研究的质量,所以必须要考虑每个学科领域的特质以及来自社会和文化背景的影响(IREG,2010)。在使用 SSCI 和 SCI 上的发文量来评价学术时,要明确学术论文的优势和不足,就必须应用多个标准。例如,台湾地区开展的"五年五百亿计划"的目的之一就是通过竞争进行资金分配(Chou & Ching,2012;Chang & Ho,2007)。然而,来自该项目的资金却流向了自然科学研究资源更加丰富的台湾大学等几所有实力的大学。这些大学即使在缩减公共预算的时代,也能得到充足的研究设施和财政支援。其结果就是,其他大学依然被无视。举例来说,社会科学相对占优势的台湾政治大学所拿到的补助金就非常少,这就是改革所带来的深刻影响。

　　新的工资制度,对于在 SSCI 和 SCI 上发表论文数量远远少于自然科学领域的人文社会科学领域的教师和大学而言,受益面很小。台湾大学和台湾政治大学的学生人数相差无几,但是在现行竞争规则下,教师的待遇却有所不同。台湾政治大学的人文社会科学院系教师中,受益于新的工资制度的教师比例仅仅是台湾大学自然科学院系教师的一半左右。台湾地区的教育主管部门引入新制度的结果是,教师之间的收入差距进一步扩大,自然科学和人文社会科学之间原有的资源分配不平等现象也会进一步加剧。相关研究表明,人文社会科学领域的研究成果,其主要发表形式不是期刊论文,而是出版物,其关注对象更多是地区内的问题,并且这些学科领域也存在历史和文化的差距。相关研究成果难以跨越文化壁垒被翻译成英语并用于解决实际社会问题(Ye,2004)。

学术界的工资奖励制度,使得对业绩和研究人员社会责任的相关评价变得比以前更加复杂。和其他行业一样,为了能够达成目标,让大学教师拿出更好的工作状态的手段并不仅限于经济激励。学术界的研究成果水平有很大差距,且深受现状的影响。研究表明,金钱和升职等明确的奖赏有助于提高生产率,然而也有人提出,学术表现的提升也需要强烈内在需求的驱动,譬如自我目标实现后的获得感等。设立新的工资制度,只有少数"明星学者"从中受益,忽视了对从事教育及社会性服务的大多数学者的评价,相比之下,大学不如通过改善整体组织和环境间接回报他们(Lin,2009)。

(3)来自内部的反应

由于"SSCI综合征"及上述评价机制问题的出现,很多人开始对改革持怀疑态度。许多领域的学者都在考虑如何改变高等教育政策中偏重SSCI论文的现状。特别是现在重视SSCI期刊论文的倾向,遭到了人文社会科学领域诸多学者的强烈反对。

2003年,台湾地区教育主管部门和相关机构在推进新的业绩评价体系时,科研人员也有组织地活动了起来。譬如,人文社会科学领域的研究小组出版了书籍《全球化与知识生产:反思台湾学术评鉴》(反思会议工作组,2004)。这些早期努力虽然加深了学界对使用国际论文指标进行评价所带来的负面影响的理解,但并未能对业绩评价改革产生实质性和方向性的影响。

　　在研究活动不是为了公共利益而是为了论文出版的现象愈演愈烈的情况下,关于教育政策中的这些业绩指标是否过于偏重国际标准,以及这些国际标准是否受到了西方(特别是美国)传统和习惯的支配等相关讨论逐步展开(Mok & Tan,2004;Lai,2004;Wang,2014)。与英语国家以及其他由于历史原因具备高水准英语能力的社会不同,对于台湾地区的大多数研究者来说,英语是外语。对于不以英语为母语的研究人员而言,为了加入国际学术团体并在其中生存下去,必须努力克服语言障碍,并争取在国际期刊上发表论文。如今,英语作为国际通用语言得到了广泛普及,而来自周边或非英语世界的种种质疑声都被无视了(Liu,2014)。

　　尽管如此,越来越多的科研人员却患上了"SSCI综合征",比起教育和其他社会贡献,更重视研究的竞争性,甚至沦为以"胜者为王"为标准的工资系统的牺牲品。事实上,台湾地区的教师中,因未能满足研究业绩条件或拒绝服从评价而失去教职的大有人在。其中最具争议事件之一是某著名公立大学的教授因拒绝提交自我评定而被迫辞职。这位教授在校内曾两次获得优秀教师奖,且深受学生好评,但这在如今的学术界并不被认为是成功的。这位教授发表的研究论文数量不足,而且未能满足大学要求的进行自我评定这一必要条件。这一案件虽连续两次被提交至台湾地区的教育主管部门的投诉处理委员会,但均被否决。不过对该教授的解雇却引发了全台湾地区的学生抗议活动(Wang,2010)。

　　为了让更多的人了解日趋白热化的 SSCI 相关议题,台湾地区的大学教师团体曾于 2010 年 11 月开展网上请愿活动。其目的之一是要求台湾地区教育主管部门终止目前这种将在收录于引文索引的学术期刊上发表论文作为大学评价和资金分配的主要指标的相关政策。第二个目的是要求负责公共资金的管理部门扩充收录于引文索引中的学术期刊的数量和多样性,给予人文社会科学领域的相关论文和著作足够的重视。这个请愿运动旨在通过社会运动促进改革。总体而言,台湾地区教育主管部门和大学自身后来为了满足各类不同领域的评价需求,引入了多种可靠的评价指标,同时为人文社会科学领域的研究积极导入了考虑文化要素的新的评价指标(Chou,Lin & Chiu,2013)。

请愿得到了学者的广泛支持。3000 名签名者中有 85% 来自人文社会科学领域,10% 来自其他相关领域。在各种公开讨论会和相关研究成果中,学者也表明了对请愿书中主要诉求的支持态度。此外,关于 SSCI 的争论也因广泛的报道引起了普通民众的关注。台湾地区高等教育政策负责人在 2012 年下半年终于同意研究 SSCI 相关问题。此后,以 SSCI 为重心的资金分配方案和评价机制得以修订。尽管在政策上进行了调整,但"SSCI 综合征"仍然支配着台湾地区学术界的整体结构和工资系统。

(4) 什么是全球化?

台湾地区的学者认识到,通过公众讨论和社会活动,探索出另外一条可以提升台湾地区高等教育体系竞争力的解决方案是非常重要的。同时他们开始思考,对于其他非英语母语的高等教育系统来说,台湾地区的事例是否具有警示意义。大学的主管部门依然将原本用于制作文献目录的引文索引当作教师录用、晋升、资金分配的评价基准（Kokko & Sutherland，1999；Bauer & Bakkalbasi，2005）。实际上，这种现象并不局限于台湾地区的高等教育机构。现在，对将这些工具用于评价科研能力的质疑越来越多（Ackermann，2001）。据美国科学信息研究所（ISI）的创始人加菲尔德（1994b）所述，为了建立更可靠的评价系统，在实际评价时有时也有需通过阅读原文对论文进行质的评价。虽然引用率可以作为评价学术影响力的工具（Lawani & Bayer，1983），但是部分研究表明，美国科学信息研究所的引文索引远不够客观，其中关于注册在籍的学术期刊的影响力的计算可靠性并不高，且所谓"全球化"也是对重要期刊真实情况的夸大解释（Cruz，2007）。被收录在SSCI、SCIE、A & HCI、EI 上的学术论文，大部分都是用英语写的。例如，SSCI 社会学名录中收录的 96 本学术期刊中，有 45 本出自美国、27 本出自英国、4 本出自德国、2 本出自法国，且都是英文期刊。这种情况会使非英语母语的人文社会科学领域的研究者，丧失在权威学术期刊上发表论文的主动性。学术期刊所具有的语言壁垒和这些期刊之间的文化关联性值得反思。

　　台湾地区这种试图提升国际社会对"SSCI综合征"关注度的做法，并不是个别现象，而是希望世界范围内广泛团结以解决问题的一种尝试。尤其值得一提的是，由多个国家和地区学者共著的《高等教育中的"SSCI 综合征"：区域还是全球现象》（*The SSCI Syndrome in Higher Education：A Local or Global Phenomenon*）一书的出版，此书的着手点正是台湾地区相关的实证研究。这项研究批判地分析了近年来大学管理改革对高等教育机构自治和学术专业人员的影响，其结论是中国台湾地区甚至亚洲学术界总体上受到了强大商业运营管理的影响（Mok，2014）。

　　台湾地区实施量化学术评价体系的目的之一，是在社会变化中控制学术界以防其引起混乱。台湾地区的学术界派系争斗明显，一直未能形成具有区域性和世界性特征的系统，以及统一的发展共识。借助引文索引来进行学术评价，虽然提升了学术研究对台湾本地问题的关注度，但仍无法回答如何吸引国际读者注意的命题（Wang，2014）。

台湾地区的教育主管机构更替频繁，其结果之一就是教育政策和计划缺乏长远考虑。因此，以公平性和客观性为名，量化指标大行其道。然而，这种方法掩盖了评估机构的主观意图。"胜者为王"的逻辑给顶尖研究者和大学带来了丰厚的资源，但同时也扩大了阶层间的社会差距。"发展国际一流大学及顶尖研究中心计划"给学术成果的转化应用及教育公平都带来了消极影响（Chan & Lee，2014）。

另外，"SSCI 综合征"还助长了对本地出版物的歧视，强化了英语圈的学术霸权地位。台湾地区学术界现行的奖励政策助长了功利主义、学术资本主义，加剧了社会不公正和不平等，激化了社会分化（Su，2014）。对于教师和学生而言，ISI 等论文数据库的影响力在台湾地区学术界毫无疑问是占主导地位的（Ching，2014）。而这种现象并非台湾地区独有。从深陷"SSCI 综合征"的台湾地区经验中，也许可以总结出一些教训。

作为"SSCI 综合征"的解决方案，部分学者提出基于全球学术期刊的引文索引建构台湾地区的引文索引体系，即主张在这二者之间寻找平衡（Cheng，Jacob & Yang，2014）。

台湾地区学者的"SSCI 综合征"实际上进一步强化了国际学术团体中英语的特权地位。讽刺的是，台湾地区的大部分研究人员都不是英语母语者，但教育主管部门和大学却都鼓励科研人员使用英语来进行学术讨论并加入国际学术团体。台湾地区的高等教育政策制定者仍然相信，以英语为基础的霸权知识产业是正当的，并认为身处英语世界边缘的台湾地区可以通过用英语发声，促使台湾地区学术团体内部发生质的转变（Wu & Bristow，2014；Liu，2014）。与自然科学不同，人文社会科学更倾向于解决社会、文化问题。通过兼顾社会文化背景的研究培育社会责任，相关研究内容和成果必须满足该地区人民和社会的需要。正因如此，在人文社会科学领域，将文化要素纳入评价标准，不仅是为了维持台湾地区学者的生活，更重要的是，这对促进他们做出社会贡献是不可或缺的。

　　过去 20 年，中国台湾地区高等教育体系不断扩大，其结果是政策制定者更加注重保持国际竞争力的"质"的维持。本文详细描述了台湾地区教育主管部门自 2000 年以来，通过实施一系列高等教育改革，提高大学学术水平、改革学术成果评估方式、提升大学竞争力和国际知名度的过程。其中，评估结果与公共资金的分配挂钩。作为获得公共资金、提升学术声誉和社会声誉的主要指标，教师们的研究业绩成了被优先考虑的对象。学者根据在 SSCI 和其他引文索引收录的学术期刊上发表的论文数来获得奖金。这种量化评估指标，让各领域的研究人员内心五味杂陈。特别是人文社会科学领域的研究人员，由于评价重心被放在了计量指标上，大量的研究成果可能被低估或忽视。本章详细描述了这些政策调整对台湾地区学术界的重大影响以及学术界对此的反应，还探讨了台湾地区"SSCI 综合征"的相关解决方案。这些对策是有局限性的，并且目前仍处于探索阶段，但是台湾地区的相关探索也许能为同样身处学术"周边"的其他非英语国家和地区提供很宝贵的经验。

参考文献

Ackermann，E. G. （2001）. *Developing comparative bibliometric indicators for evaluating the research performance of four academic nutrition departments*，1992－1996：*An exploratory study*. Knoxville，TN：University of Tennessee.

Anderson，M. S.，Ronning，E. A.，Vries，R. D.，& Martinson，B. C. （2007）. The perverse effects of competition on scientists' work and relationships. *Science and Engineering Ethics*，13，437 － 461. http://dx. doi.org/10.1007/s11948－007－9042－5

Asia Week. （2000）. Asia's best universities 2000. CNN. Retrieved from http:// edition.cnn.com/ASIANOW/asiaweek/features/universities2000/index.html

Bauer，K.，& Bakkalbasi，N. （2005，September）. An examination of citation counts in a new scholarly communication environment. *D － Lib Magazine*，11.http://dx.doi.org/10.1045/september2005-bauer

Boyer，E. L. （1990）. *Scholarship reconsidered：Priorities of the professoriate*. Princeton，NJ：The Carnegie Foundation for the Advancement of Teaching.

Chambers，C. （2004）. Technological advancement，learning，and the adoption of new technology. *European Journal of Operational Research*，152（1），226 － 247. http://dx.doi.org/10.1016/S0377－2217(02)00651－3

Chan，J. C.－Y. & Lee，C.-n. （2014）. A difficult situation of higher education in Taiwan. In Chou，C.P. （ed.）. *The SSCI syndrome in higher education：A local or global phenomenon*. Netherlands：Sense Publishers.

Chang，K. W.，& Ho，M. S. （2007）. Half－hearted neoliberal reform：Analyzing Taiwan's college tuition policy and controversy. *Education and Social Studies*，12，73－112.

Chen，L.－C. & Chen，S.－T. （2009）. An analysis of our universities' financial structures and what it reveals about tuition and fee policy formulation. Presented at the Dialogue on Education Research and Education Policy International Academic Symposium，November 20－21，Chinese Taipei，Taiwan Normal University.

Chen，K. S.，& Qian，Y. X. （2004）. Academic production under the neo－ liberalism globalization （in Chinese）. Paper presented at the Reflecting on Taiwan's Higher Education Academic Evaluation Conference. International Plenary Hall，Chinese Taipei.

Chen，L.－J. （2001）. The effect of public university fund policy in Taiwan. *Education Policy Forum*，4（1），118－166.

Cheng，K. S. Y.，Jacob，W. J. & Yang，S.－K. （2014）. Reflections from the Social Science Citation Index （SSCI） and its influence on education research in

Taiwan. In C. P. Chou（Ed.）, *The SSCI syndrome in higher education：A local or global phenomenon*. Netherlands：Sense Publishers.

China Post （2010，January 24）. Gov't mulls professor salary raise. *China Post*. Retrieved from http：//www. chinapost. com. tw/taiwan/national/national－%20news/2010/01/24/242077/Govt－mulls. htm

Ching, G. S. (2014). ISI perceptions and hard facts：An empirical study from Taiwan. In C. P. Chou（Ed.）, *The SSCI syndrome in higher education：A local or global phenomenon*. Netherlands：Sense Publishers.

Chou, C. P. （2008）. The impact of neo－liberalism on Taiwan's higher education. In D. Baker & A. W. Wiseman （Eds.）, *The worldwide transformation of higher education* 297－312. Bingley, U. K.：Jai.

Chou, C. P., & Ching, G. S. (2012). *Taiwan education at the crossroad：When globalization meets localization*. New York：Palgrave Macmillan. http：// dx. doi. org/10. 1057/9780230120143

Chou, C. P., Lin, H. F. & Chiu, Y. J. (2013). The impact of SSCI and SCI on Taiwan's academy：An outcry for fair play. *Asia Pacific Education Review*, 14, 23－31. http：//dx. doi. org/10. 1007/s12564－013－9245－1

Chou, C. P. & Wang, L. T. (2012). Who benefits from the popularization of higher education in Taiwan? *Chinese Education and Society*, 45（5－6）, 8－20.

Cruz, I. （2007）. Challenging ISI Thomson Scientifics' journal citation reports：Deconstructing "objective,""impact," and "global." Vancouver, Canada：PKP Scholarly Publishing. Retrieved from http：//scholarlypublishing. blogspot. com

Dale, R. （2001）. Constructing a long spoon for comparative education：Charting the career of the New Zealand model. *Comparative Education*, 37(4), 493－501. http：//dx. doi. org/10. 1080/03050060120091274

Dirks, A. L. （1998）. The new definition of scholarship：How will it change the professoriate? Retrieved from http：//webhost. bridgew. edu/adirks/ald/papers/skolar. htm

Flowerdew, J. (1999). Problems in writing for scholarly publication in English：The case of Hong Kong. *Journal of Second Language Writing*, 8（3）, 243－264. http：//dx. doi. org/10. 1016/S1060－3743(99)80116－7

Garfield, E. (1972). Citation analysis as a tool in journal evaluation：Journals can be ranked by frequency and impact of citations for science policy studies. *Science*, 178（4060）, 471－479. http：//dx. doi. org/10. 1126/science. 178. 4060.471

Garfield, E. (1994a). The concept of citation indexing：A unique and innovative tool for navigating the research literature. Retrieved from http://wokinfo. com/essays/concept-of-citation-indexing/

Garfield, E. (1994b). Linking literatures: An intriguing use of the citation index. Retrieved from http://wokinfo. com/essays/linking-literatures/

Garner, R. (1967). A computer oriented, graph theoretic analysis of citation index structures. *Drexel Press*. Retrieved from http://www. garfield. library. upenn. edu/rgarner. pdf

Hayhoe, R. (2002). Teacher education and the university: A comparative analysis with implications for Hong Kong. *Teaching Education*, 13(1), 5 - 23. http:// dx. doi. org/10.1080/1047210120128555

Huang, A. H. M. (2009). Science as ideology: SSCI, TSSCI and the evaluation system of social sciences in Taiwan. *Inter-Asia Cultural Studies*, 10(2), 282 - 291. http://dx. doi. org/10.1080/14649370902823413

Huang, A. H. M. (2004). SSCI, TSSCI and Taiwan social science evaluation system (in Chinese). Paper presented at the Reflecting on Taiwan's Higher Education Academic Evaluation Conference, International Plenary Hall, Chinese Taipei.

Institute of Higher Education, Shanghai Jiao Tong University (ARWU). (2012). World ranking methodology. Retrieved from http://www. shanghairanking. com/ARWU-Methodology-2012. html

IREG. (2010). The academic rankings: From popularity to reliability and relevance. Retrieved from http://www. ireg-observatory. org/pdf/abstracts_ and_speakers. pdf

Keith, B. (1999). The institutional context of departmental prestige in American higher education. *American Educational Research Journal*, 36 (6), 409 - 445. http://dx. doi. org/10.3102/00028312036003409

Kao, C. , & Pao, H. L. (2009). An evaluation of research performance in management of 168 Taiwan universities. *Scientometrics*, 78 (2), 261 - 277. http://dx. doi. org/10.1007/s11192007-1906-6

Kokko, H. , & Sutherland, W. J. (1999). What do impact factors tell us? *Trends in Ecology & Evolution*, 14 (10), 382 - 384. http://dx. doi. org/10. 1016/ S0169-5347(99)01711-5

Lai, D. M. (2004). Quantitative indexes are not the panacea of academic evaluation (in Chinese). Paper presented at the Reflecting on Taiwan's Higher Education Academic Evaluation Conference, International Plenary Hall, Chinese Taipei.

Lawani, S. M. , & Bayer, A. E. (1983). Validity of citation criteria for assessing the influence of scientific publications: New evidence with peer assessment. *Journal of the American Society for Information Science*, 34 (1), 59 - 66. http://dx.doi.org/10.1002/asi.4630340109

Lin, S. - D. (2009). A study on the flexible salary compensation system for public university professors in Taiwan. Unpublished master's thesis. Retrieved from http://nccur.lib.nccu.edu.tw/handle/140.119/34772

Liu, Y. - J. (2014). Problems, strategies, and impact of SSCI publication in English: Perceptions and negotiations of researchers in Taiwan. In C. P. Chou (Ed.), *The SSCI syndrome in higher education: A local or global phenomenon*. Netherlands: Sense Publishers.

Ministry of Education (2009). Higher education for excellence. Chinese Taipei: MOE.

Ministry of Education (2012). Education statistics. Chinese Taipei: MOE. Retrieved from https://stats.moe.gov.tw/files/ebook/Education_Statistics/102/102edu.pdf

Mok, K. H. (2014). Promoting the global university in Taiwan: University governance reforms and academic reflections. In C. P. Chou (Ed.), *The SSCI syndrome in higher education: A local or global phenomenon*. Netherlands: Sense Publishers.

Mok, K. H., & Tan, J. (2004). Globalization and marketization in education: A comparative analysis of Chinese Hong Kong and Singapore. Cheltenham, U. K.: Edward Elgar Publishers. Retrieved from http://www.ireg-observatory.org/pdf/abstracts_and_speakers.pdf

Morris, P. (1996). Asia's four little tigers: A comparison of the role of education in their development. *Comparative Education*, 32 (1). 95 - 109. http://dx.doi.org/10.1080/03050069628948

NowNews (2009). High salary in Hong Kong. Chinese Taipei. *NowNews Network*. Retrieved from http://www.nownews.com

NCCU Teachers' Association. (2012). Petition statement. *Taiwan Competitiveness Forum*. Retrieved from http://memo.cgu.edu.tw/yun - ju/CGUWeb/NCCUEdu2010/HomeAgainstSSCI.htm

Price, D. J. S. (1965). Networks of scientific papers: The pattern of bibliographic references indicates the nature of the scientific research front. *Science*, 149 (3683), 510 - 515. http://dx.doi.org/10.1126/science.149.3683.510

Palmquist, R. A. (2001). *Bibliometrics*. Austin, TX: University of Texas, Austin. Retrieved from http://www.gslis.utexas.edu

Reflections Meeting Working Group. (2004). Globalization and knowledge production: Reflections on Taiwan's academic evaluations. *Taiwan Society Research Forum* 04. Retrieved from http://taishe.shu.edu.tw/book_forum_04.html

Su, S. - W. (2014). To be or not to be: Impacts of "I" idolization. In C. P. Chou (Ed.), *The SSCI syndrome in higher education: A local or global phenomenon*. Netherlands: Sense Publishers.

Shin, J. C. & Harman, G. (2009). New challenges for higher education: Global and Asia - Pacific perspectives. *Asia Pacific Education Review*, 10(1), 1 - 13. http://dx.doi.org/10.1007/s12564 - 009 - 9011 - 6

Song, P. - C. (2006, October). Comparative assessment of 65 universities in greater China. *Global Views Monthly*.

Taipei Times. (2010, January 1). Academic sector proposes flexible salary for experts. *Taipei Times*. Retrieved from http://www.taipeitimes.com

Thelwall, M., Vaughan, L., Cothey, V., Li, X. M., & Smith, A. G. (2003). Which academic subjects have most online impact? A pilot study and a new classification process. *Online Information Review*, 27(5), 333—343. http://dx.doi.org/10.1108/14684520310502298

Thomson, R. (2008). Web of science. New York: Thomson Reuters. Retrieved from http://scientific.thomson.com/products/wos/

Wang, H. H. (2014). The political economy of quantitative indexes for measuring academic performance. In C. P. Chou (Ed.), *The SSCI syndrome in higher education: A local or global phenomenon*. Netherlands: Sense Publishers.

Wang, B. - J. (2010). University evaluation based on the whole school evaluation approach. *Bimonthly Evaluation*, 23. Retrieved from http://epaper.heeact.edu.tw/archive/2010/01/01/2282.aspx

Wang, T. - L. (2009). Salary of assistant professor is lower than those who teach in primary/ junior high school. Chinese Taipei: United Daily News Group. Retrieved from http://mag.udn.com

Wang, W. - L. (2010). It is about time for university faculty to be alert thanks to the strict evaluation system. *United News*. Retrieved from http://mag.udn.com/mag/campus/storypage.jsp? f_ART_ID = 279045

Williams, R., & Dyke, N. V. (2004). The international standing of Australian universities. *Melbourne Institute*. Retrieved from http://www.melbourneinstitute.com/downloads/reports/ExecSumm.pdf

Wu, C. C. (2009). Higher education expansion in Taiwan: The problems faced. Chinese Taipei: Taiwan Normal University. Retrieved from http://cve.ntnu.edu.tw

Wu，L. - Y. & Bristow，A. (2014). Perishing Confucius: An analysis of a rupture point in the discourse of Taiwan's "New Higher Education." In C. P. Chou (Ed.)，*The SSCI syndrome in higher education: A local or global phenomenon*. Netherlands: Sense Publishers.

Ye，Q. Z. (2004). The lack of the sense of social practice: The myth of criterion-based evaluation (In Chinese). Paper presented at the Reflecting on Taiwan's Higher Education Academic Evaluation Conference, International Plenary Hall, Chinese Taipei.

Yeh，W. - Y.，Cheng，Y.，& Chen，C. J. (2009). Social patterns of pay systems and their associations with psychosocial job characteristics and burnout among paid employees in Taiwan. *Social Science & Medicine*，68(8)，1407 - 1415. http://dx.doi.org/10.1016/j.socscimed.2009.01.031

第9章

东亚的高等教育变迁与世界大学排名

中国内地和香港地区与日本的案例比较

李　军

意识形态管理的扩大和国家评估的严格要求,导致英国高等教育机构官僚主义盛行。即使大学研究人员认为教育是有价值的事情,也无法保证充足的准备时间。……国家评估人员高度评价拥有繁多脚注的论文,却不给面向学生和一般读者的畅销教科书加分。研究人员只有暂时停职、脱离教职工作从事科学研究,才能为提高所属大学的地位做出贡献吧。

——特里·伊格尔顿(Terry Eagleton,2015)

1 研究型大学变迁的国际比较

近年来,与建设"世界一流大学"相伴而生的是全球科研评估指标的创建运动。大学从来没有像现在这样被所谓的全球排名体制所主导。大学排名最初是以部分大学为对象,这数十年来却在全球范围内急速传播,甚至泛滥成灾。相应地,高等教育为追求"世界一流大学"而发生了制度性的变化。首先,知识探索和知识转化被窄化为可以量化的指标,发表的成果被各种科研评估指标所衡量,科研人员的学术活动也不得不追求这种时尚,被各种可量化的指标所左右。这些因素导致高等教育的使命和系统从根本上被重构,即日益倾向于以全球排名和科研评估为主的实用主义导向。

近年来,大学排名引起了学界的广泛关注,相关研究文献日渐涌现。然而,关于大学排名和科研评估是如何重塑大学使命这一问题仍然缺乏实证研究。本研究采用案例研究法,比较中国内地和香港地区,以及日本的三所顶尖研究型大学,探索科研评估是如何重构大学的知识生产,以及如何影响大学的使命变迁。同时,尤其值得关注的是,在不同制度背景下科研人员如何应对排名和评估带来的压力。通过经验性的思考，为今后的高等教育改革提供一些政策层面的启示。

（1）课题的设定

近几十年来，质量保障是高等教育改革越来越关注的问题（Harman，2011；Teichler，2011）。世界大学排名和各种科研评估作为质量保障的代名词，引起了政策决策者、大学领导层、研究人员、学生、家长，以及其他利益相关者的广泛关注，这些监管都是保障教育质量的行之有效的方法（Chou，2014；Shin，Toutkoushian & Teichler，2011；van Vught & Ziegele，2012）。这种世界性的质量监测和评估系统被视为服务"组织效能"（Shin，2011）和"研究质量及其影响"（Harman，2011）的工具，同时也是一种"透明工具"（van Vught & Westerheijden，2012）、一种"审查文化"（Power，2004）、一种"问责运动"（Toutkoushian & Webber，2011）。这些尝试都被看作是支撑世界大学排名系统的要素。大学排行榜被用来界定高等教育的卓越、知识的价值，甚至"世界一流大学"等。它之所以具有如此大的影响，客观上来说是政府问责、资格认定、商业排名等合力作用的结果（Gonzales & Nunez，2014）。那么，世界大学排名是如何影响不同制度下大学的使命和格局的呢（Hazelkorn，2015）？这一疑问还衍生出了"如何排名"和"为什么排名"等问题（Oguz，2004），甚至是"给什么排名"，这些关注点的转移又会对排名系统产生什么影响呢？

相关文献展现了两种截然不同的观点。一些研究者发现，排名和评估具有积极的、正面的效应。例如，申（Shin，2011）认为排名和质量管理有助于提升"院校的质量和管理效果"（p.19），哈曼（Harman，2011）同样认为世界排名在给大学施压，促使其变革并建立质量保障机制,更多地强调"文献计量学"等量化指标。此外,范·沃特和韦斯特海登(van Vught & Westerheijden,2012)认为量化指标是一种透明的工具,对研究型大学设置"更远的目标定位和提升标准"具有正面影响。也正是上述这些论点,促使大学领导层参与到旨在提高教育质量的全球竞争中。

另一方面,后现代派的杰出评论家和公共知识分子特里·伊格尔顿则对此持批评态度。他认为,英国大学体系中存在大量的"拜占庭式官僚主义","年轻教授沦为苦力,校长变身首席执行官,资深教授成为高级经理,大学校园里——包括牛津和剑桥——弥漫着唯审查和问责是瞻的风气,人文学科眼看着会在这种灾难中彻底死去"。本书第8章中周祝瑛也提到了世界大学排名对中国台湾地区大学制度改革产生的不良影响,并称之为"SSCI 综合征"。种种现象可被概括为以下5点:

(1) 英语霸权

(2) 教育和研究难以兼顾

(3) 研究成果与评估指标之间进退两难

(4) 研究成果与本土关注问题的背离

(5) 对人文社会科学领域书籍出版价值的低估

大阪大学的石川真由美(Ishikawa,2014)运用多维方法,以日本研究型大学为例进行研究,分析了世界大学排名体制对日本本土学术的威胁。她得出的结论是:对排行榜的应用无法在追求知识国际化的同时满足提升学者个人学术表现的真正需要,也无法保证不同年龄阶层的学者之间的公平,反而造成了英美学术圈主导世界知识话语权的趋势。冈萨雷斯和努理斯(Gonzales & Nunez,2014)对相关文献进行梳理后发现,大学排名和科研评估对科研人员的学术生活产生了严重的负面影响,因为没有人能够逃避"个人主义"、"标准化"、"商品化"乃至"同质化"等的控制。

虽然有文献提出了世界大学排名对高等教育改革的影响，但几乎没有关于科研评估制度如何改变高等教育现状的实证研究或对比研究。基于此现状，本研究试图通过分析从三所顶尖研究型大学（分别来自中国内地和香港地区，以及日本）收集的一手资料，反思科研评估是如何在科学研究、教学和社会服务三个方面重构大学使命，尤其关注不同制度背景下的科研人员究竟在何种程度上、以何种方式被迫迎合科研评估的要求。

（2）分析架构与方法

大学是"培育求知精神"（Jasper，1959）的机构，在个人和社会发展方面被赋予了探索真理、培养学生、诠释知识和思想三大主要功能（Flexner，1930）。20世纪50年代，加利福尼亚大学伯克利分校校长克拉克·克尔（Clark Kerr）在思考大型综合大学（multiversity）的功能时进一步发展了这一观点。随后，加罗斯拉夫·帕利坎（Pelikan，1992）明确把大学的功能界定为科学研究、教学和社会责任，格兰特·哈曼（Harman，2006）将其划分为教学、研究与学术、社会服务。

本研究将以上对大学核心功能的阐释作为数据收集与分析的理论框架。具体来说，学术发表代表高等教育的研究功能，本科生及研究生的教学和社会服务是另外两个核心维度。此外，三者之间的关系在本研究中也具有重要意义，即用来比较在不同社会政治、经济和文化背景下，世界排名体系对三者之间相互作用的影响。本章的目的是探索科研评估在中国内地和香港地区以及日本的高等教育机构中发生的变化及产生影响的主要异同。

由于研究涉及范围广泛，为了找到"相似点"和"不同点"，笔者决定在多个地点进行案例研究（Yin，2014）。为考察科研评估对各个大学的改变产生了怎样的影响,笔者采用了目的性抽样策略,从中国内地和香港地区以及日本分别选定了 1 个"决定性重要案例"。"决定性重要案例"对于理论说明和重要的实验设计都是不可缺少的(Yin,2014)。另外,从本研究的目的来看,研究型大学更有益处(Stake,1995)。因此,笔者选取了 3 个研究型重点大学作为案例。

数据收集于 2014 年 2 月至 2015 年 11 月,共包含三类数据:(1)1993 年、2003 年、2013 年发表论文的定量数据;(2)对年轻学者及资深教授进行采访的定性数据;(3)三所案例大学的官方文件和相关新闻报道。所有访谈都征得了被访谈者的同意,并且大部分访谈都进行了全程录音以供数据校验。访谈数据采用了描述、解释和模型三种策略进行编码(Miles & Huberman,1994)。本研究主要分析从第二类和第三类数据中获得的信息。

2 中国内地和香港地区与日本的案例比较

中国内地和香港地区与日本都是儒家文化传统社会,都高度重视高等教育的发展,但是他们的政策背景却相对不同。

(1) 中国内地顶尖大学(TCU)[①]

TCU 是中国内地历史最悠久、最有名望的顶尖大学之一,从体制改革的意义上说,它在公立大学中具有引领作用,是具有领导地位的公立大学,被认为是能够与牛津大学、剑桥大学、哈佛大学等国外世界一流大学相互竞争的中国内地高校。该校设有 62 个

---

① 本研究中出现的学校皆用化名。

学院和研究机构,2014年教职工人数为7000人,博士在读人数1万人(45个专业),硕士在读人数为1.5万人(50个专业),本科生1.5万人(120个以上专业),留学生3500人。

对TCU改革产生巨大影响的是中国建设"世界一流大学"的三项国家政策,即"211工程""985工程""本科教育教学审核评估"(NEBPP)。"211工程"和"985工程"分别始于1995年和1998年,目标是提高教学、科研和大学管理的质量,使一部分大学成为世界一流大学。两个工程项目除了对认定大学的基础设施和教职员工录用等重点领域予以支持,还重点支持满足社会经济发展需求的各类研究、面向教育及科研的各类数据库及公共服务系统的建构等。

在中国内地,与这两个项目几乎同时开始的是"本科教育教学审核评估",其目的是持续监测和提升大学的教学质量。本科教学评估坚持的原则是"以评促建、以评促改"。评估的主要方式是审查大学使命、师资队伍、教学设施及其使用、课程建设和教学改革、教学管理、教学和学习方式、教学效果等。这七个一级指标中的每一项都被"科学地"精心设计,并设有相应的二级指标①。教育部每五年对全国所有的高校进行一次本科教学评估并公示评估结果,评估结果分为"优秀""良好""合格""不合格"四个等级。每所高校都非常重视本科教学评估工作,并把在评估中获得良好声誉视为一种政治成就,这种成就对高校的成功非常关键。

同时,教育部学位与研究生教育发展中心通过开展"学科评估"对高校进行排名,这对中国大学学科领域的研究产出产生了关键性影响。该评估体系的四个核心指标(师资队伍与资源、科学研究水平、人才培养质量、学科声誉)中,研究产出是由发表的期刊文

---

① 教育部教育质量评估中心官网,http://www.heec.edu.cn/。

章、出版的专著和教材决定的。评估的结果常常与政府对高校的财政预算支持相关联。

（2）中国香港顶尖大学（THKU）

THKU 是香港久负盛名的大学，通常在 QS 世界大学排名中名列前茅。作为一所公立高校，THKU 是香港特区政府大学教育资助委员会（简称"教资会"，UGC）下辖的 8 所大学之一。学校设有 9 个学院，2014 年拥有教职员工 3000 人、博士在读生 2000 人（30 个专业）、硕士在读生 1600 人（130 个专业）、本科生 1.6 万人（70 个专业）、留学生 3500 人。

作为公立大学的 THKU，通过大学教育资助委员会接受香港特区政府的资金援助。自 1965 年教资会成立以来，THKU 一直在其监督下，受到偏重高等教育机构实绩的相关审查和监督。1997年后，财政支援计划根据香港各高等教育机构的研究成果进行了调整。当时教资会事务局长奈杰尔·法兰奇如是说（French，1997）：

> 资金分配的方式发生了变化，对各教育机构为了完成教学和科研目标所需资金的核定比以往更加严格。首次导入了根据各教育机构近年来的研究成果分配预算的机制，旨在提升教育与科研业绩的质量。现在，教资会在考虑下一个三年期的资金分配评估时，将会更加重视质量的评估。

从 1993 年起，香港的大学教育资助委员会以英国高校的质量保证体制为蓝本，定期对 THKU 进行研究评估考核（Research

Assessment Exercise，RAE）。研究评审考核以国际研究水平为研究成果的基准，以产出（output）、投入（input）和声誉（esteem）为关键指标，评价教资会资助的 8 所高校的研究质量，鼓励它们产出世界一流的研究成果，并将高校获得的资助、经常性拨款的分配与再分配公开，接受公众的问责。RAE 运用卡耐基基金会（Carnegie Foundation）对学术的界定，将研究成果分为世界领先（4 星）、国际卓越（3 星）、国际水平（2 星）、区域领先（1 星）和不予评级五类（Boyer，1990；Glassick，Huber & Maeroff，1997）。

2014 年进行的研究评审引入了新的测量方法，使研究型大学之间形成对政府科研经费的竞争：根据香港研究资助局（RGC）每年的研究资金获取结果，资金分配逐渐增加，9 年后将占据整体研究资金的 50％。同时，RAE2014 的评估结果将反映在剩余 50％的资金分配中。虽然研究资助局并不想在 UGC 资助的大学之间产生一个排行榜，也不想评价研究者个人的研究绩效（The UGC，2014），但由于其评审结果直接与大学挂钩，即使不公开研究者个人的身份，学者也普遍感到来自各个大学和院校的高期待的压力。比如，在实际运作中只有 3 星（国际卓越）以上的科研成果才会受到重视。

（3）日本顶尖大学（TJU）

TJU 是日本顶尖国立大学之一，其历史可以追溯到 19 世纪的明治维新时期。20 世纪 30 年代，TJU 通过合并成为日本 7 所帝国大学之一，也是公认的日本顶尖综合性大学之一。2015 年拥有在职教师超过 3200 人，其他兼职教务人员 3500 人。设有 16 个学院，其中有博士在读生 3200 人、硕士在读生 4600 人、本科生 1.6 万人、留学生 2100 人。

　　与中国内地和香港地区不同,日本的高等教育体系中私立高校占主导地位。然而,直接由日本文部科学省领导的公立大学在研究领域一直扮演着举足轻重的角色,这一点与中国内地和香港地区一样。2004 年,日本公立大学为提高效能重组为国立大学法人。在新的国立大学法人体系下,日本文部科学省出台了"六年中期发展目标",为国立大学制定中期计划奠定了基础。大学据此目标制定其中期发展规划,且须得到文部科学省的核准。在中期计划的基础上,国立大学的绩效将在中期建设结束时由大学评价与学位授予机构(National Institution for Academic Degrees and University Evaluation,NIAD‐UE)予以评估。2016 年 1 月,日本新改组成立大学改革支援及学位授予机构(National Institution for Academic Degrees and Quality Enhancement of Higher Education,NIAD‐QE),NIAD‐UE 被并入其中。日本大学改革支援及学位授予机构的主要功能是根据文部科学省的国立大学法人评价委员会(National University Corporation Evaluation Committee,NUCEC)的要求评估各大学的教育和科研工作情况。

　　国立大学法人评估委员会以大学改革支援及学位授予机构提供的框架为指导纲领,根据各国立大学的发展规划和教育、研究、管理方面的中期目标来评估其绩效,要求每所国立大学撰写绩效报告,再通过档案分析和实地考察进行评估。国立大学法人评价委员会的目标包括两方面:一是保障和提高日本国立大学的教育与研究水平;二是对作为公共机构的日本国立大学进行问责。

　　尤为重要的是,日本文部科学省制定出一个基于评估结果和大学的工作力度分配财政预算的新政策。在第二轮中期评估之际,日本提出"Global 30""重振日本"等计划,给高校和研究机构施加了巨大的压力，使彼此之间竞争加剧，而这些因素形成的合力尤其作用在类似 TJU 这样的研究型大学中的每个科研人员身上。

3 科研活动发生了怎样的变化？

要回答不同制度下大学科研评估体制是如何影响高等教育系统这一问题，首先需要了解学者是如何定位科学研究的。本研究发现，三所案例大学的科研水平都受到来自不同学科学者的普遍认可。大多数被访谈者认同科研是大学，特别是研究型大学的核心使命，几乎所有的被访谈者都认为，他们在很大程度上受这个使命驱动。

例如，TCU 的王教授①从该大学的高等教育研究所所长位置退休后，仍作为 TCU 的退休教授在工作。作为高等教育的资深学者，他认为科研是 TCU 的第一要务。他的观点也证实了这一点："大学应该遵循自身的本质特点……大学是研究和探索真理的地方。"与教学和社会服务相比，他坚持认为，研究是他所在大学的第一要务，因为他所在的大学是研究型大学。THKU 教育学专业的刘教授、TJU 人类学的高村教授也持类似的观点，都把科研看作全球化时代大学的第一要务。这种观点得到了三所大学几乎所有被访谈者的认同。这一共识反映了大学对"科研 GDP"的期待，也导致了大学科研化现象。

虽然采访对象都承认科研在各大学中的重要性，但三所大学所在地的政策环境各不相同。例如，TCU 的被访谈者认为，科研不仅是院校的使命，于国家社会经济发展和全球化进程中国家竞

----

① 本研究中涉及的个人也使用化名。

争力的提升而言也不可或缺,而这些都需要通过世界大学排名来体现。由 TJU 的事例可知,日本的大学同样持有上述观点,但正如石川真由美的分析,日本更强调科研可以提高大学在各研究领域的国际竞争力,从而提高和维持大学的地位。中国和日本的案例都展示出大学无论在国内还是国际都有追求"科研 GDP"的竞争心态。此外,TJU 强调科研同教学和社会服务一样重要,甚至科研地位更高。

THKU 的案例则表明,科研成果可以提高大学的全球地位,有助于提升大学所在地的经济竞争力。正如波斯蒂廖内和荣格(Postiglione & Jung,2013)指出的那样,为了提升大学的世界排名,提升中国香港作为特别行政区的经济竞争力,有必要加大对研究的投入。特别是 THKU 的访谈者认为,作为一所公立大学,THKU 的目标是进一步提高研究上的世界一流地位,帮助香港转型为亚太地区乃至全球的高等教育国际枢纽。

访谈中,刘教授认为,当把大学的三个核心功能进行比较时,THKU 特别强调科研相对于教学和社会服务的优先地位,教学对于研究型大学来说也很重要,但是毫无疑问,研究优先于教学。刘教授观察到,THKU 在制度上将科研人员的年度评估近乎平均地划分为科研、教学、社会服务三个维度。但是在实践中,科研成果通常是衡量每位科研人员表现的首要标准,尤其对年轻学者而言,更倾向于致力于研究而不是教学和社会服务。

(1) 为评估而科研?

三所大学都将研究的重要性系统地纳入大学的使命中。而"科研 GDP"的首要性以及对科研成果常规性、制度化的评估给大学带来了多重压力。通过三所大学案例的比较，可以看出这些影响在不同系统里的诸多异同。

就研究压力而言，年长的教授倾向基于个人兴趣和知识探索的动机进行研究，研究压力相对较小。某领域的专家、TCU 的一位教授从事科研工作至今，退休后仍主持多项科研项目。资深人类学教授晁教授 50 岁出头，迄今为止所从事的研究都是出于个人的学术兴趣，没有受到 TCU 制度评估的压力。

> TCU 早些时候没有年度晋升考核或者任期科研评估。那个时候只有少数特别资深同事发表一些（文章），不是所有人都发表。我们看重的是学术兴趣和对研究的热爱，而不是科研产出，更别提量化指标了。作为资深教授，对于目前严格的评估，我基本不用担心。如果我的大学考评我不合格——这基本是不可能的——我可以很容易地换到其他大学去工作。

晁教授对于他研究方面的卓越声誉非常自信。他解释道，如果他的大学要求他去遵循什么科研量化指标，他可以很自由地流动到其他大学工作。THKU 的刘教授和 JTU 的高村教授也都是在各种科研活动中非常活跃的资深教授，他们也有类似的经历。

年轻教授也在有意或无意地发扬这种坚持对科研的兴趣和以科研本身为动机的传统，这在调查过的三所大学中都有所体现。例如，有助教否定了在选择研究主题时，科研评估会成为很大的制度压力。TCU 的方助教（人类学）被录用的第二年，在美国知名的私立大学取得了博士学位。他说，虽然现在的研究不是自己感兴趣的领域，但相信今后能有足够的时间去研究自己的课题。

THKU 的廉助教（教育学）被录用已有 5 年，他从未在意研究成果,笑嘻嘻地说自己一直以来都是因为想研究而继续研究的。另外,在 2014 年判定"非升即走"的严格审查①中,他也没有在意自己是否会合格。当被问及为什么对研究没有强烈压力时,方助教和廉助教都回答说,因为自己有研究能力,能做出满足科研评估要求的成果。

面对大学越来越高的期望和严格的科研评估,不少年轻的科研人员做好了准备,但也并非每个人都具有乐观的心态和高昂的斗志。方助教的同事张助教(教育学)在 TCU 工作已经有 4 个年头了。他真切地感受到 TCU 的科研评估机制带给自己的压力,觉得必须尽最大努力使自己的成果更丰富、更具有竞争力,这样才能确保通过次年终身教职的申请。

据 TJU 的调查,日本的科研评估对顶尖大学的教员产生了极其重大的影响。例如,山口博士是年轻的人类学助理教授,对于大学的科研评估体制带来的压力,她感到非常焦虑,几乎全身心地投入科研工作。由于一直忙碌于科研,她几乎没有时间考虑个人问题,以至于 30 多岁还单身。在访谈过程中,她也几乎无法面带微笑。她这样总结自己的学术生活:

> 我必须专注于科研,以便在未来几年可以发表更多的文章,否则我将会失去我在这所大学的职位……工作竞争非常激烈,学校对每个人的期望都非常高。如果我落后了,我肯定会丢掉工作……因此我的个人生活只能简化为这样:每天早晨 6 点半从租住的公寓到办公室,晚上很晚才回去,有时候甚至到半夜。幸运的是,我家到上班的地方不是很远,通勤时间

---

① 香港的一部分公立大学采用"非升即走"的人事审查方针,即助教在被正式聘用 6 年后,如果不能晋升为副教授,则会被解约。这种制度和美国多数大学的任期制相似。

不到一小时。

山口在 TJU 感受到的压力也同样发生在她周围其他年轻人身上，如教育领域的坂田教授。在正式开始访谈之前，坂田教授展示了他用日语和英语发表的若干学术著作和论文——这是他在过去的 20 年里取得的引以为傲的成就。他明确表示科研评估体制对于大学在国际竞争中的地位来说非常重要，他完全支持 TJU 的竞争机制，并投身其中。

（2）为 SSCI/SCI 评估而研究？

为了进一步了解研究的压力，特别是一些年轻学者所承受的压力，有必要掌握研究评估的影响在这几十年里是如何变化的。这种变化揭示了在各类世界大学排名中，将研究作为重点的大学如何应对围绕研究卓越性的世界性竞争。若如此考察，针对"科研评估的影响随着时间的推移会发生怎样的变化"这一问题，也会得出一定的答案吧。

THKU 是一个十分典型的例子。在过去的十多年时间里，中国香港地区的大学受全球排名和科研评估的压力最为紧迫，英文、中文发表的科研成果之间的比例从 1993 年的 1.25 跃升至 2013 年的 4.25，增幅达 3.4 倍，平均增长率达到 2.4。同时，总体上国际性语言和本地语言之间比例较高，达到 1.49。就发表的科研成果而言，香港地区的大学国际化程度较高。这一发现也间接证实香港地区高校科研人员具有相对高的国际化水平，但其本地化水平也最低。总体来说，香港地区的大学国际化程度最高。从总体发表率和历时的英语成果与本地成果之间的增长比例两个指标来看，

THKU 在三所顶尖案例大学中遥遥领先。

根据此次从三所大学收集到的定量数据,论文的写作语言在这 20 年间有从母语变成英语的倾向①。这也是受到了科研评估方式的影响。例如,在对质量有所要求的同时,对于使用英语而不是母语的要求也越来越严格。

在 TCU 的科研评估中,收录在 SCI、EI、SSCI 等论文数据库中的学术期刊的论文被视为职务晋升、资格证明、奖励的主要指标。具体来说,科研成果的评估方法由如下公式决定:(a)论文的数量和(b)SCI、EI 或 SSCI 期刊论文的数量。这些指标在不同的学科领域以及不同级别的教授之间也有所不同。例如,自然科学领域要获得正教授职位需要(a)10 篇论文和(b)7 篇 SCI、EI 或 SSCI 期刊论文;或者(a)8 篇论文和(b)5 篇 SCI、EI 或 SSCI 期刊论文,再加 1 部高质量专著。同一领域的副教授需要(a)6 篇论文和(b)3 篇 SCI、EI 或 SSCI 期刊论文;或者(a)4 篇论文和(b)2 篇 SCI、EI、SSCI 期刊论文,再加 1 部高质量专著。其中英语期刊论文的权重更高。这些措施被中国学术界称为学术的"评估主义"。

另外,TCU 等中国内地的大学在招生活动中也会利用本校在不同排行系统中的全球排名进行宣传,如基本科学指标(ESI)数据库和 QS 世界大学排名。此外,如大学排行榜、教研人员质量、毕业生质量、媒体影响等全国性的排行榜,都在招生的商业化竞争中被突出和渲染。

把世界大学排名视为国际化和科研产出标准化路径的科研人员普遍支持科研评估体系对 SCI、EI、SSCI 期刊论文的重视,但是资深教授与年轻教授受到的影响却大不相同。从研究主题和语言偏好来看,资深和年轻研究者一直以来都强调主题的本土关联性,虽

---

① 定量分析结果曾发表于《高等教育政策》(*Higher Education Policy*)相关论文中。

然他们也是开放和包容的,但都更倾向于重视研究成果的本土影响而不是国际影响。这个研究结果很有趣,TCU 倡导研究成果的国际影响,但是其教研人员并不完全认同,其中助理教授张博士认为:

> 总体来说,我的同事没有太多的英文科研成果,这方面也没有很明显的变化。原因之一是英文论文在国内的读者很少,因此影响比较小。对于大多数同事来说,发表英文科研成果不是首选,但是仍然会有那么两三个同事积极发表英文的科研成果,这样有利于提高中国高等教育研究在全球的影响。

根据当时的科研评估机制,THKU 并没有明确采用 SCI、EI、SSCI 期刊论文作为教研人员晋升、职位评定和奖励的指标,但是 THKU 对于英文科研成果的重视渗透在内部和外部的评估机制中,且期望值更高。对学者来说,这两个评估机制都至关重要,通常没有人会忽视这些潜在的规定。从这个角度看,THKU 比 TCU 更为激进。

基于 THKU 的访谈,资深教授倾向于认同各种评估机制对国际标准的提升,年轻教授则选择服从这一规则。同样,资深教授几乎不受评估机制的影响,年轻教授则不同。此外,资深教授和年轻教授都强调研究成果的本地相关性。香港地区有用英语发表学术论文的传统,资深教授和年轻教授对研究成果的本地影响和国际影响同等重视,年轻教授更倾向于在 SCI、EI 或者 SSCI 收录的期刊上发表文章。一位年轻教授这样描述科研评估的压力:

> 香港教授的工资待遇是全球最高的。大学必须通过教授在科研和教育方面的卓越表现来接受政府和公众的问责,这给我们施加了极大的压力……一种奇怪的、绩效代表一切的心态如同幽灵一样蔓延在大学里。也就是说,如果我的科研

产出达不到大学的期望,那么大学就可以轻易找到别人取代我的位置……这让我觉得大学并不珍视我。

与 THKU 和 TCU 相比,TJU 似乎较少受全球科研评估运动的影响,但仍然受到文部科学省下辖的日本大学改革支援及学位授予机构所带来的"审查文化"的影响。为了达到每 6 年审查一次的中期目标,TJU 鼓励教研人员在同行评审期刊上发表科研成果,并作为他们职业发展和工作职位的文献计量指标。虽然 TJU 在制度上并没有明确规定将在 SCI、EI、SSCI 收录的期刊上发表文章用到科研评估中,但是有不成文的标准,即在这些期刊上发表论文的学者在职务晋升时会更受重视。有时候这些制度偏好在年轻学者身上是十分明显的,例如要求科学或者工程领域的博士研究生必须在国际知名期刊甚至 SCI 收录期刊上发表论文。

与中国内地和香港地区同行的看法类似,TJU 的所有受访者都认为增加科研评估的国际标准是有益的,对于提高 TJU 的国际地位也是必需的。山口教授认为,这种做法可以更好地提高日本大学在国际社会的"知名度"。但是,她也担心这种全球指标是否能够被"恰当地使用"。她期待在国际期刊上发表"体面的文章",以达到未来几年晋升的评估要求:

> 我很清楚对我个人的生存和发展来说,这不是一场简单的游戏,尤其对女性来说。在 SSCI 收录的期刊上发表一些体面的文章是好事,但非常难。英语不是我的母语,用英语写作是一个痛苦的过程……毫无疑问,发表英语文章会使我在学校里有更强的竞争力和职业安全感。所以我必须尽最大努力去克服这一困难。当然我不是唯一担忧这个问题的人。

4 研究评估的影响

在全球化时代，大学正经历着系统的重构以应对不断涌现的新挑战，而全球排名和科研评估只是其中之一。大学传统意义上的三大核心使命已经被经费、管理、教师和学生、社会文化环境等因素重新塑造。在短短十余年的时间里，世界大学排名和科研评估已经压倒了这些传统因素，成为无所不在、无比强大的专政式力量，系统而全面地控制了高等教育的改革路向和方式。尤其在新的科研评估体制下，发表期刊论文成为"科研GDP"的主要指标，大学和科研人员的压力呈几何式增长（Post，2012）。

本研究发现，科研是这三所案例大学的核心使命，所有的学者都认同这一使命对大学和科研人员个体而言的根本意义。虽然传统意义上科研只是大学三大主要功能之一，但与之前相比，它已经变得前所未有的重要。与教学和社会服务相比，科研被普遍视为第一要务。然而，危险在于，几乎所有的全球大学排名和科研评估体制都粗暴无情地采用单一的、必须量化的指标来评估"不可量化的、有价值的东西"。尽管"不是所有可以计算的都重要，也不是所有重要的都能被计算"，"出版或出局"事实上成为大学科研人员学术生活的真实写照。

三个东亚案例的研究结果表明，用于教师晋升、职位和奖励的常规性评估机制重构了科研在大学中的地位和角色。这些机制创造了中国内地的"评估主义"、中国香港地区的"绩效代表一切的心态"，以及日本的"审查文化"。无论哪一种机制，都特别重视在公认的学术期刊上刊登论文。

当学术成果被评估时，无论是国家（地区）还是院校层面都把它们的国际影响转化为必要的计量指标。在大多数情形下，更易被认可的是英语的论文,因为英语是全球"帝国主义的喉舌"
(Altbach,2013),SCI、EI、SSCI 收录的论文绝大多数都是英语。
另外,这些期刊历来由西方的出版商和索引机构把持。

　　世界排名和科研评估体系已经强势地使东亚地区的大学以及
其他后殖民背景下的大学陷入进退两难的困境。因此,大学的研
究活动比以前更加困难。例如,关于在哪里发表研究成果这一问
题,研究人员必须做出艰难抉择。正如哈纳菲(Hanafi,2011)在分
析阿拉伯世界的大学时所指出的那样:"要么在国际期刊上发表而失
去对本土的影响,要么在本土期刊上发表而失去对国际的影响。"

　　本研究虽然将考察对象限定在东亚区域内的三所研究型大
学,但东亚的大学数量众多,情况纷杂。其他大学是否受到了全球
大学排名的影响? 如果受到了影响,那么这些大学又会有怎样的
变化呢? 由于各种各样的改变,大学的制度性使命,例如教育的质
量发生了怎样的变化呢? 另外,研究人员的生活和学生的生活受
到了怎样的影响呢? 这些都是今后有待进一步考察的重要问题。

5　排名系统的矛盾

　　由于殖民主义和后殖民主义为全球化铺平了道路,高等教育
的全球格局已经或多或少由以英、美系统为代表的西方传统主导。
比如世界大学排名也只不过是推进新全球化时代欧美优势地位的
另一种形态。在过去的一个世纪,这一模式无所不在的一个体现
是英语被理所当然地当作一种世界通用语言,拥有控制性的霸权
地位。这从本研究的实证案例中可见一斑。世界大学排名和科研
评估证明:在全球化的新阶段,这种后殖民心态正在持续提升英美
主导的单一模式。这种全球现象造成的两难困境使许多大学尤其

是研究型大学苦苦挣扎于一种平衡游戏之中——既要应对全球竞争，又要满足本土需要。东亚地区的大学也因此遭受改革和重建的巨大压力。这在其他研究者的论文中都得到了进一步的证明（Ishikawa，2009；Marginson，2010；Postiglione & Jung，2013 等）。因全球大学排名产生的进退两难境地，使东亚地区的大学面临着巨大的责任和压力，不得不为此改变制度。

东亚大学有和其他地区不同的传统（Hayhoe，1995；Li，2016）。例如，公元前 124 年在中国建立的太学，是世界上制度化最早、最完整的高等教育机构，比西方的模式早了一千多年。当前，中国高校正在进入"中国大学 3.0"的新阶段，它建立在中国过去 20 年的文化遗产之上（Li，2016）。在大学全球化使命中，欧美模式和英语至今一直占据着堪称完美的压倒性优势，让我们拭目以待中国的这个新东亚模式将如何应对。

在以世界排名和科研评估为契机提升院校质量和地位的同时，不少东亚的大学在完成教学和社会服务的使命方面投入的精力大幅削弱，尽管后两者与科研同等重要。我们仍可期待在不久的将来，具有重要意义的教学和社会服务在崛起的东亚大学包括中国的大学中会重新得到重视，大学的真正使命将能够获得全面、均衡、健康的可持续发展。

参考文献

Altbach，PG（2013）*The international imperative in higher education*. Boston：Sense Publishers.

Boyer，EL（1990）*Scholarship reconsidered：Priorities of the professoriate*. New York：The Carnegie Foundation for the Advancement for Teaching.

Chou，CP（2014）*The SSCI Syndrome in higher education*. Rotterdam，the Netherland：Sense Publishers.

Eagleton，T（2015，*April* 6）*The slow death of the university*. *The* Chronicles *of Higher Education*. *Retrieved April* 10，2015 *from http：//chronicle. com/*

article / The — *Slow* — *Death-ofthe* /228991

Flexner, A (1930) *Universities: American, English, German.* Oxford: Oxford University Press.

French, N (1997) Financing of higher education in Hong Kong: Outline of UGC funding methodology. University Grants Committee of the Special Administrative Region of Hong Kong. Retrieved on Oct. 28, 2015 from the UGC Website: http://www.ugc.edu.hk/eng/ugc/publication/speech/1997/nf _finhe.htm

Glassick, CE, Huber, MT & Maeroff, GI (1997) *Scholarship assessed: Evaluation of the professoriate.* San Francisco, CA: Jossey — Bass & The Carnegie Foundation for the Advancement for Teaching.

Gonzales, LD & Núñez, AM (2014) The ranking regime and the production of knowledge: Implications for academia. *Education Policy Analysis Archives*, 22 (31), 1 – 20.

Hanafi, S (2011) University systems in the Arab East: Publish globally and perish locally vs publish locally and perish globally. *Current Sociology*, 59 (3), 291 – 309.

Harman, G (2011) Competitors of rankings: New directions in quality assurance and accountability. In J. C. Shin, R. K. Toutkoushian & U. Teichler (Eds.), *University rankings: Theoretical basis, methodology and impacts on global higher education* (pp.35 – 53) Dordrecht: Springer.

— (2006) Research and scholarship. In J. J. F. Forest & P. G. Altbach (Eds.), *International handbook of higher education* (pp. 309 – 328) Dordrecht: Springer Science + Businesses Media B. V.

Hayhoe, R (1995) An Asian Multiversity: Comparative reflections on the transition to mass higher education in East Asia. *Comparative Education Review*, 39(3), 299 – 321.

Hazelkorn, E (2015) *Rankings and the reshaping of higher education: The battle for world-class excellence* (2nd ed.) New York, NY: Palgrave Macmillan.

Ishikawa, M (2014) Ranking Regime and the Future of Vernacular Scholarship. *Education Policy Analysis Archives*, 22(30), 1 – 22.

— (2009) University rankings, global models and emerging hegemony: Critical Analysis from Japan. *Journal of Studies in International Education*, 13(2), 159 – 173.

Jasper, K (1959) *The ideal of the university* (Trans. H. A. T. Reiche & H. F. Vanderschmidt) London: Lowe & Brydone.

Kerr, K (1963) *The uses of the university.* Cambridge, MA: Harvard University

Press.

Li, J (2016) Chinese University 3.0 in a global age: History, modernity and future. In P. C. I. Chou & J. Spangler (Eds.), *Chinese education models in a global age: Transforming practice into theory*. Singapore: Springer.

Marginson, S (2010) GLOBAL: Research: A force for globalisation. Retrieved on Oct. 28, 2015 from http://www. universityworldnews. com/article. php?2story = 20100326113121559

Min, WF (2004) Chinese higher education: The legacy of the past and the context of the future. In P. G. Altbach & T. Umakoshi (Eds.), *Asian universities: Historical perspectives and contemporary challenges* (pp. 53 - 83) Baltimore & London: The Johns Hopkins University Press.

Oguz, A (2004) *Ranking competition: How much to endeavor to move up?* Unpublished M. A. thesis, Emory University.

Pelikan, J (1992) *The idea of the university: A reexamination*. New Haven, CT: Yale University Press.

Post, D (2012) Rank scholarship. *Comparative Education Review*, 56(1), 1 - 17.

Postiglione, GA & Jung, J (2013) Frameworks for creating research universities: The Hong Kong case. In J. C. Shin & B. M. Kehm (Eds.), *Institutionalization of world-class university in global competition* (pp. 237 - 254) Dordrecht: Springer.

Power, M (2004) The risk management of everything. *The Journal of Risk Finance*, 5(3), 58 - 65.

Shin, JC (2011) Organizational effectiveness and university rankings. In J. C. Shin, R. K. Toutkoushian & U. Teichler (Eds.), *University rankings: Theoretical basis, methodology and impacts on global higher education* (pp. 19 - 34) Dordrecht: Springer.

Stake, R (1995) *The art of case study research*. Thousand Oaks, CA: Sage.

Teichler, U (2011) Social contexts and systemic consequence of university rankings: A metaanalysis of the ranking literature. In J. C. Shin, R. K. Toutkoushian & U. Teichler (Eds.), *University rankings: Theoretical basis, methodology and impacts on global higher education* (pp. 54 - 69) Dordrecht: Springer.

The UGC (2014, June) *Research Assessment Exercise* 2014. *Retrieved October 28, 2015 from http://www. ugc. edu. hk/eng/doc/ugc/rae/gn_201406. pdf*

Toutkoushian, RK & Webber, K (2011) Measuring the research performance of postsecondary institutions. In J. C. Shin, R. Toutkoushian & U. Teichler (Eds.), *University rankings: Theoretical basis, methodology and impacts on global higher education*（pp. 123 - 144）Dordrecht: Springer.

van Vught, FA & Westerheijden, DF（2012）Transparency, quality and accountability. In F. A. van Vught & F. Ziegele（Eds.）, *Multidimensional ranking: The design and development of U - Multirank*（pp. 11 - 23）Dordrecht: Springer.

Yin, R（2014）*Case study research: Design and methods*（5th Ed.）Thousand Oaks, CA: Sage.

第四部分

以新的测定标准为目标

第 10 章
构建可比数据系统
欧洲的大学排名及科研评估新动向

藤井翔太

1　新的评估及标杆分析法的出现

如前几章所述,进入 21 世纪以后,世界大学排名对高等教育的影响越来越大。2003 年上海交通大学最先发表世界大学学术排名（Academic Ranking of World Universities,ARWU）,紧接着 2004 年《泰晤士报》发表"泰晤士高等教育世界大学排名"（当时称为 Times Higher Education-QS World University Rankings,现在通称 Times Higher Education World University Rankings）,拉开了世界大学排名的序幕。如今,现有的和已经消失的各种世界大学排名加起来共有十多种,各个机构根据各自确定的指标体系对全世界的高校进行排名。

在 21 世纪之前,《美国新闻与世界报道》就已经在美国国内开展大学排名活动,并评出美国最佳大学（America's Best Colleges）。进入 21 世纪以后,随着全球留学生人数的增长,大学排名不再限于某一国家内,而是出现了跨国界的新特点,即全球范围内的高校都会参与排名。特别是在留学生大国,如中国、韩国、新加坡等国的一流大学常用世界大学排名来向全世界的学生宣传自身的品牌价值。日本政府也和其他各国政府一样,为吸引来自全世界的优秀学生及科研人员,出台了一系列旨在提高大学排名的高等教育政策。

在这样的背景下,世界大学排名对日趋国际化的高校及科研机构的影响越来越大,其功过已经在其他章节中反复论述过。本章节将选择一个稍微不同的角度来考察大学排名。

笔者原本是从事西洋历史（英国近现代体育史）研究的科研工作者,不过从 2010 年开始便没有再进行本职研究工作,而是在大阪大学国际交流中心从事与大学排名相关的工作。具体来说,就是向各个大学排名运营机构提供本大学的数据，以每年大学排名结果为基础进行标杆分析，并撰写报告汇报给大学管理层；以及与大学排名运营机构和其他大学的排名工作负责人交流信息等。2014年，笔者被调到大阪大学未来战略机构战略企划室的机构研究（Institutional Research，IR）小组从事调研工作，具体工作内容是收集并分析大学内部的数据，针对在校生、毕业生进行调查分析，同时也涉及调研教员评估、科研评估的全球趋势等工作。也就是说，笔者的工作就是跟进与本书主题相关的世界大学排名及科研评估的最新趋势，接触实际数据的同时思考作为大学应该如何应对。

因此，本章以笔者的工作经验为基础，考察大学排名及科研评估的最新发展趋势。首先第一节将概览21世纪以来大学排名的总体趋势，侧重关注对高校影响力日趋扩大的商业排名。第二节、第三节将分别分析评估欧盟的多维全球大学排名（U－Multirank）及英国的科研卓越框架2014（Research Excellence Framework 2014，REF 2014）评估体系的影响力。多维全球大学排名的评估及标杆框架不同于过去以量化科研能力为主的排名，REF 2014则是英国最新的科研评估框架。虽然这两个评估框架都是用来对大学进行排名，但二者都具有与当下排名不同的评估维度。比如，它们可以构建对比档案，还可以向大学以外的利益相关者说明大学的教育及科研能力等。考察这些最新潮流对预测今后的大学排名趋势有着重要的意义。本章将在了解新动向的前提下，进一步阐述日本的大学所面临的问题。

2 最新的排名动向及对未来趋势的预测

2014 年底,《泰晤士高等教育》(THE)宣布,"泰晤士高等教育世界大学排名"所使用的论文及引文数据库将变更为爱思唯尔企业旗下的 Scopus。此前自 2010 年开始的 5 年间,该世界大学排名一直使用汤森路透旗下的引文索引数据库(Web of Science)为其大学排名提供分析支持[①]。笔者在消息宣布的当天参加了在东京举行的研讨会,至今还记得该消息发布时汤森路透员工的震撼程度。听到这突然的消息,他们目瞪口呆。论文及引文数据库本身有很多指标会对排名产生影响,如论文数、论文的被引次数[引文影响(Citation Impact)占 THE 整体评估的 30%]等,变更数据库可能会导致排名发生变动。2015 年 10 月发布的"泰晤士高等教育世界大学排名"中,受论文相关指标分数大幅变动的影响,日本所有大学的排名都有所下降。再细看评估结果,虽然表面上评估指标与去年无大变化,但是 THE 对各指标的分数进行了大幅调整。在发布排名前,THE 的相关人员来到日本向日本的大学解释排名时,曾明确地说:"希望你们将本年度的排名理解为完全不同于去年及以前的排名。"

那么为什么明知变更数据库可能会导致排名或者分数的大幅变动进而损害排名的公信度,THE 还是要一意孤行呢? 这也可以理解成,这是 THE 重视国际影响力日益增强的亚洲等区域的发展中国家的结果。THE 开展了按地区进行排名的活动,比如在 2013 年

---

① Times Higher Education announces reforms to its World University Rankings,Times Higher Education,https://www.timeshighereducation.co.uk/world-university-rankings/news/times-higher-education-announces-reforms-to-worlduniversity-rankings(2015 年 8 月 12 日阅览)。

THE 新增亚洲大学排名（Times Higher Education Asia University Rankings）。Web of Science 以英文期刊为主，严格挑选核心期刊。相比而言，Scopus 覆盖更广地域及语言的期刊。这难道与 THE 重视国际影响力日益增强的亚洲等区域的发展中国家的大学没有关系吗？

当然理由不仅限于此，变更数据库可能还有其他重要的原因。比如随着合作伙伴从汤森路透变更为爱思唯尔，THE 内部设置了负责收集和分析数据的工作小组。2014 年以前，THE 排名使用的数据（包括论文数量及被引用次数以外的数据）都由汤森路透从世界各大学收集而来，然后 THE 用汤森路透所收集的数据进行评估。2015 年以后，虽然论文及引文数据库以 Scopus 为数据源，但声誉调查（Reputation Survey）及其他机构的数据收集工作由 THE 内部工作小组直接负责。也就是说，THE 变更合作伙伴的同时也在完善自身的管理体制，将排名使用的所有数据都归在自己企业的直接管理之下。

运营排名的企业自己保管所有与排名有关的数据其实意味着企业的目的不仅是排名本身。也就是说，我们应该将排名理解为 THE 实现其他目标的一个手段。企业通过世界大学排名收集到的数据超越了国界，而且能够以大学为单位进行比较。当然，社会上对于排名评估指标存有很多争议和批评，THE 自身也有变更数据库的经历，因此进行长期数据的比较可能存在一定困难。但是拥有可比较的数据可以变成 THE 的一大优势，它可以将大学的表现和预算结构以大学为单位进行基准化，在世界范围内宣传大学的长项。说得极端一点，THE 完全可以利用从全世界各大学收集到的数据，向全世界的大学兜售咨询商品。

QS 与 THE 一样是运营世界大学排名的企业，但是 QS 更加有意识地通过排名来收集可以基准化的数据并将其转化为商品。QS

本来的目的(商品)就是向留学生提供世界各国大学的信息,排名是为了达到其经营目的而采用的手段,这一点非常明显。QS 排名与 THE 排名相比,评估指标非常简单。这样做的目的是给更多的利益相关者提供通俗易懂的数据,吸引更多的大学参加排名。最近几年 THE 重点开发的按地区、按领域排名的活动,其实也是 QS 先着手开发的。QS 巧妙而成功地让更多的大学相关人员对 QS 运营的各种排名产生了兴趣。

　　除此之外,QS 还向希望提高排名的大学提供咨询服务、在广告宣传册上登载广告,以地区为单位策划运营 QS Apple、QS Maple 这样的国际会议以及暑期学校等。也就是说,QS 通过吸引更多的留学生和科研人员将知识信息转化为商品并进行销售,因此 QS 需要将排名按领域、按地区进行更细的分类。在 QS 排名中,单位教员论文引用率(Citation per Faculty)以及声誉调查所占的比例很高,因此 QS 很难对非研究型大学进行排名。所以,对于无缘挤入排名榜单的大学,QS 采用星级评定(QS STARS[①])的方式进行等级评判。星级评定不仅使用与排名相通的评估项目,如教育、研究、国际化等指标,还设计了硬件设备、就业能力、社会包容性等各种指标,按指标给予大学 1 至 5 星的等级评定结果。QS 星级评定简直可以被看作高等教育界的收费版米其林指南。而且,其影响力越来越大,不论是排名榜单以外的发展中国家的大学,还是排名榜单上名列前茅的大学都接受星级评定。QS 星级评定影响力持续扩大,已然成为各大学证明自己强项的手段[②]。

　　正如 QS 星级评定的例子所证明的那样,运营世界大学排名的

---

① QS 星级评定,http://www.topuniversities.com/qs - stars。

② 例如笔者曾参加 2014 年 QS Apple 大会,大会现场会举行大学星级授予仪式。也有大学将 QS 星级评定作为保证质量的手段。

企业已经涉猎现阶段还不能参与国际排名的大学,并雄心勃勃地在高等教育的世界里开拓新兴市场。为此,企业需要收集分析数据。这些数据不仅考虑到了已经用于排名的研究、教育、国际化等评估指标,还考虑到了满足社会需求的指标,而排名及 QS 星级评定都只是企业实现收集分析数据目的的一种手段。

当然也存在像软科世界大学学术排名、莱顿大学排名(CWTS Leiden Ranking)这些由高等教育机构运营的排名,并不是所有的大学排名都如 THE 和 QS 这样用于营利。从另一个角度来说,THE 和 QS 为开拓新兴市场而收集分析可以进行国际比较的数据,这一现象本身也反映出市场对信息的需求,这种信息是对世界各大学的表现进行多方面比较后获得的。特别是,由于欧洲各国积极推进跨越国界的教育及研究政策,因此在欧洲高等教育界,基于多种指标而且可以进行国际比较的标杆分析是必不可缺的。

在下一节中,笔者将以欧盟最近几年开始使用的多维全球大学排名为例,讨论与现有排名不同的标杆分析的最新发展动向。

3　多维全球大学排名反映出什么?

于 2014 年发表的多维全球大学排名是欧洲高等教育机构的一个新的分析标杆。多维全球大学排名从欧盟委员会领取补助金,由荷兰特文特大学高等教育政策研究中心(CHEPS)和德国高等教育发展研究中心(CHE)等组成的非营利高等教育机构运营。它的运营理念既参考现行世界大学排名,又有别于以营利为目的的商业运营排名。

多维全球大学排名是 2000 年以后受欧洲高等教育政策的影响而开展的项目。随着欧洲一体化进程的推进,跨越国界的制度一体化也随之发展,高等教育成为改革对象的一部分。

相比经济一体化,在整个欧洲推进教育制度一体化的难度更大。但是 1999 年签订的《博洛尼亚宣言》大幅推进了欧洲各国学分互认与转换系统(ECTS)和伊拉斯谟世界计划(Erasmus Mundus)[①]。也可以说,它既表现出欧盟认可成员国独自发展高等教育系统的多样性,同时也为保持一定水平的教育质量而在整个欧盟范围内调整着教育制度。该事业的目的是促进学生在欧盟范围内跨国境移动、提高毕业生的就业率,以此增加整个欧洲高等教育的吸引力和影响力。通过向世界上的其他国家宣传欧洲高等教育的魅力,欧盟成员国可以吸引来自欧洲以外国家的优秀留学生和科研人员(Gonzales & Wagenaar,2012)。

为在整个欧洲范围内富有成效地推进改革,欧盟需要借助标杆来比较欧洲各个大学,并将各大学的多样性具体化、形象化。欧洲高等教育学校分类工具(U-map)[②]项目是为创建可比较的欧洲高校档案而设计的高等教育分类标准与体系。多维全球大学排名项目就是以 U-map 项目为基础发展而来,并被用于对全世界各大学进行标杆分析(Vught & Huisman,2013;Gonzalez & Yarosh,2013)[③]。

与现有的 THE 和 QS 排名相比,多维全球大学排名的特点是更加看重大学各领域排名(Field-based Rankings)而非各院校的

---

① Bologna Process:European Higher Education Area http://www.ehea.info/.

② http://www.u - map.eu/.

③ http://www.u - map.eu/Jeroen Huisman (2013),"Institutional Profiles:Some Strategic Tools",Tuning Journal for Higher Education,1,pp. 21 - 36.:Julia González and Maria Yarosh (2013),"Building Degree Profiles:The Tuning Approach",Tuning Journal for Higher Education,1,pp. 63 - 64.

排名(Institutional Rankings),评估指标的数量非常多,且评估结果不以名次表(League Table)的形式进行公布。

多维全球大学排名的第一个特点是根据学科领域进行评估。参加该排名的大学在提供高校整体数据的同时,还要提供 3—4 个特定领域的数据(每年选择的领域不同,比如 2013 年初次进行排名时选择的是物理学、电气工学、机械工学、经营学四个领域)。大学排名以大学为单位进行比较时,大学之间的结构差异可能会对评估结果产生影响;而侧重以领域为单位进行比较的话,标杆分析会更加公平易懂。此外,通过分学科领域进行评估,不太可能出现在 THE 和 QS 这些备受瞩目的世界大学排名榜单中的专科大学及有特色学科的大学也有可能上榜(Westerheijden,2014)。比如,在多维全球大学排名中,日本的北陆先端科学技术大学院大学在研究成果、争取外部资金、外语项目等指标上都获得了最高等级的评估①。大学院大学②在 THE 和 QS 排名中是没有资格接受评估的。但是多维全球大学排名有一个目标就是对未被现有排名关注的大学进行评估(ibid.)。

多维全球大学排名的第二个特点是评估指标多。THE 世界大学排名有 13 个评估指标,多维全球大学各领域排名有 48 个评估指标③。评估指标分为教育与教学(Teaching and Learning)、研究(Research)、知识转移(Knowledge Transfer)、国际性(International Orientation)、地区贡献(Regional Engagement)五大类。具体观察

① 北陆先端科学技术大学院大学在欧盟(EU)为主导的新大学排名——多维全球大学排名中,获得了世界水准的最高级别评价,http://www.jaist.ac.jp/news/update/2014/euu‐multirank.html(2015 年 10 月 28 日)。
② 只有研究生院的大学。——译者注
③ http://www.umultirank.org/#!/methodology?section=undefined.

每个指标,可以看到其他世界大学排名中常用的指标,如学生教员比(Student-Staff Ratio)、学科标准化的引文率(Field-normalized Citation Rate)等。在其他世界排名中没有被重视的细节部分在这个排名中也成了评估对象,如以学生问卷调查结果为准的学生满意度指标(Students Satisfaction Indicators,用于测试学生对课程的质量及设施等的满意度)、标准学年内的毕业率、就业率及与当地企业的合作(就业、实习、共同研究数量)等。这些独特的指标充分、形象地说明了多维全球大学排名与欧洲高等教育政策紧密相连。为了应对学生自主学习和就业的需求,欧洲高等教育重视与企业等社会利益相关者进行合作,进而推动教育成果向实践成果转化(van Vught & Huisman,2013)。

多维全球大学排名还有一个特点是公布评估结果的形式。多维全球大学排名的官网[1]上会公布各机构、各学科的评估结果[2]。用户可以选择不同学科(也可以选择以评估院校为单位)查看评估结果。评估结果中不显示任何名次,用户只会看到按照评估指标显示的五个级别的结果(如图 10-1)。由此可见,多维全球大学排名的目的不是对各大学进行排名,而是让用户更易判断各个大学的强项专业。多维全球大学排名的设计理念是学生或者大学经营管理者等用户可以自行选择大学、学科、评估指标,根据各自目的(如升学选择、辅助决策)查看定制化的标杆结果。

---

[1] http://www.umultirank.org/#!/home.
[2] 用户也可以特别指定一些内容,同时配备选定国家和大学类型就可自动检索并对比的功能。

学科:计算机科学　选择:6所大学　机构规模:小　地域:爱尔兰

具体大学	教学	教学（学生调查）		研究			知识转移		国际性			地区贡献
	准时毕业（学士）	整体学习体验	课程和教学的质量	外部研究收入	研究出版物	引用率	私有来源收入	与商业合作伙伴的共同出版物	本科课程国际设置	国际性共同出版物	国际研究基金	区域性共同出版物
都柏林城市大学	●	·	·	●	●	●	•	●	●	•	●	●
爱尔兰高威梅努斯理工学院	●	·	·	•	✕	●	✕	●	✕	•	·	✕
爱尔兰莱特肯尼理工学院	•	·	·	•	✕	✕	●	•	✕	✕	·	✕
梅努斯大学	●	·	·	●	●	●	●	●	●	•	•	●
爱尔兰国家学院	●	·	·	•	✕	✕	●	•	✕	✕	·	✕
塔拉理工学院	●	·	·	•	●	✕	●	•	✕	✕	·	✕

● A（很好）　● B（好）　● C（平均）　● D（低于平均）　• E（弱）　· 数据不存在　✕ 不适用

图 10 – 1　U-Multirank 结果示例

来源:U-Multirank 主页,http://www.u – multirank.eu/#!/home。

　　但多维全球大学排名也存在诸多问题。虽然多维全球大学排名基本上以欧洲大学为主,但也会对欧洲以外的大学进行标杆分析。多维全球大学排名(2014)列出的高等教育机构中,有38%的机构来自非欧洲国家。然而,自2011年试用版开始,北美的大学和中国的大学就一直不太愿意提交数据(Vught & Ziegele,2011)。在多维全球大学排名(2014)列出的大约800所院校中,大约只有500所院校亲自提交了数据。针对其他大学,结果只显示由多维全球大学排名汇总的指标(如基于 Web of Science 的文章数量、论文引用率等)。有多种指标和定义与非欧洲文化不相适应,例如地区(Regional)的定义等。而且,对学生进行调查这一项工作的负担也确实很大。换句话说,参与多维全球大学排名的门槛明显高于其他世界大学排名[①]。

　　例如,大阪大学自 2014 年以来一直参与多维全球大学排名,但经过大学内部相关人员的反复讨论,得出的结论是大阪大学只提交相对容易收集的数据,放弃提交需要学生问卷调查结果项目的数据。虽然他们对多维全球大学排名促进具体学科定标比较和多边评估的理念非常认同,但考虑到参与的行政负担,还是决定只参与部分。

　　然而,在 2014 年 12 月我们访问荷兰特文特大学时,多维全球大学排名运营负责人表示他们正在探索一种尽量不增加大学负担的方法。多维全球大学排名的政策是不委托各大学而是自行收集大学已经向外界发布的数据。在欧洲,高等教育系统和教育水平正在逐步一体化。欧洲高等教育界设计了以欧洲国家或整个欧洲为单位的共同评估框架,在大学之间可比较数据的收集和发布方面取得了很大的进展。多维全球大学排名在某种程度上是基于以欧洲国家或欧洲为单位的项目而设计的。例如,多维全球大学排名已经与挪威政府签署协议,因此可以使用挪威政府开展的学生满意度调查结果。今后,经过协商,欧洲以外的大学也有可能采取类似措施。

　　本节介绍了为对抗现有排名而诞生的多维全球大学排名,并以此考察了欧洲新的标杆特征。运营团队设计该排名时就将多维全球大学排名定位为:既与欧洲推进跨国整合的高等教育政策紧密联系,又通过积极推动具体学科排名而实现可比较标杆。它在

[①] 关于学生满意度的调查,有着诸如提问的项目繁多、问题的翻译任务过重等问题,在此基础上又要求以线上调查为基础的数据回收率达到 20%。由于需要万全的准备工作,因此不实施问卷调查的学校也很多。而且,学生调查结果的原始数据由 **U-Multirank** 保管,参与的学校只能获得报告,从这一点上来说学校的投入也是不划算的。

设计阶段就有很强的用户意识，以方便用户可以实际使用评估结果。该排名希望通过使用多种评估指标，兼顾企业、学生等大学以外的利益相关者的需求。而另一方面，该排名不仅在欧洲以外地区的通用性比较低，而且考虑到大学结构的多样性，现阶段反而让大学承受了沉重的负担。笔者个人对多维全球大学排名所提出的理念非常赞同，但是为了在将来提高它的存在感，笔者认为减少大学的参与负担至关重要。

如上所述，多维全球大学排名也确实在试图通过参考国家机构收集的数据和调查结果来减轻参与机构的负担。除此之外，大学为了确保获得财政预算，不可避免地要对本国内的科研评估做出回应。因此，在下一节，将以英国为例，讨论在欧洲以国家为单位的科研评估的最新趋势。

4　从 REF 的影响力评估视角理解科研成果的可视化

英国可以说是 THE 和 QS 等世界大学排名的发源地。"名次表"的概念起源于 19 世纪末在英国兴起的职业足球联赛，现在适用于所有行业。在高等教育领域，已经有按教育、研究水平等各种标准进行排名的大学名次表，其最新类型就是 21 世纪的世界大学排名。

与欧洲大陆相比，英国在历史上一直倾向于建设一个小而精的国家。20 世纪 80 年代的撒切尔政府时期，通过削减或倾斜分配与高等教育有关的国家预算来鼓励大学互相竞争的政策得以正式通过。其象征是从 1986 年开始的高等教育科研评估（RAE）。RAE 被用于评估大学的研究活动并且此评估结果是决定拨款的

重要依据,同时 RAE 还发挥着使大学序列可视化的"名次表"的功
能①。它被视为科研评估和按评估结果分配预算的"榜样",其影响
遍及全球。

本节主要介绍由 RAE 改编而来,并于 2014 年开始实施的科
研卓越框架(Research Excellence Framework,REF)。REF 2014
除了实施在 RAE 中也有的评估指标(如科研成果和研究环境),还
引入了一个新评估指标"影响力"(Impact),以衡量研究活动的社
会、经济、文化和政治影响力。由于 2009 年英国学费整体上涨等
原因,高等教育日益成为社会关注的焦点。顺应这一趋势引入影
响力评估会对英国大学产生什么影响呢?

比较 RAE 2008 和 REF 2014,我们可以发现大部分评估指标
(REF 2014 有 36 个指标),比如论文和著作发表等科研成果指标
(65%)、博士学位授予数量及预算发放等研究环境指标(15%)的
比重并没有太大变化。REF 2014 引入影响力指标(20%)可以说
是最大的变化。在大学研究应该提高其对社会影响力这一呼声高涨
的背景下,REF 2014 将研究活动对学术界以外(社会)产生的影响纳
入影响力评估。此外,在设计阶段,参与设计的专家们也讨论过进一
步推广基于定量指标(论文数量和被引用次数)的评估,但最终保留
了由专家组成的评估小组进行同行评审的形式(Lin,2012)。

影响力指标与科研成果和研究环境指标的不同之处在于,影
响力指标是对科研成果在学术界以外领域的影响力进行评价。高
校需要提交书面材料阐述并证明其研究的影响力。因此与其他指
标相比,该指标更偏向于定性评估。如第 11 章所述,在 2008 年讨
论 RAE 的评估对象时,就已经有专家提出将科研成果的社会、经

---

① RAE 自身并不是排名机构,但其评价结果一旦公布,THE 等媒体就会立刻以此为依
据制作排名表。

济和文化影响力作为评估对象，特别是在难以用文献计量学进行评估的领域。REF 2014 将这些成果作为影响力指标分离出来，目的是明确科研成果案例和评估标准。表 10－1 总结了社会科学领域影响力的定义（类别、内容和案例），但参加 REF 评估的大学需要根据这些定义用更具体的证据来证明其影响力。

REF 2014 根据这些定义对大学进行评估。评估结果、作为科研成果上交的成果清单、研究环境的定量数据（授予的博士学位数量、获得的研究预算金额等）和解释影响力的文件都会公布在网站上。THE 也会分领域将评估结果进行排名并公布①。

在下文中，笔者使用网站上公布的评估结果和影响力相关材料，以笔者熟悉的历史学领域为例，分析 REF 2014 影响力评估的实际情况。

总体而言，科研成果与影响力之间存在着明显的正相关关系。但是，根据总分（科研成果、影响力和研究环境根据一定比重计算出来的分数）将大学进行分组并以小组为单位计算相关系数，我们会发现不同的结果。在各小组内部，研究水平较高的大学不一定具有很大的影响力。自 20 世纪末引入 RAE 以来，英国大学之间的分层越加明显，顶级院校与排名靠后的大学之间获得的研究基金差距不断扩大。我们可以将这个趋势理解为小组内研究水平较高的大学与影响力水平较高的大学在某种程度上呈现出截然不同的趋势。因此，笔者将着重探究是什么样的影响力案例，使得研究水平较低但影响力较高的大学得到了较高评价。

---

① REF 的评价结果分为 5 个星级，以分布状态来公布，THE 将其 GPA 化并进行排名。

表 10 - 1　社会科学领域对影响力的定义

类别	内容	案例
社会、文化、创造性	对个人、集体、团体或者公共知识、习惯、权利、义务的贡献	· 对遗产的保存、保全、企划的贡献；博物馆或展览馆的展出 · 创作电影、小说或电视节目等文化作品 · 提出影响公众和政治的论题；挑战规范和思维方式，组织实践活动 · 改善社会福利，平等与社会融合；诉诸法院流程改进并提供其他机会，例如就业和教育 · 完善法律和其他知识产权保护框架 · 对减轻贫困的政策和实践的贡献 · 为社会、经济、政治和法律变革做出重要贡献 · 增进社会对问题和现象的理解；形成公众的态度和价值观，并产生影响
经济、商业、组织	对营利活动企业和其他团体的贡献	· 改变资源分配方式，改善服务内容 · 开发新的或改良的材料、产品和流程 · 加强对小规模企业技术发展的支持 · 提高工作效率和加强实践 · 完善法律框架和业务管理 · 更好地获得财务机会 · 为改善社会、文化和环境稳定做出贡献 · 强化企业社会责任 · 更有效的调解 · 了解、发展和采用替代经济模式（例如公平贸易）
环境	对自然环境、历史环境、建造环境的贡献	· 增强关于环境的公共意识并诉诸行动 · 改善自然资源和环境风险的运营和保护 · 改善运营环境 · 改变商业和公共事业的业务、实践，实现保护环境的目标 · 改善环境政策和法规的设计和实施 · 保护政策、实践和资源管理实践的变化 · 环境、建筑设计标准和一般惯例的变化 · 对专业实践和守则的影响 · 与生物多样性有关的实践和政策的变化

（续表）

类别	内容	案例
健康、福利	为改善个人、群体（包括动物）的生活（减少损害），或对权益保护做出的贡献	·制定和采用新的健康和福利指标 ·对有关医疗伦理、使用服务和社会护理的政策和实践的影响 ·对持续职业发展（CPD）的影响 ·对相关立法的影响 ·对有关服务使用的政策和惯例施加影响 ·改善服务的提供和获取 ·制定道德标准 ·提高培训水平 ·改善健康和福利
专业	对从业人员和专业服务的贡献	·对特定人群的实践的变化 ·对专业标准、准则和培训的影响 ·开发资源以加强专业实践 ·将研究发现用于专业工作和实践 ·影响服务的运作和计划 ·专业协会制定最佳实践和政策；利用研究结果激发和吸引其他利益相关者 ·影响并激发专家的讨论 ·促进利益相关者之间的讨论
公共政策、法律、公共事业	通过履行或不履行政策、制度、改革等为政府、公共部门、慈善组织做贡献	·法律变更，法律原则的发展，法律实践 ·影响规则，调解和诉诸法院的形式 ·影响政府、准政府组织、非政府组织和私人组织的政策制定 ·改变公共服务的形式和提供方式 ·研究结果激发政策辩论，改变政策方向，影响政策实施 ·对服务质量、成本、可访问性和效率的影响 ·对民主参与的贡献 ·影响非政府组织和商业组织的工作 ·提高公众对社会问题的理解 ·挑战社会规范

来源：REF 2014。

第一个分析案例是德蒙福特大学(De Montfort University,以下简称 DMU)。DMU 位于英格兰中部的莱斯特市,是一所新兴大学,1992 年从理工学院升格为大学的同时,增设了体育史文化研究(Sport History and Culture)专业。现在该专业已经享誉世界,成为世界领先的体育史研究中心。在 REF 2014 中,该大学的历史学和体育史研究的影响力评估分数都很高。与其他院校相比,研究成果(第 74 名)和影响力(第 5 名)之间的名次差距最大。针对影响力评估,在 DMU 历史学专业提交的材料中,特别强调的是其参与制作了英国广播公司(BBC)4 频道广受欢迎的体育历史节目。该节目以广播讲座的形式讲解体育史。2012 年伦敦举办奥运会时,该档节目赢得了许多听众的喜爱。除了英国国内广播,该档节目还在播客(podcast)上发布。全球共有近 30 万用户在播客上下载并收听了该节目。并且,该节目在 iTunes 的发行平台排名中获得了很高的评价(该领域排名第一)。

　　这些定量证据证明了体育史研究的影响力。虽然体育史本身是历史学中一个比较边缘的学科类别,但 DMU 的体育史研究已经获得了来自国际足联、国际奥委会等机构的资金支持,在英国国内和国际上都享有很高的社会声誉。这是通过有理有据地说明自身优势而得到高评价影响力的案例。

　　第二个例子是高地和群岛大学(University of Highland and Islands,以下简称 UHI),其总排名第 52 名,科研成果排名为第 65 名,影响力排名为第 8 名。UHI 是苏格兰高地和群岛地区 13 所学院于 2011 年联合起来升格的一所新兴大学,与 DMU 位于同一地区。DMU 的体育史虽然是个很小的类别,但极具特色而且较容易获得社会的青睐。与 DMU 相比,UHI 的历史学专业不仅工作人员少(在英国规模最小,只有 4 名),而且不太为人所知。但是,

UHI 积极开展扎根于当地的研究活动，并通过巧妙地讲述一个有说服力的故事，获得了很高的影响力评价。具体而言，就是该大学重点描述从事高地和群岛地区土地所有权制度历史研究的亨特（Hunter）教授，强调他参加了当地的土地所有权制度改革委员会并积极提出政策建议。根据他的建议，当地居民设立了基金并促进土地的产权共有，从而使得岛屿上的人口增多（其中有的岛屿 10 年内人口翻倍），能源企业的利润也有所增加（有的企业一年利润增加 1000 万日元）。亨特教授的经历正是一个扎根于当地的人文科学研究者如何影响了当地社会的实际改革，从而产生经济和社会影响力的例子。这是一个用定量证据讲述的故事。

　　这两个例子象征性地说明了在历史学领域的影响力评估中得到高度评价的大学的共同倾向。DMU 的案例表明，为获得高水平的影响力评估，大学不仅要与传统基础设施（如博物馆和电视台）合作向社会发布研究成果，还要通过互联网在国内外发布成果。在影响力评估中排名第一的赫特福德大学（University of Hertfordshire）也是这样做的。而 UHI 的案例则展示了研究活动如何间接对当地社会、经济和政治产生影响。类似的例子还有阿伯丁大学（University of Aberdeen）。在铁技术史研究领域，该大学对多佛城堡重建项目产生了社会和经济影响（复兴工匠技术、创造就业机会、吸引游客）。无论哪个案例，下载次数、阅读人次和经济效应的定量证据都会在叙述其影响力时提升说服力。换句话说，人文学科也需要相当具体地展现经济和社会影响力。

　　在 DMU 和 UHI 案例中我们看到，选择在学术界内处于比较边缘的位置但社会需求高（潜在市场大）的体育史研究这样的领域，或是通过细致地表述扎根于当地的研究题目所产生的间接影响力，都能获得高度评价。这些案例表明，能否在影响力评估中得到高度评价并不取决于是否在研究初始阶段就选择了一个社会需求高的题目。相反,重要的是科研人员如何向社会展示其产出的科研成果,以及他们能否跟踪和理解科研成果的二级和三级效应。

　　但是,在研究小组内部把握和说明所有研究成果的二级和三级效应其实是很难的。因此,大学需要建立一个系统,帮助他们掌握超出学科和部门界限甚至大学界限的研究活动、成果和影响力。例如,在布里斯托大学(University of Bristol),管理研究活动的组织(Research and Enterprise Development, RED)①通过可以收集、把握和分析科研人员所有活动的数据库,发挥着核心作用。此外,该部门也关注影响力评估,制作宣传册简要解释以研究小组为单位的研究项目的社会意义等,以激发科研人员转换惯常的研究意识,促使科研人员在日常工作中尽可能意识到影响力评估进而开展科研活动。同时,该部门还将大学研究能力的拓展活动、公共关系活动与影响力评估对策联系起来策划并实施。换句话说,以引入 REF 2014 影响力评估为契机,布里斯托大学迅速建立了一个将整个大学的科研推进、科研评估和公共关系战略联系起来的系统。

　　本节讨论的 REF 2014 的影响力评估是一个衡量科研成果的社会、文化、经济和政治影响力的科研评估新方向,因此备受关注,特别是在基于文献计量学的方法论难以评估的人文社会科学领域(藤井,2015)。日本一桥大学的蓼沼宏一校长②也指出,影响力评估将有助于衡量大学的社会贡献。

----

① http://www.bristol.ac.uk/red/.
②《一桥大学改革的方向性,致力于社会改善的"真正的实学"》,《日本经济新闻》2015 年 9 月 7 日。

另一方面，REF 影响力评估不仅需要定性说明（构建有说服力的故事），也需要定量证据支持。所以我们也不能忽视为了获得高度评价，科研人员和大学要承受比以往更多的负担。但是，将来的科研评估，不太可能降低对大学社会影响力的要求。例如，在研究委员会分配竞争性研究经费时，相当于影响力评估的指标也会变得越来越重要（Lin，2012）。所以我们可以预测包括 REF 在内的英国科研评估中，影响力评估的重要性将会日益增强。

与前一节讨论的基于多种指标进行评估的多维全球大学排名一样，本节讨论的 REF 影响力评估可以说是将大学（科研和教育）产出的成果以及对社会的影响力进行可视化的一种尝试。二者都表明，基于文献计量学排名难以获得好名次的大学也有可能在其他排名方式中获得很高的评价。笔者在很大程度上赞同这种理念。然而，如果因此加重了科研人员的负担而导致他们不能充分地进行科研活动的话，那就是本末倒置了。影响力评估能否给大学排名等现有科研评估注入新的活力，也许在很大程度上取决于大学院校能否像布里斯托大学一样，建立一套能将科研成果的连锁反应可视化的系统。

5 建立可比较的数据系统

除 THE 和 QS 等现有大学排名的最新趋势外，笔者在本章阐述了多维全球大学排名和 REF 影响力评估所代表的科研评估新方向。虽然评估的目标不同，但这两个科研评估体系都在致力于收集更多的数据对大学加以比较，并且以让众多利益相关者都可以理解的方式将大学的成果可视化。无论是制作排名（以及基于排名的咨询）、公示大学档案，还是为按评估结果分配预算而进行的评估，其根本都在于将科研人员和大学的活动作为定量数据进行收集，并将大学的特征可视化。伴随此潮流，评估指标也变得更加多样。如多维全球大学排名的评估指标中引入了根据学生满意度来评估教育和学习的指标，REF 的评估指标中引入了影响力评估指标以衡量科学研究对学术界以外的连锁反应等，定量化评估扩展到了之前属于定性的领域。其实这一趋势也可以从为排名和评估提供数据的企业积极推进提供新可视化工具这一事实中看得出来。爱思唯尔和汤森路透为大学排名或国家进行科研评估提供数据的同时，也在开发新产品以适应新评估框架。比如它们将分析替代计量学（Altmetrics）相关数据的模块并入工具中，因为研究的影响力也可以通过在媒体和社交网络中被提及的次数进行测量。

　　在要求大学承担社会责任的呼声高涨的同时，对文献计量学的批评声音也越来越多，因此，对大学的评估也必须向多元化方向发展。为了从不同角度评估大学，我们不仅需要从科研效率和经济合理性的角度出发，还需要依据大学对社会的贡献度进行评估。未来标杆分析将会加速发展，因为所有事项都可以进行量化和可视化，数据和指标也都可以进行比较。

　　在这样的大环境下，日本的大学应该采取什么样的应对措施？日本的大学也在逐步构建并推进以大学为单位的机构研究（Institutional Research，IR）体系。而大学档案的运作起步晚导致了以国家为单位的标杆制度尚未取得充分的进展。现今，日本的大学也被卷入了由英美主导的"排名游戏"。其中典型的例子就是安倍政府在推进国立大学改革进程中提出的"10 所高校进入世界大学 100 强"的目标。而笔者认为，对日本高等教育来说更为重要的是建立以大学为单位的数据收集和分析体系，以全世界的学生和科研人员都可以理解的方式将日本高等教育和科研优势可视化，同时进一步强化以国家为单位的可比较数据的收集。

到目前为止，大学入学考试时的"排名"在日本具有很大的影响力，该排名指标在日本叫作"偏差值"，可以反映学生大学入学考试的学业水平。但是，最近的课程改革和入学考试改革加强了高中与大学之间的联系，来自日本以外的留学生人数也在逐渐增加。考虑到这些变化，大学也必须考虑用"偏差值"以外的形式将大学的教育和科研表现可视化。本章讨论排名和科研评估的目的之一就是希望可以帮助学生这一利益相关者进行选择。同时，我们也不能否认教育的国际性标杆是很难确立的。也正因如此，在日本国内定量和定性比较大学教育的水平显得越发重要，因为这种形式可以对较难进行的国际性标杆做一个补充①。

当然，我们难以避免被世界大学排名"绑架"而轻易改变政策的情况。然而，为了在人、事和资金的跨境流动已经司空见惯的21世纪培养和获得优秀的人才，主动向日本国内外利益相关者展示日本大学的优势和劣势也是大势所趋。这也是为什么大学和政府都必须更加重视在展示自己愿景和方针的基础上，制定相应的评估指标并存储分析可比较数据。

谢辞：本论文写作时，受教于特文特大学的唐·韦斯特海登（Don Westerheijden）教授、弗兰斯·凯撒（Frans Kaiser）教授（对 U－Multirank 的调研），普林斯顿大学的苏菲·科莱特（Sophie Collet）教授、简·哈雷特（Jane Hallet）教授（对 REF 的调研）。在此致谢。

---

① 例如英国实施了全国通用的学生满意度调查（National Student Survey），该结果和一定年限的毕业率、就业率、毕业后的薪酬等数据相结合，在主页（UNISTATS）上公开，Natioanl Student Survey http://www.thestudentsurvey.com/；UNISTATS https://unistats.direct.gov.uk/（2015 年 11 月 15 日阅览）。

参考文献

藤井翔太(2015)「人文社会系の研究力を可視化するために — REF2014 の Impact 評価を手がかりに」RA 協議会第 1 回年次大会(口頭発表)。

ゴンザレス,J・ワーヘナール,R(2012)『欧州教育のチューニング—ボローニャ・プロセスへの大学の貢献』深堀聰子・竹中亨訳,明石書店。

Gonzalez J and Yarosh,M(2013)Building degree profiles：The tuning approach, *Tuning Journal for Higher Education*,1：63—64.

林隆之(2012)「英国における大学評価(REA,REF)の概要」『科学技術・学術審議会研究計画・評価分科会資料』http://www. mext. go. jp/b_menu/shingi/gijyutu/gijyutu2/ shiryo/__icsFiles/afieldfile/2012/11/13/1328060_1_5. pdf より取得(2015 年 11 月 5 日閲覧)。

大谷竜・加茂真理子・小林直人(2012)「英国における大学評価の新たな枠組み：Research Excellence Framework— 最近の日本の研究評価の状況との比較」『シンセシオロジー』6—2。

van Vught，F and Huisman，J（2013）Institutional profiles：Some strategic tools, *Tuning Journal for Higher Education*,1：21—36.

van Vught，F and Ziegele，F（eds.）（2011）*Design and testing the feasibility of a multidimensional Global University Ranking*：*U-Multirank final report*, CHERPA-Network，pp. 97—103，http：//ec. europa. eu/education/library/study/2011/multirank_en. pdf(2015 年 8 月 14 日閲覧)。

Westerheijden，DF（2014）Multi－dimensional mapping and ranking：New higher education transparency tools,平成 26 年度大学質保証フォーラム『大学の多元的道しるべ —ランキング指標を問う』(口頭発表)http：//www. niad. ac. jp/n_kenkyukai/no13_2014 forum_keynote. pdf(2015 年 8 月 14 日閲覧)。

第11章

学术领域"卓越性"指标的多样性

对多样的研究成果给予回馈的必要性

林隆之　土屋俊

1 引言

如何对多元的学术研究活动以及其结果进行测定或者适当的评价？这可以被称为"研究中的研究"（以研究活动为对象的研究），是研究领域的基本课题之一。这个课题对大学评价、大学排名以及现实而言都是特别重要的问题。其原因是，大学这样的组织，从人文学到医学，尽管有着各专业领域的研究者，然而在进行大学评估及排名时，却要求以大学或学院为单位来进行总体的测定和评估。而且，在资源分配以及给予各种激励的时候，也会要求出示不同单位间的比较结果。原本是极富多样性的研究活动的组织，却必须在考虑多样性的同时，按照某种程度的标准性和可比性来测定。

评估大学的研究活动的国家制度从 20 世纪 80 年代起开始在几个国家兴起（Geuna & Martin，2003；Hicks，2012；Lin，2009）。如在第 10 章介绍的那样，英国从 1986 年 RAE 评估开始（2014 年更名为 REF），每隔几年就会对大学的所有学科进行阶段性评估。荷兰是科研评估的先驱国之一，从 1993 年开始在改变实施形式的同时进行评估。随后，法国、澳大利亚、意大利、日本等也以各种形式导入了科研评估制度（最大的科研实施国美国并不存在作为国家制度的大学科研评估制度）。评估的实施目的因国而异，英国和澳大利亚是与大学的资金分配直接挂钩，而荷兰只是为了大学的改善。尽管目的不同，评价的项目和方法也不同，但这些评估制度都期望能以更明确的形式对科研成果进行评价，并通过评价来强化研究水平。

这样的科研评估通常的评价方法是同行评审。在英国提出将评估方法由 RAE 变更为 REF 时，考虑到同行评审的成本问题，有人提案只用论文的被引用次数以及科研经费等指标进行机械判断（HEFCE，2007）。但是，也有人反驳称在人文社会科学领域只用指标来评价不可行，而且对自然科学领域而言也有不合适的地方，所以，又回归到了同行评审。因此同行评审被认为是最值得信赖的方法。

　　然而，近年来并不是所有的判断都依赖于同行评审。因为这是一种依靠同行的专业知识和经验来进行评估的方法，所以即使有可能消除个人偏见和偏好，也很难跨学科做出判断，存在会被评估者自身所知信息影响的问题。为此，最好是向评估者提供评估对象的基本数据和指标，评估者可以在自身知识和经验的基础上根据更广泛的信息进行综合判断。这被称为"知情同行评审"（informed peer review），在很多国家已经形成了这种向评估者提供参考信息的形式。

　　同行评审中所使用的指标的设定和数据的活用，正在发生变化。其一是已经被收集和使用的数据以更加系统的形式被活用。在英国和澳大利亚，将收集研究成果的系统与商业公司提供的论文数据库相连，可以搜索诸如有关单个研究成果的引用次数之类的数据，并将其提供给评估者和大学。有的高等教育统计部门还将大学研究经费之类的数据汇编到数据库中，并以标准化形式提供给评估者。其结果是，提高了获取定量数据的便利性，并且为分析研究活动的外部情况提供了可能，包括与其他活动进行比较。

　　在这些指标中，所谓的文献计量指标，例如已发表的论文数量和被引用次数，可以用一种通用的方式来衡量大学的研究成果，方便用于国家之间、大学机构之间甚至个人之间的比较。另外，由于论文发表和被引用时的信息被收录进数据库并在线开放，因此即使是个人，也可以在计算机上轻松地处理这些信息。但是，正是由于这种方式提高了获取文献计量数据的便利性,例如论文数量和被引用次数,因此,人们担心在没有专业知识的情况下这些信息会被过度使用或不恰当地使用(DORA,2013;Council of Canadian Academies,2012;Cronin & Sugimoto,2014)。

此外,在学术以外的社会、经济、文化层面的影响也得到了科研评估的重视(Martin,2011;Bornmann,2013)。现有的文献计量数据无法轻松地衡量此类影响,这些数据只反映了其在学术界的影响力,例如已发表的论文数量和被引用次数。在上述英国REF中,设置了一个新的"影响力"评估指标,并以此评估大学在学术层面以外的影响力。荷兰很久以前就在大学评估中设置社会相关性指标。此外,在英国,即使在向研究理事会申请竞争性资金时,也有必要预先设想"影响力的路径"(Pathways to Impact)(Lin,2013)。这些绝不仅限于自然科学领域,在人文社会科学领域也有同样要求。

日本自 2004 年开始实行国立大学法人化,每 6 年评估一次,通过国立大学法人评估对大学研究成果进行评价。在该评估中,大学提交代表院系的杰出研究成果,同行评审人员从社会、经济、文化影响以及学术影响等方面进行分级评分。日本的评估特点是,院系本身必须根据指标、数据解释每项研究成果被认为出色的原因。

在第一阶段的法人评估中,有些事例使用了文献计量学数据(例如引用次数)作为根据。自上次评估以来,日本在研究型大学强化促进项目和"超级国际化大学计划"等大学作为组织申请竞争性资金的项目过程中,已要求在申请书中记述论文的被引次数和最高被引论文数。甚至在院系的"任务再定义"等决定大学战略的场合,也对论文数量和被引次数进行了分析。此外,文献计量学数据的使用正在迅速普及,大学内研究管理人员(URA)专门从事分析工作的系统的建立就证明了这一点。

在这种背景下,日本大学评估的第一要务是摸索如何更加系统地使用文献计量学数据,减轻不必要的评估负担,并以统一的规范将数据系统地提交给评估者。与此同时,也有必要了解文献计量学的局限性,并指定其他可能的指标组,以避免过度使用或应用不当。因此,有必要避免将不符合文献计量学指标的研究业绩用于评估。

在此背景下,本章将讨论以下问题:(1)指标之一的文献计量数据在日本(非英语国家)的适用程度;(2)这些数据是否与同行评审的结果一致,并能支持评审的结果;(3)除了文献计量数据,还有哪些学术、社会经济和文化方面的优秀指标可以纳入考察范围。通过回答这些问题来确认研究业绩卓越性指标多样化的必要性。

2 文献计量学指标的适用范围

本节的分析对象是在日本国立大学法人评估的第一阶段(2008 年实施)中,所有国立大学的院系提交的研究成果的说明材料,包括两种类型:代表院系的研究成果材料(提交材料数上限为教师人数的一半)和整个大学重点研究领域中的研究成果材料,一共 19626 项。另外,作为解释日本研究结果的参考,本节还使用了在 2008 年 RAE 评估中英国大学提交的 214287 项研究成果。在英国,这项工作并不代表院系,每个现任研究人员(Active Research Staff)最多可提交 4 项,所以其提交量是日本研究人员的 10 倍以上。

首先,关于大学自身选择并提交用于评估的杰出研究成果,笔者想分析期刊论文的比例是多少,其中被汤森路透的 Web of Science（WoS）收录的比例是多少。将提交的研究成果与数据库中的论文联系起来是进行分析的前提条件,实际上这是一项非常艰巨的任务,特别是日本提交评估的研究成果清单中,书目信息参差不齐,而且出入很大。为此,需要统计提交材料中的论文标题与 WoS 中所有论文的标题的一致度,以提取重合度高的候选对象,并加以确认。对于英国提交的论文,除了上述方法外,由于提交材料中还可能记述 DOI（数字对象唯一标识符）,所以还并用了 DOI 搜索。

表 11-1　日本和英国已提交研究成果中的论文比例及 WoS 收录比例

	提交研究成果的总数（A）	研究成果中的论文数及所占比例（B）		WoS收录数（C）	研究成果中的 WoS收录比例（C/A）	论文中的WoS收录比例（C/B）
日本	19626	16158	82.3%	12770	65.1%	78.8%
英国	214287	161261	75.3%	131485	61.4%	81.5%

通过上述方法进行搜索,将所有学科合计,得出如表 11-1 所示的结果。首先,在日本和英国提交的研究成果中,作为论文数据库收录的主要对象,期刊论文成果占比约 80%。此外,WoS 中收录的论文仅占所有提交研究成果的 60% 以上,约占期刊论文成果的 80%。有趣的是,作为非英语国家的日本所提交的研究成果的 WoS 收录率略高于英国。

图 11-1 和 11-2 显示了分学科统计的结果,即提交的研究成果中不同学科所贡献的比例（每个学科的 WoS 收录比例用黑色绘制）。

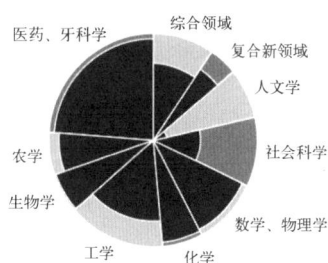

图 11-1　日本国立大学法人评
　　　　　估中所提交的研究成
　　　　　果的学科比例和 WoS
　　　　　收录状况

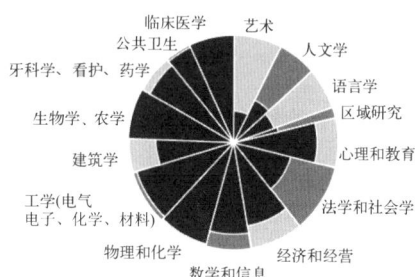

图 11-2　英国 RAE 2008 评估中
　　　　　所提交的研究成果的
　　　　　学科比例和 WoS 收录
　　　　　状况

　　经常有学者指出，文献计量法适用于以生命科学为中心的自然科学，但不适用于人文社会科学和某些工程学（Moed，2005；Nederhof，2006）。从以上结果看，可以肯定的是，代表大学的优秀研究成果也存在这样的趋势。在日本，医药和牙科学领域已提交的研究成果中有 98% 收录在 WoS 中，生物学和化学领域占比也是非常高的。而另一方面，人文学收录率为 2%，社会科学为 19%，工学为 65%。从这些结果可以了解到，在对大学进行文献计量分析时，是在分析大学的研究成果，而研究成果会极度偏向图 11-1 的左侧区域。

　　实际上，同一领域中的不同学科的 WoS 收录状况也会有所不同，图 11-3 正显示了这种状况。在工学领域中，工艺工学约占 80%，但建筑、土木工程、机械等所占比例不到 50%。在跨学科领域，环境学也占了大约 50%，在这些领域中，必须谨慎使用文献计量学分析。在人文社会科学中，大多数学科的收录率都不足 5%，所以无法用于分析。但是，其中经济学和心理学收录率与工学整体相当。因此，如果不考虑经济学和心理学的特殊性便进行文献计量学分析,可能会以偏概全,误以为社会科学整体情况就是如此。

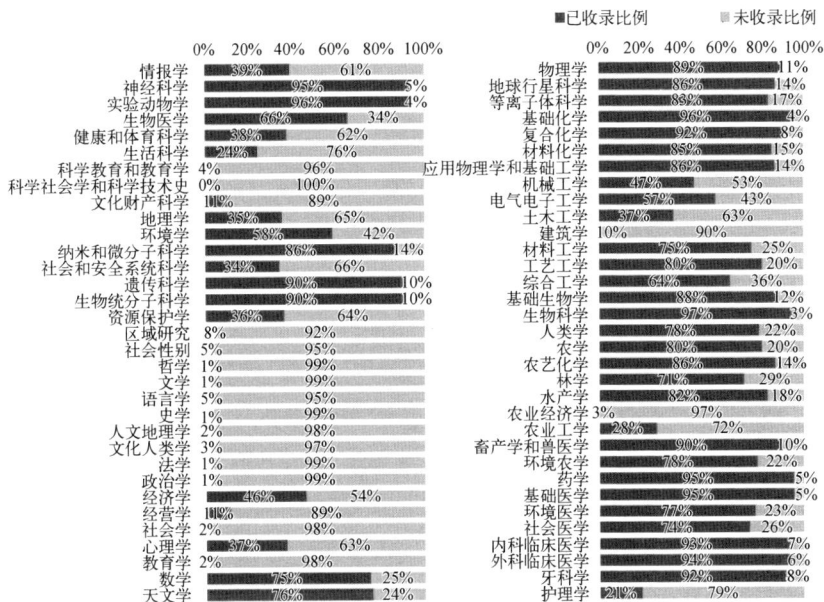

图 11 - 3　不同学科的 WoS 收录状况

另外,如图 11 - 1 和图 11 - 2 所示,日英之间提交业绩的学科领域构成本身就有很大差异。英国人文社会科学的研究成果占全部成果的 47%,远高于日本的 18%。这也与英国人文社会科学的教员比例高有关——日本的国立大学的教员中人文社会科学的比例是 17%(2010),英国则是 41%(2010)。而且,在英国,人文学、社会科学领域的 WoS 收录率分别为 14% 和 47%,远高于日本的 2% 和 19%。从这两个数字可以看出,同时存在两种现象:日本国立大学在人文社会科学领域的定量劣势以及国际传播劣势。联系表 11 - 1 所示的所有学科领域的研究成果的 WoS 收录率,由于日本的人文社会科学学科数量较少,那么日本自然科学领域的占比相较英国较高。因此奇怪的是,尽管是非英语地区,日本的科研成果反映在文献计量学上的数据却高于英国。尽管经常有观点认为"在世界大学排名中,日本大学的人文社会科学的研究成果没有被记录在英文论文数据库中,这种情况对日本来说是不利的",但从上述结果来看,就对所有领域的影响而言,现实并非如此。

3　与同行评审的关系

在上一节中,我们探讨了研究成果在多大程度上成了论文数据库的分析对象,但是,当我们查看记录在论文数据库中的研究成果时,文献计量指数与同行评审的结果相关吗?目前已经有一些关于二者关系的分析(Lin, 2003),认为二者有一定程度的整合性。但是,本节要分析的是,在代表大学的杰出成就中,它们又可以被分为三类:"卓越"、"优秀"和"其他"。对更高层次的判断标准尚不清楚。通常,卓越的研究成果被引用数高,广为人知,并且在同行评审中会得到高度评价。相反,不具有代表性的研究成果,则不会被引用,同行评审结果也会欠佳。也就是说,如果研究成果的质量范围较广,那么指标或评审中的差异就更容易产生。但是,实际上只有出色的研究成果才会被提交并接受评估。所以,有必要审视同行评审和文献计量学的结果之间是否真正匹配。

本节中使用汤森路透所设定的 WoS 中的 250 个学科领域(不同年份略有差异),以及该机构对论文进行分析后所提供的基于基本科学指标 (ESI) 的 22 个综合学科分类,来计算每篇论文在被引用次数方面位于相应学科分类的同一出版年份的论文(文章、信函、评论)中的百分位数。如果涉及多个领域分类,则使用最佳(数值最小)百分位数的领域。另外,该评选标准于2008年实施,所以为了验证评价的可能,我们采用了截至2008年的被引用次数和3年后即截至2011年的被引用次数来比较两者的差异。在实际评估工作中,一般以新近发表的研究成果为评估对象,而不是3—5年前发表的已经被熟知的论文。由此,也验证了最近的被引用数的可用性。(见表11-2)

表11-2　同行评审各阶段被引用次数的百分位数的中位数

	SS 中位数	S 中位数	小于S 中位数
按WoS学科划分的百分位数(截至2008年)	11.6%	26.3%	38.5%
按WoS学科划分领域的百分位数(截至2011年)	11.0%	24.4%	35.4%
按ESI学科划分的百分位数(截至2008年)	8.7%	25.6%	40.6%
按ESI学科划分的百分位数(截至2011年)	8.3%	23.6%	36.5%
按期刊IF划分的百分位数(截至2008年)	4.8%	10.5%	14.9%

通过统计所有论文,被判定为SS的研究成果的中位数如果采用WoS学科分类标准的话是前11%,如果用ESI学科分类标准的话是8%。从SS、S到小于S的变化,被引用次数的百分位数会变大(即被引用次数下降)。而且,即使引用期间不同,中位数也不会有大的差异。

考虑到收录数据的分散,我们只抽取WoS收录比例高的学科领域并对它们之间的差异进行了非参数测定(克鲁斯卡尔-沃利斯检验)(表11-3是2011年的数据情况)。可以看到,有些学科SS与S间存在差异,但是S与小于S没有明显的统计学差异。

表 11-3　在 WoS 收录比例高的学科领域被引用次数与同行评审结果的关系

学科	提交数量	其中向〈学术领域〉的提交	〈学术领域〉中 WoS 的收录率	被引用次数百分位数			克鲁斯卡尔-沃利斯检验		
				SS中位数	S中位数	小于S中位数	判定结果的差异	多重比较:SS与S之间是否有差异	多重比较:S与小于S之间是否有差异
神经科学	348	334	98%	13.6%	20.8%	33.6%	**	**	**
基因科学	70	66	92%	1.5%	17.2%	14.5%	**	**	—
生物分子科学	90	82	96%	9.5%	24.6%	33.9%	**	**	—
基础化学	387	382	96%	17.3%	22.7%	39.1%	**	**	—
生物科学	691	680	97%	9.3%	24.3%	41.5%	**	**	**
药学	304	280	98%	8.0%	23.5%	30.1%	**	**	—
基础医学	1401	1328	96%	5.7%	19.8%	32.9%	**	**	**
内科临床科学	1453	1355	94%	11.0%	21.0%	32.6%	**	**	**
外科临床医学	609	564	97%	9.2%	25.4%	34.7%	**	**	**
牙科学	519	482	95%	10.9%	30.8%	32.2%	**	**	—

　　另外，从个别业绩水平来看，如图 11-4 所示，即使被引用次数进入前 10%，也无法确定被判定为 SS 还是 S。总体而言，大约一半可判断为 S，被判定为 SS 或小于 S 的概率取决于被引用次数。一般情况，文献计量学数据相对于整体的合集值更容易被分析，但是如果限定到个别论文或研究者的情况下，可能会出现异常值而难以进行有效性高的分析。此处的分析也表明，在判断个别论文时，只用同行评审来代替文献计量学的分析的可能性不大。另外，评审者的判断是否准确也不能完全得到保证。以此为前提，即使各个指标不完善，同行评审的结果和多组指标如果显示同一倾向的话，可以认为这个倾向的可信度高(Martin，1996)。为了使这种复杂判断的方法成为可能，我们可以构建一个"环境"，在该环境中，同行评审者可以基于多种信息做出决策。

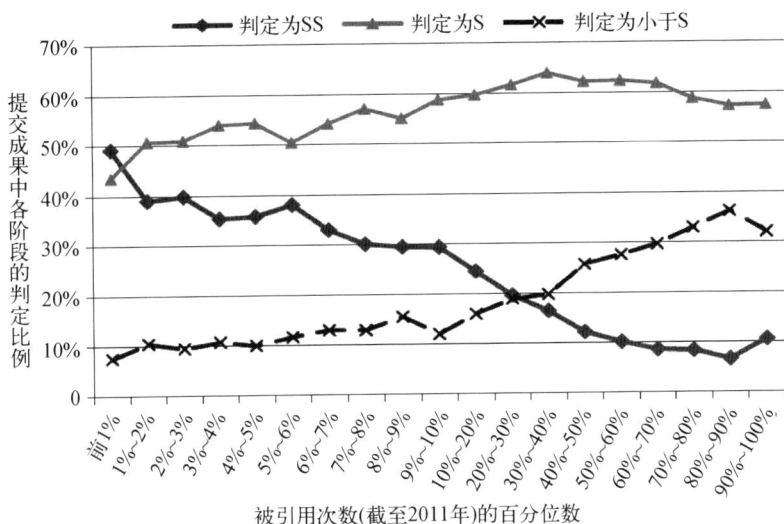

图 11 - 4 被引用次数与各阶段判定比例的关系

4 显示卓越性的多样指标

在对国立大学法人的实际评估中,要求大学(教职员工)根据数据来说明每项研究成果为何优秀,并要求审议者在进行最高 SS 的判断时,需要在说明文字中标记用作判断依据的数据。这些被标记的数据表明了各个领域的教师以及评估人员认为很重要的指标类型。表 11 - 4 显示了各研究领域最常使用的"卓越性"指标。被引用次数是文献计量学的一项指标,是数理科学中最常提的,并且是占比达到 21% 的评估研究成果的指标,但在此领域中,影响因子(IF)的使用率仅为 13%。另一方面,在医药、牙科学和生物学领域中，影响因子在超过 50% 的业绩中被用作判断依据，这显示出对期刊等级的重视，而论文的被引用次数指标则占比不到 20%，显示出不同的倾向。

表 11-4　在不同学科领域中"卓越性"指标的差异

学科领域	引用	被引用次数	期刊的IF	获奖	新闻、一般报纸中的书评、介绍	书评、介绍的内容	学术期刊、专业书籍中的书评、介绍	期刊名称	在同行评审期刊发表	受邀演讲、主题演讲	Faculty of 1000（数据库名）	其他研究人员的评论和文章	专利化	商业化、实际应用	研究经费
综合领域	11%	7%	31%	40%	16%	1%	1%	46%	1%	16%	4%	0%	2%	2%	4%
复合新领域	15%	14%	18%	37%	13%	2%	5%	29%	1%	17%	0%	2%	2%	3%	6%
人文学	5%	2%	0%	39%	26%	14%	19%	7%	2%	7%	0%	0%	0%	0%	4%
社会科学	7%	4%	7%	36%	9%	1%	13%	38%	7%	9%	0%	1%	0%	0%	2%
数学、物理学	25%	21%	13%	28%	11%	0%	1%	36%	1%	29%	0%	2%	1%	0%	1%
化学	14%	12%	11%	31%	15%	0%	1%	37%	0%	28%	0%	2%	1%	2%	6%
工学	11%	9%	17%	56%	1%	1%	1%	32%	0%	41%	0%	4%	4%	4%	8%
生物学	19%	16%	58%	9%	14%	0%	1%	80%	0%	11%	5%	6%	1%	0%	0%
农学	17%	16%	53%	34%	15%	0%	1%	63%	0%	18%	2%	3%	3%	1%	3%
医药、牙科学	16%	12%	59%	19%	17%	0%	1%	71%	1%	13%	1%	3%	1%	1%	3%
合计	15%	12%	30%	33%	14%	1%	3%	47%	1%	21%	1%	2%	1%	1%	4%

（%：判定为 SS 的研究成果中，用于判定各指标的比例）

　　此外，其他领域经常使用不同的依据。在人文学领域中，报纸、普通期刊、学术期刊和专业书籍中的书评通常也会被用作评价依据。即使在社会科学领域，书评也是比较常见的评价依据。但是，这两者的方法是不同的。在人文学领域中，被作为评价依据的是评论的内容和评论者的身份，而不是评论的数量。也就是说,作为卓越性的评价依据,内容质量以及特定个人的专业能力的信赖度很重要。另一方面,在社会科学领域,多数以书评等的数量来计算,即研究成果被许多研究人员所认可,具体的内容并不会被作为依据。这表明,不同领域具有不同的卓越研究的文化。另外,社会科学通常以已发表文章的期刊名称和在同行评审期刊中发表的文章为依据。一般认为,可以通过媒介而非内容本身来间接判断其卓越性。

　　在工学领域,超过 40% 的受邀讲座和主题演讲可以用作评价依据。在需要即时进行技术开发和信息发布的领域也表现出演讲比在期刊上发表文章更重要的倾向性,同时还提供了用于开展研究的研究经费作为证据。这样做的基础是证明短期研究的周期活跃性,即在该周期内获得资金并立即公布结果。

　　在生物学方向,除了被引用次数和 IF,Faculty of 1000①、《自然》《科学》等中的评阅文章,即论文发表后研究者之间的评价(出版后同行评审)也是重要的评价依据。在众多研究成果中,重要的信息不仅体现在事先的同行评审中,还在其发表后都会得到评价和积累。

　　但是,上述趋势只是汇总值的基准数据。由于基准数据的类型不受固有限制,因此可以根据学科领域列出各种数据。例如,表 11-5 列出了工学领域的基准类型,表 11-6 列出了人文学科的基准数据。通过证明存在如此多样化的论证数据,并就研究人员和评估人员之间可以使用的论证数据达成共识,希望创造一种"环境",在这种环境中,不同的研究活动和研究成果能够得到适当的奖励,而又不过分强调文献计量学。

---

① 创新型数值型文献数据库,由生物医学顶尖专家同行评审产生内容。——编者注

表 11 - 5　工学领域提供的基准数据示例

学术层面	· 根据研究成果获得学术奖励 · 在报纸、大众期刊、业内期刊和电视上对研究结果进行介绍和评价 · 在学术期刊和专业书籍中对研究结果进行介绍和评价 · 在著名的学术期刊上发表论文(在某些领域,汤森路透出版的期刊的影响因子等指标可以用作对学术期刊进行国际评估的参考) · 被引用次数(被选为高引用论文) · 在著名的论文、演讲、评论论文、教科书、字典等中被引用、介绍研究结果以及用法 · 访问和下载的论文的数量以及高价值的论文 · 在期刊中被选为特色论文或优秀论文 · 在著名学术期刊发表研究动态评论、论文等 · 特邀演讲、主题演讲 · 在知名学术协会的演讲以及被选为具有竞争力的论文 · 被期刊转载 · 使用竞争性研究基金进行用于产出研究成果的研究活动 · 研究经费支出后的评价结果
社会、经济、文化层面	· 强调社会、经济和文化方面的奖项(来自地方政府及行业等的奖项) · 报纸、综合期刊、商业期刊和电视的介绍、评价 · 研究成果的展示会和参观人数 · 获得国家和国际专利(许可合同及其收入) · 发布的软件、数据、设备、研究样本等以及使用状态和使用者的成果 · 根据研究成果开展业务 · 被选为国际标准、政府或工业团体的计划书等 · 产品商业化、实用化以及由此产生的销售量和公司的预期市场规模 · 书籍的出版和发行数量 · 研究成果作为教材的使用情况 · 与公司、政府、公共机构等进行联合研究产出的研究结果,以及后续联合研究计划的情况 · 获得以社会、经济、文化贡献为重点的研究经费 · 对政策、法规和指导方针的贡献 · 研究成果在国家和地方政府中的体现 · 被用在公共活动中的研究成果 · 被用在医学工程领域(包括临床应用的展开、使用情况等)的研究成果 · 研究成果和基于这些成果的产品的使用对社会、经济和文化领域的作用(例如环境和能源方面的效果以及问题解决效果)

表 11-6　人文领域提供的基准数据示例

学术层面	·基于研究成果的奖项（学术奖项、学会奖项等） ·学术期刊和专业书籍中的书评或介绍及其具体记述者或评审者身份 ·报纸、综合期刊、电视上的书评或介绍及其具体记述者或评审者身份 ·论文的被引用次数 ·在著名论文、书籍、教科书、字典等中的被引用次数 ·在国际上受到高度评价的学术期刊上发表论文（在某些领域，汤森路透出版的期刊的影响因子等指标可以用作对学术期刊进行国际评估的参考） ·作为著名系列丛书之一出版 ·海外书籍的翻译 ·被收录到论文集 ·特邀演讲、主题演讲、特邀论文等 ·用于研究活动的竞争性资金 ·新的联合研究和联合项目的进展 ·外部评价的结果 ·根据前沿研究成果创造新的学术领域（建立研究中心、学术团体、联合研究组织等）
社会、经济、文化层面	·基于研究成果的奖项（艺术和文化奖、出版物奖等） ·报纸、综合期刊和电视上的书评或介绍及其具体记述者或评审者身份 ·出版书籍数量、教科书使用状况、图书馆藏书数量等 ·被选为公演或演讲（特别是在艺术领域）的参加人数及媒体评价 ·专利、许可、商业化（例如多媒体语言教材和软件的商业化） ·研究成果被用于政府指导方针等

在 2016 年对日本国立大学的第二个中期目标和计划的评估中，大学改革支援及学位授予机构的研发部在七个领域——人文科学、社会科学、理学、工学、农业、教育、卫生（医药、牙科学和护理学）制定了"学术部门评估教育和研究水平的参考实例"。这份清单可以作为评估每个领域研究活动水平的参考，以形成评估人员对当前大学教育和研究活动中期望和应高度评价的事项的共同看法——不仅用于评估本章所述的研究成果，而且根据过去的评估结果和政府、学术团体、行业等的最新报告，还可以用于一般研究活动和教育活动。另外，大学也可以以此为参照进行自我评

价。我们希望能参照表 11 - 5 和表 11 - 6 的基准数据提出适合于每个学科领域的基准数据。

5　结论

在本章中，我们确认了文献计量学在日本大学评估中的适用性，并表明了因其局限性应存在各种评价指标。假设指标评估在日本已经得到使用，则文献计量学数据作为指标的一种，它有可能在有限的研究领域中用于评估实际情况，即使在非英语国家的日本也是如此。当然，它很难简单地取代同行评审，但是由于计量数据和同行评审结果之间总体上是一致的，因此可以通过提供数据来支持同行评审。但是，除了文献计量学数据，还需要进一步研究可被用来反映学术、社会、经济和文化方面卓越水平的指标。

长期以来人们普遍认为，可以使用文献计量学数据的研究领域是有限的。但是，在实际评估情况中，由于没有其他可用数据，因此往往会忽略此限制。首先，应该对每个领域的文献计量学的可用性进行实证把握，在可用性特别低的领域，我们允许文献计量学数据以外的其他指标组的存在，并收集这些数据用于建立新的系统。

此外，本章还表明，使用的基准数据类型因学科而异。这反映了研究活动中文化的差异，即如何按学科识别、传播和积累有价值的知识。这表明研究评价体系的构建不仅应具有对评价目标做出一般判断的功能，而且还应通过评价标准和指标的设计过程，达到审视该学科的社会功能的目的。通过这种方式，希望国家研究评估体系能够为科学界本身的质量控制和改进提供一些思路。

参考文献

Bornmann，L.（2013）What is societal impact of research and how can it be assessed? A literature survey. *Journal of the American Society for Information Science and Technology*，64(2)：217-233.

Council of Canadian Academies. The Expert Panel on Science Performance and Research Funding（2012）Informing research choices：IndIcators and Judgment.

Cronin，B. & Sugimoto，CR.（2014）*Beyond Bibliometrics：Harnessing Multidimensional Indicators of Scholarly Impact*，The MIT Press.

大学評価・学位授与機構研究開発部(2015)「教育・研究水準の学系別評価基準のあり方にかかる調査研究報告書—学系別の教育・研究水準の評価にかかる参考例」http://www.niad.ac.jp/n_shuppan/project/syousai/3222_index.html

DORA（2013）San Francisco Declaration on Research Assessment.

Geuna，A. & Martin，BR.（2003）University Research Evaluation and Funding：An International Comparison. *Minerva*，41(4)：277-304.

林隆之(2003)「ビブリオメトリクスによるピアレビューの支援可能性の検討—理学系研究評価の事例分析から」「大学評価」3,167-187 頁。

—(2009)「大学の研究評価の変容と科学研究のガバナンス」「研究技術計画」24(3)：231-242。

HEFCE（2007）Research Excellence Framework：Consultation on the assessment and funding of higher education research post-2008.

Hicks，D（2012）Performance-baseduniversity research funding systems. Research Policy，41(2)：251-261.

標葉隆馬・林隆之(2013)「研究開発評価の現在—評価の制度化・多元化・階層構造化」「科学技術社会論研究」10:52-68.

Martin，BR（2011）The Research Excellence Framework and the "impact agenda"：are we creating a Frankenstein monster? *Research Evaluation*，20（3）：247-254.

—（1996）The use of multiple indicators in the assessment of basic research. *Scientometrics*，36(3)：343-362.

Moed，HF（2005）*Citation Analysis in Research Evaluation*，Springer.

Nederhof，AJ（2006）Bibliometric monitoring of research performance in the Social Sciences and the Humanities：A Review. *Scientometrics*，66(1)：81-100.

基础解说 1

世界大学排名概要^①

■概要

现存的世界范围内的大学排名榜单种类繁多，仅以欧洲大学协会为讨论对象的榜单就超过 10 种^②。较为人熟知的大学排名榜单有泰晤士高等教育（THE^③）世界大学排名、QS^④世界大学排名、软科世界大学学术排名（ARWU）、US News 世界大学排名、CWTS 莱顿大学排名^⑤及本书第 10 章讨论过的多维全球大学排名。

2003 年，ARWU 发布，其最初的目标是制定大学发展战略和时间表。上海交通大学的刘念才教授用数据来比较上海交通大学等中国顶尖大学与美国顶尖研究型大学之间的差距，并计划在此基础上将上海交大等中国大学打造成毫不逊色于美国顶尖大学的"世界一流"大学。

---

① 原文写作于 2015 年，文中提及数据与现行排名指标略有不同，具体指标数值以文末参考为准。——编者注

② 参照 Rauhvargers，A.（2011）EUA Report on Rankings 2011：Global university rankings and their impact. Brussels：European University Association；Rauhvargers，A.（2013）Global university rankings and their impact：Report II. Brussels：European University Association。

③ 英国发行的高等教育信息期刊。以前是《泰晤士报》（*The Times*）的附录（*Times Higher Education Supplement*），现在作为独立期刊发行。

④ 1990 年设立的主要经营教育和留学的英国企业。除了大学排名，还提供面向留学生的高等教育相关的信息，在世界范围开展以大学为对象的活动。

⑤ 只采用 Web of Science 数据源的论文指标。

　　紧接着在 2004 年，THE 和 QS 发布世界大学排名，正式宣告世界大学排名竞争揭开序幕。THE 和 QS 最初联合发布排名，但是自 2010 年以来，它们开始发表各自的排名。21 世纪前 10 年涌现出了各种各样的世界大学排名，例如莱顿大学发布的排名等。同时，在 2006 年，十几个国家和组织的大学排名国际专家组（the International Ranking Expert Group，IREG）讨论并通过了一系列高等教育排名的质量标准和操作范例，即《柏林原则》①。因此，世界大学排名榜单的知名度稳步上升，同时排名存在的问题也越来越凸显。

　　与此同时，各个世界大学排名榜单都有其自身的特点和不同的评估方法（Methodology）。排名的评估指标、权重和得分计算方法也经常发生变更，例如 THE 在 2015 年将数据库从 Web of Science 变更为 Scopus。每次变更都可能导致大学的名次发生很大变化（前 30 名的排名相对稳定，但对于排名在 50 名以后的大学，即使评估方法有细微改变也会引起很大的波动）。

　　因此，真正理解世界大学排名，不是随着名次变化或悲或喜，更重要的是理解排名方法，切实了解并讨论评估方法每年如何变化。为此，本章节主要解说一下世界三大排名榜单——THE、QS 和 ARWU 的评估指标。

■世界大学排名的主要评估指标

　　当前的世界大学排名主要是基于研究（论文数量、被引用次数、获取研究经费状况等）、教育（学生教员比、博士学位授予数量等）、国际化（国际学生和外籍教员的比例）与知识转移（例如从企

---

① http://www.mext.go.jp/b_menu/shingi/chukyo/chukyo4/003/gijiroku/06070601/010.htm.

业获取研究经费的状况）等指标进行评估。近年来多维全球大学排名采用的以学生满意度问卷调查为基础的学习环境评估指标受到越来越多的关注。就业率、毕业率和在当地公司的实习人数等也逐渐被纳入考评，因此评估指标的范围变得越来越广（有关多维全球大学排名的详细信息，参见本书第 10 章）。每个排名榜单都因评估指标组合的差异而有所不同。因此，同一所大学在不同的大学排名榜单中名次会发生很大的变化。

这些指标中特别值得注意的是，基于文献计量学数据对研究活动进行评估的指标。例如 THE 和 QS 使用的评估项目是论文的被引用次数（THE：30%，QS：20%），ARWU 使用的评估项目是高引用学者人数（Highly Cited Researchers：20%）。虽然它们都是根据文献计量学数据进行评估，但是它们采用了不同的论文数据库（THE 和 QS 采用爱思唯尔的 Scopus，ARWU 采用汤森路透旗下的各数据库），而且引文评估方法和计算分数的方法也不尽相同。大致而言，THE 评估的是每篇论文的被引用次数，QS 评估的是每个科研人员的被引用次数。所以即使看起来相同的评估指标在不同排名榜单中得到的分数也可能相差很大。

此外，在 THE 和 QS 的排名中，声誉（Reputation）评估指标所占比例很高（THE：33%，QS：50%），这对排名有很大的影响。但是，THE 和 QS 进行调查的方式有所不同，这也可能导致该评估项目在 THE 和 QS 排名中得到不同的分数。声誉调查的公正性问题也启示我们应该以更谨慎的态度对待评估结果。

（藤井翔太）

参考 1：主要的世界大学排名（Rauhvargers，2011）

- ShanghaiRanking's Academic Rankings of World Universities（软科世界大学学术排名：中国）
- Times Higher Education World University Rankings（泰晤士高等教育世界大学排名：英国）
- QS World University Rankings（QS 世界大学排名：英国）
- US News & World Report Best Global Universities（US News 世界大学排名：美国）
- Global Universities Ranking（全球大学排名：俄罗斯）
- EU Assessment of University – Based Research（欧洲大学研究水平排名：欧盟）
- CWTS Leiden Ranking（CWTS 莱顿大学排名：荷兰）
- Performance Rankings of Scientific Papers for World Universities（世界大学科研论文质量排名：中国台湾）
- CHE University Ranking（CHE 大学排名：德国）
- U-Multirank（多维全球大学排名：欧盟）
- Webometrics Ranking of World Universities（世界大学网络排名：西班牙）

参考 2：三大世界大学排名（THE、QS、ARWU）的历史

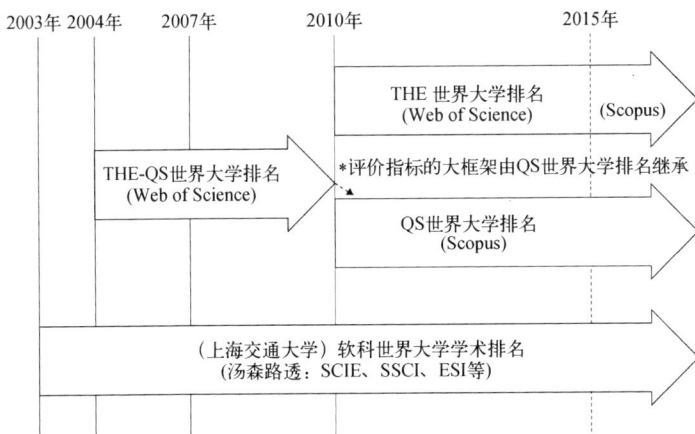

注：括号内为排名使用的论文数据库

(1) 泰晤士高等教育(THE)世界大学排名①

评价指标细则(2024 年)

教学(学习环境):29.5%

- 教学声誉:15%
- 生师比:4.5%
- 授予博士学位/授予学士学位比例:2%
- 授予博士学位/学术人员比例:5.5%
- 师均大学总收入:2.5%

研究环境:29%

- 研究声誉:18%
- 师均研究收入:5.5%
- 人均发表量:5.5%

研究质量:30%

- 领域加权的引用影响力:15%
- 研究实力:5%
- 卓越研究:5%
- 研究影响力:5%

国际展望:7.5%

- 国际学生比例:2.5%
- 国际学术人员比例:2.5%
- 国际合著比例:2.5%

产业:4%

- 师均行业投资的研究收入:2%
- 专利:2%

(2) QS 世界大学排名

评价指标细则(2024 年)

学术声誉 30%

雇主声誉 15%

教员学生数量比 10%

单位教员论文引用率 20%

国际教员占比 5%

国际学生占比 5%

国际研究网络 5%

就业能力 5%

可持续性 5%

---

① 以下排名评价指标信息译者均已更新至最新版本。

（3）软科世界大学学术排名（ARWU）

评价指标细则（2024 年）

一级指标	二级指标	简称	权重
教育质量	获诺贝尔奖和菲尔兹奖的校友折合数	校友获奖	10%
教师质量	获诺贝尔科学奖和菲尔兹奖的教师折合数	教师获奖	20%
	各学科领域被引用次数最高的学者数量	高被引科学家	20%
科研成果	在《自然》（*Nature*）和《科学》（*Science*）上发表论文的折合数 *	N & S 论文	20%
	被科学引文索引（SCIE）和社会科学引文索引（SSCI）收录的论文数量	国际论文	20%
师均表现	上述五项指标得分的师均值	师均表现	10%

* 对纯文科大学，不考虑 N & S 论文指标，其权重按比例分解到其他指标中。

参考 3：THE、QS、ARWU 的评价指标一览

	THE	QS	ARWU
教育	教学声誉：15% 生师比：4.5% 授予博士学位/授予学士学位比例：2% 授予博士学位/学术人员比例：5.5% 师均大学总收入：2.5%	学术声誉：30% 雇主声誉：15% 教员学生数量比：10%	校友获奖：10% 教师获奖：20% 高被引用科学家：20%
研究	研究环境：29% 研究质量：30%	单位教员论文引用率：20%	《自然》和《科学》论文：20% 国际论文：20%
国际展望	国际学生比例：2.5% 国际学术人员比例：2.5% 国际合著比例：2.5%	国际教员占比：5% 国际学生占比：5% 国际研究网络：5%	—
行业收入（知识转移）	师均行业投资的研究收入：2% 专利：2%	—	—
其他	—	就业能力：5% 可持续性：5%	师均表现：10%

基础解说 2

研究的计量评估的问题点

——"文献计量学"数据及排名

　　在世界大学排名和研究评估中，经常被用来衡量研究的质量和影响力等的评估指标是在学术期刊上发表的论文数量和论文被引用次数。而在排名和研究评估中衡量大学、院系以及研究人员的研究能力时，这些与学术论文相关的"文献计量学"定量数据同样被用作评估指标。但是，关于文献计量学数据作为研究质量的评估指标是否合适这一问题存在很多争议。

　　在日本以外的研究型大学，与文献计量学相关的术语已得到广泛认可与应用。而这些术语在日本的研究型大学，尤其是人文社会科学的研究人员和研究生们之间并不是那么广为人知。鉴于这种情况，在本章节笔者将解释一下什么是文献计量学数据（指标），并分析使用文献计量学数据所带来的影响。尽管和本书有些章节略有重复，但本章节将会对内容进行汇总，以观全局。有关各大学排名使用文献计量学数据的具体示例，请参阅《基础解说 1》。

　　"文献计量学"（bibliometrics）由图书馆信息学演变而来。图书馆信息学是管理图书馆书籍和期刊的计量学方法，而文献计量学[1]的基本目的是根据书目信息，例如论文标题、期刊名称、作者姓名和引文的参考信息，定量地把握论文的数量、引文的数量、合著论文的数量等。文献计量学主要是以单篇论文为分析单位，并不

---

[1] 关于文献计量学，可参考以下研究：藤垣裕子・平川秀幸・富泽宏之・ 调麻佐志・牧野纯一郎（2004）『研究評価・科学論のための科学計量学入門』，丸善，6—9 頁。

会涉及论文的内容。该论文为什么被引用(为什么不被引用),及其内容、学术和社会背景等都被视为黑匣子。因此用文献计量学来进行测量和评估也引发了一些争议。考虑到以上这些基本问题,笔者认为理解引文索引和影响因子可以帮助读者更深刻地理解本书的内容(图1)。

首先,引文索引是一组索引数据,提供参考文献之间的引文信息,即哪些较新的参考文献被某一参考文献所引用。通过引文索引,可以从中确定每篇论文的被引用次数。引文索引通常会分专业领域创建,比较有代表性的是汤森路透的自然科学引文索引(the Science Citation Index, SCI)、社会科学引文索引(the Social Science Citation Index, SSCI)、艺术与人文科学引文索引(the Arts and Humanities Citation Index, A & HCI),爱思唯尔的工程学指数(the Engineering Index, EI, 现为 Ei – Compendex)。汤森路透目前拥有的引文索引是由科学信息研究所(ISI,成立于1960年)开发的。ISI 已在 1992 年被汤森路透(当时的汤姆森,请参阅第 5 章)收购,但 ISI 的名称迄今还被广泛使用。此外,汤森路透的 Web of Science 以及爱思唯尔的 Scopus 是把按专业领域分类的引文索引如 SCI 和 SSCI 集合起来的数据库,也是作为定量数据掌握被引用次数的数据库,因此可以将这二者视为广义上的引文索引(附录表 1)。

本书介绍的大学排名和研究评估基本上都是基于 Web of Science(US News 世界大学排名和多维全球大学排名使用该数据库)和 Scopus(THE 和 QS 使用该数据库)的论文数量和被引用次数的数据进行评估。但是,正如本书的一些章节所批判的那样,我们需要注意,并非世界范围内的所有文章都会被收入引文索引。被收入引文索引的多数期刊都是英语圈的,并且由大型学术出版

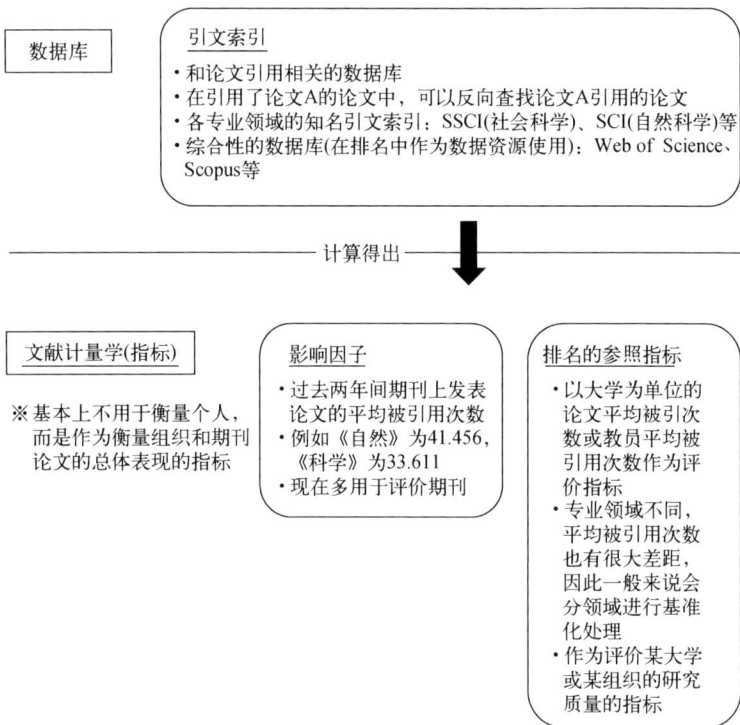

附录图1　引文索引和文献计量学（指标）的关系

商，如爱思唯尔和施普林格发行①。另外，被收入引文索引的只有论文，没有学术书籍等信息。

---

① 虽然爱思唯尔公司的 Scopus 也在积极收录非英语的期刊，但是就日语来说，在其收录的22000 本期刊中，日本期刊不过 200 本，并且包括了在日本发行的英语期刊。

附录表 1　Web of Science 和 Scopus 的比较

数据库名称	Web of Science （汤森路透）	Scopus （爱思唯尔公司）
收录期刊数	约 12000 本	约 22000 本
收录标准	以公司收录准则为准，精心挑选各专业领域的顶级刊物和书籍进行收录	以专家学者组成的第三方内容挑选与咨询委员会的认可为基础，对学术信息进行尽可能广泛的收录（学术期刊、书籍、讲稿集等）
引用期间	引用信息为 1900 年之后	引用信息为 1996 年之后（预计可追溯到 1976 年）
专业分类数	22 种（ESI 分类）	26 种
在排名上的使用	US News 世界大学排名和多维全球大学排名等（软科世界大学学术排名也使用 Web of Science 收录的 SCI、SSCI 数据库）	THE 世界大学排名（2015 年至今）、QS 世界大学排名等

　　影响因子是根据使用引文索引计算出的定量数据，即将一定时间段内（汤森路透为两年）在学术期刊上发表的每篇文章的平均被引用次数进行数值化的结果。一个典型的例子是汤森路透在期刊引文报告（Journal Citation Reports）中发表的影响因子。影响因子以每篇论文的平均被引用次数的形式计算，但基本上是用于考察学术期刊的影响力。包括设计了影响因子的 ISI 创始人尤金·加菲尔德（Garfield，1998；2005）在内的许多研究人员都对使用影响因子评估论文以及评估研究人员和研究组织表示了担忧。换句话说，影响因子是用来衡量特定的期刊被引用或使用程度的指标，因此该指标可以帮助图书馆决定订阅哪种期刊。而将这种指标用作衡量论文的"质量"和"影响力"，甚至使用（滥用）该指标，将其扩展到对"作者的评估"及对"大学的评估"是有问题的。另外，由于影响因子在不同研究领域之间差异很大，因此在使用影响

因子比较不同专业领域的期刊时必须格外小心谨慎。

用于世界大学排名的文献计量学数据是每所大学的论文数量和论文被引用次数等，其中与平均被引用次数相关的评估指标尤为重要。THE 世界大学排名评估每篇文章的平均被引用次数，QS 世界大学排名评估每个科研人员的平均被引用次数。这些平均被引用次数均使用已经过平均化处理的文献计量学数据。平均化处理时虽然会考虑每个专业领域的平均被引用次数的差异，但不可否认的是，大学的研究领域结构差异会影响引文指标的得分。

文献计量学数据不是主观的，使用数值也很容易进行，所以很方便。但是如果没有专业知识，用户有可能会不当地读解并使用这些数据。我们应该注意，该方法论本来就有缺陷，因为它依赖于书目信息而不是论文的内容。我们还需要注意，引文索引以英语文献为中心，并且不同领域收录论文的范围差距也很大。

许多学科，特别是人文社会科学，往往更加注重以本国语言发表的研究成果，而不是在海外英语学术期刊上发表的研究成果。本书第 11 章提到在 2008 年第一次日本国立大学评估中大学提交的研究成果（包括非英语期刊），收录在 Web of Science 中的人文学类研究成果仅占 2%，社会科学的覆盖率也仅为 19%。实际上，即使在英国这两个领域的收录覆盖率也仅分别为 14% 和 47%。尽管其收录覆盖率高于日本，也不过是稍胜一筹而已。

希望上述文献计量学数据相关的说明能够帮助读者进一步理解有关排名、研究评估、文献计量学数据之间的关系及其影响。

（藤井翔太）

作者介绍
（截至 2016 年 3 月）

石川真由美

日本大阪大学未来战略机构教授，大阪大学人文科学博士。主要研究方向为社会人类学、高等教育的全球化、知识建设与霸权、学生和研究者的国际流动、科技人才政策等。曾任职于日本驻马来西亚大使馆、联合国儿童基金会纽约总部及驻日办事处，于2003 年任大阪大学人文科学研究科讲师，此后历任该校国际企划推进本部副教授、教授。

大谷顺子

日本大阪大学大学院人文科学研究科教授、大阪大学社会与学术关系办公室副主任、大阪大学东亚学术研究中心主任。毕业于大阪大学牙科专业，哈佛大学公共卫生和理学硕士，伦敦政治经济学院和伦敦卫生热带医学院社会政策与管理学博士。主要研究方向为国际卫生与人口学、社会开发、区域研究、国际灾害社会学、研究方法论等。曾任职于世界银行、世界卫生组织驻华代表处及日内瓦本部，后任日本九州大学副教授，2008 年至大阪大学，2013年任新西兰坎特伯雷大学客座教授，2015 年任澳大利亚墨尔本大学客座教授。

苅谷刚彦

英国牛津大学社会学系与日产现代日本研究所教授。美国西北大学社会学博士。主要研究方向为教育社会学、现代日本社会论等。曾任日本东京大学大学院教育学研究科教授。

佐藤文隆

日本京都大学名誉教授。毕业于京都大学理学部，曾攻读京都大学大学院理学研究科博士课程，获理学博士学位。主要研究方向为理论物理学、宇宙物理学、一般相对论等。曾任京都大学理学部助理研究员，基础物理学研究所副教授、教授，日本甲南大学理工学部教授。

周祝瑛

中国台湾政治大学教育系教授，美国加利福尼亚大学洛杉矶分校比较及国际教育学博士。主要研究方向为教育改革的国际比较、性别教育、竞争国家间的文教交流等。曾在加拿大多伦多大学、美国哈佛大学、日本国际教养大学、日本东北大学、中国华南师范大学等任客座教授。

杉本良夫

澳大利亚拉筹伯大学名誉教授。毕业于京都大学法学部，美国匹兹堡大学社会学博士。曾任教于澳大利亚拉筹伯大学，任社会学系主任。澳大利亚蒙纳士大学日本研究中心第一任所长。澳大利亚人文科学院院士。2000 年成立英文出版社 Trans Pacific Press。

铃木哲也

日本京都大学学术出版社专务理事、主编。毕业于京都大学文学部、教育学部。

土屋俊

日本大学改革支援及学位授予机构教授。毕业于日本东京大学教养学部,曾攻读东京大学人文科学研究科博士课程,主修哲学。曾任日本千叶大学文学部副教授、教授。

林隆之

日本大学改革支援及学位授予机构副教授。毕业于日本东京大学教养学部,曾攻读东京大学大学院综合文化研究科博士课程,获博士学位(学术)。主要研究方向为科学技术政策论、科学计量学。

藤井翔太

日本大阪大学未来战略机构战略企划室特任助教。毕业于京都大学文学部,曾攻读京都大学大学院文学研究科博士课程。英国德蒙福特大学体育历史与文化专业文学硕士,西洋史学、体育史学专业文学博士。主要研究方向为西洋史学、体育史学等。曾任大阪大学国际交流办公室特任研究员。

戴维·波斯特(David Post)

美国宾夕法尼亚州立大学教育政策教授。芝加哥大学教育学博士。主要研究方向为儿童劳动与学校教育、社会阶级化与教育通道,著有多部关于高等教育的著作。2014—2015 年在联合国教科文组织高级策略分析部任职,曾任教于拉丁美洲社会科学院厄瓜多尔分部、美国匹兹堡大学、美国加利福尼亚大学、中国香港科技大学等,并任《比较教育评论》(*Comparative Education Review*)杂志主编长达 10 年。

苏珊·莱特（Susan Wright）

丹麦奥胡斯大学教育学院教育人类学教授。英国剑桥大学社会人类学博士。主要研究方向为审查文化、社会转型、统治学、竞争与政策的人类学研究、伊朗革命前后的政治变革等。20 世纪 80 年代开始对英国大学的管理政策进行实地调研，近年的研究不限于丹麦的大学改革，还主导了欧盟大型研究项目"知识经济与大学"。曾任英国萨塞克斯大学讲师、英国伯明翰大学教授。

李　军

中国香港大学教育学院副教授、教育政策研究中心常务副总监。在中国华东师范大学、美国马里兰大学帕克分校获博士学位。主要研究方向为比较国际教育学、高等教育政策等。曾任香港中文大学教育学院副教授。香港教育研究学会主席，香港比较教育学会前会长，中国西南大学、南京农业大学顾问教授，经济合作与发展组织国际学生评估项目香港中心研究员。

编者后记

　　本书虽以大学的序列化和全球化竞争为主题,但诞生了超越国家、地区和学科的学术合作结晶。作者成员来自日本、丹麦、英国、美国、澳大利亚、中国等地,其学术背景涉及人类学、社会学、教育学、大学及科研评估、科学计量学、学术出版、历史学和理论物理学等多方面。世界大学排名的社会接受度和影响力日益提升,这是一个应该从多方面进行验证的课题。我认为,如果没有跨国家和跨学科的研究人员的合作,这一研究是寸步难行的。

　　我想简单介绍本书的诞生经过以代替谢辞。最初的契机可以追溯到 2013 年,当时戴维·波斯特先生在《教育政策分析档案》(*Education Policy Analysis Archives*,EPAA)杂志社负责"学术研究出版的将来与课题"特辑(2014 年发行),并向我约稿。周祝瑛教授也在这个特辑上发表了论文。当时我们共通的问题意识,发展出了日后的研究项目。后来以香港中文大学教育学院的李军教授为代表,在"世界大学联盟"(Worldwide Universities Network,WUN)的帮助下,国际研究项目"世界一流大学、出版与研究评估:重新思考全球时代背景下高等教育的使命"(World-class Universities,Publication and Research Assessment:Rethinking the Mission of Higher Education in the Global Age)启动了。这个项目现在还在进行中,在本书出版的同时,该项目正在推进英文期刊特辑。具体来说,这个项目以人类学和教育政策为切入点,在日本、中国、澳大利亚、新西兰、南非、英国、美国的研究型大学,对过去 20 年间的学术出版动向进行了比较分析和探讨。在大学越来越多地使用"国际"评估指标(如影响因子、论文数量、引文数据)作为问责工具,学术研究日益英语化、全球化,并显示出无视特定国家和地区的研究主题及非西方语言研究成果的倾向的背景下,本项目期望以比较的观点来研究全球评估指标的传播以及与当地需求的冲突。2014 年 7 月,研究小组在中国香港举办了研讨会,获得了比较各个大学的数据和集思广益的机会。我们有幸能够借此机会从国际比较的观点重新审视日本的案例。

此外,2015 年 2 月,大阪大学未来战略机构论坛"世界大学排名及国际研究评价的探讨:现状、课题、展望"在大阪举行。该论坛在 2014 年度"超级国际化大学计划"的支持下,由大阪大学未来战略机构战略企划室主办,并由 WUN 协办。借此机会,本书的部分作者波斯特、周祝瑛、李军、林隆之、大谷顺子、藤井翔太共聚一堂。于是,日语论文集的出版有了眉目。此外,该论坛的参加者还有悉尼大学教授安东尼·威尔奇(Anthony Welch)、庆应义塾大学教授(现政策研究大学院大学教授)上山隆大、大阪大学副校长池田雅夫。

在日文论文集出版之际,周祝瑛以上述 EPAA 期刊收录的论文为基础写了本书第 8 章,波斯特和李军都写了新的英文论文。丹麦奥胡斯大学的苏珊·赖特虽因日程原因未能赴日出席大阪论坛,但爽快地同意了将其论文翻译成日文出版。

教育社会学学者苅谷刚彦和社会学学者杉本良夫分别在英国和澳大利亚从事研究工作,他们不仅从"日本之外"的视角出发,还在熟悉的国际竞争舞台上,以与世界进行竞争的观点进行了论述。作为中国问题的专家和大阪大学设置在上海的海外事务所主任,大谷顺子向我们传达了在全球化最前沿的中国看到的世界大学排名的现状和当地的心声。

佐藤文隆不仅是在世界范围内享有盛誉的理论物理学研究

者,也是科学和民主主义的评论家。他的讨论不局限于从 20 世纪 60 年代开始的日本大学和科学研究的变化,还高屋建瓴地从大学、教育行政和学会经验等方面展开了论述。

日本大学改革支援及学位授予机构的林隆之和土屋俊,彼时正在为日本国立大学法人评估第三阶段的中期目标做准备,在非常忙碌的情况下,仍然根据详细的数据分析撰写了论文。大阪大学未来战略机构的藤井翔太,除了撰写论文,还进行了大学排名和术语的解说,并邀请大阪大学文学研究科博士生堤亮介进行了翻译校对和文献检索等工作。

能获得多元化的作者和协作者的帮助,作为编者的我,感到由衷的高兴。最后我想特别说明一下,作为作者,也作为编辑,京都大学学术出版社的铃木哲也主编,对本书从企划构思到制作时的方方面面,都给予了全力支持。我真切地感受到,所谓学术出版、发行,就是作者和编辑之间的通力合作。

另外,本书日文版的出版获得了国立大学法人大阪大学"2015 年度提升校长领导力特别措施框架"项目的援助。

石川真由美

2016 年 3 月

译者后记

　　《世界大学排名与知识竞争：论大学评价与国际比较》原著由大阪大学石川真由美教授主编，于2016年3月由京都大学学术出版社出版，该书深入探讨了当代大学面临的挑战和问题、世界大学排名的现实和背景、大学评价的国际化以及知识竞争，并提出了充分发挥各大学特色的新发展方式，是对世界大学排名与知识生产关系的有益讨论。在江苏人民出版社与京都大学学术出版社的大力支持下，中文译著历时三年终于顺利出版，在此想简述本译著诞生的经过并向在本书翻译、出版过程中给予巨大帮助的各位表示感谢。

　　本书的译者大阪大学跨学科研究生教育机构李明、大连理工大学外国语学院孙成志，博士均毕业于大阪大学言语文化研究科，并均与石川真由美教授共事过，围绕东亚区域内的留学生流动趋势、吸引优秀亚洲生源的入学政策分析、日本"超级国际化大学计划"、外国学历与资格评价等课题，共同研究并发表了多篇学术论文。译者孙成志自2014年起返回国内任教，现为大连理工大学外国语学院教授，从事日语教学及语言学研究工作；译者李明则于2015年至2022年与石川教授共事，在学术研究和工作上得到了石川教授极大的指导与帮助。

　　2017年暑期，为完成"重新思考来自亚洲的国际学生流动"研究课题的调研工作，三人在大连相见，其间多次讨论起石川教授关于世界大学排名的最新学术著作，并萌生了将其翻译成中文出版的想法，以期让更多的中文读者能够了解大学国际化竞争下世界大学排名的表与里，以及日本学者对其思考的结果。石川教授也欣然同意，并协助联系了京都大学学术出版社的铃木哲也主编以及原著中的诸位执笔人。

得益于京都大学学术出版社与江苏人民出版社的良好合作关系，在双方的大力支持下，中文译著最终决定由江苏人民出版社出版。对于译者而言，这是令人欣喜的消息，历时 2 年的翻译工作也由此开始。

译者李明曾于 2019 年到南京拜访了江苏人民出版社的相关工作人员。尽管疫情中大家只能通过邮件和在线交流，然而之前仅仅一次的面对面交流，为之后的沟通增添了亲切和信任感。疫情打断了人们的工作和日常生活，翻译工作比预期延后，出版的日程也被打乱，但是在江苏人民出版社的努力下，本书得以顺利出版，在此表示衷心感谢。

本书在石川真由美教授退休前得以出版，对她来说也是一个很好的纪念。在此还要感谢日本广岛大学高等教育研究开发中心的黄福涛教授在百忙中为本书作序，各位原著作者在翻译过程中给予的协助，以及当时就读于大阪大学的博士生李燕女士以及硕士生刘熙昆女士在初译审校过程中给予的帮助。

对于我们来说，此次翻译及出版经历是非常宝贵的。由于学识水平有限，如译文有不妥之处还请读者不吝赐教。

李明（大阪大学）

孙成志（大连理工大学）

2024 年 5 月